本书为教育部人文社会科学研究项目"促进生态文明建设的环境财政制度体系构建研究"（18YJC790007）结项成果

促进生态文明建设的
环境财政制度体系构建研究

陈宝东　著

西北工业大学出版社

西　安

图书在版编目(CIP)数据

促进生态文明建设的环境财政制度体系构建研究 /
陈宝东著．— 西安：西北工业大学出版社，2024.3
    ISBN 978 - 7 - 5612 - 9251 - 8

    Ⅰ.①促…　Ⅱ.①陈…　Ⅲ.①生态环境建设-财政制
度-研究-中国　Ⅳ.①F812.0

中国国家版本馆 CIP 数据核字(2024)第 065755 号

CUJIN SHENGTAI WENMING JIANSHE DE HUANJING CAIZHENG ZHIDU TIXI GOUJIAN YANJIU
促进生态文明建设的环境财政制度体系构建研究
陈宝东　著

责任编辑：查秀婷	策划编辑：查秀婷	
责任校对：卢颖慧	装帧设计：李　飞	

出版发行：西北工业大学出版社
通信地址：西安市友谊西路 127 号　　邮编：710072
电　　话：(029)88491757，88493844
网　　址：www.nwpup.com
印 刷 者：陕西瑞升印务有限公司
开　　本：787 mm×1 092 mm　　1/16
印　　张：10.5
字　　数：242 千字
版　　次：2024 年 3 月第 1 版　　2024 年 3 月第 1 次印刷
书　　号：ISBN 978 - 7 - 5612 - 9251 - 8
定　　价：49.00 元

如有印装问题请与出版社联系调换

前　　言

党的二十大报告指出，"中国式现代化是人与自然和谐共生的现代化"，推动生态文明建设、推动绿色发展是当前乃至未来很长一段时间的重要任务。"绿水青山就是金山银山"的理念早已深入人心，尤其是2020年我国明确提出碳达峰、碳中和的目标，对生态环境建设提出了更高的要求。这既是一项重要使命，又是一项艰难任务，我们还面临很多困难，能源禀赋结构、人民生活理念、产业结构、制度建设等许多方面都需要完善，由于生态环境的负外部性，财政理应在生态环境建设中发挥重要的作用。

中国作为世界上最大的一次能源生产国和消费国，传统化石能源占有举足轻重的主导地位。近些年，虽然中国大力发展新能源产业，太阳能、核能、风能等新能源占比在提高，储能技术也取得了重要的进展，但中国当前依然以大规模的化石能源消费为主。能源开采既是经济发展的动力来源，也是环境污染的源头之一，资源富集区难以摆脱"资源诅咒"困境，面临当地的生态环境被破坏，但地方政府在环境修复方面依旧"捉襟见肘"。这既有经济发展模式的影响，经济发展往往优于环境保护，又有现实地方财力的无奈，环境财政支出难以满足生态修复资金需求。因此，梳理当前环境财政制度体系的建设情况，评估现有环境财政制度设计的实施效果就显得尤为重要。

本书首先回顾了近几年环境财政的相关文献，梳理了中国推进生态文明建设的发展历程，在环境治理投入、生态空间和生态文化建设方面的主要措施，回顾了生态文明建设取得的成果。然后，本书梳理了中国生态文明建设的环境财政制度，主要有租税费制度、转移支付制度和环境财政投入制度。随后，本书梳理了中国生态文明建设环境财政制度存在的问题，主要有矿业权收益难以发挥生态环境保育功能、税费制度设计难以满足基层政府生态环境建设的资金需要、现行税制绿色低碳程度不足、生态补偿纵向转移支付资金不足、缺少横向转移支付制度以及现有环境财政投入不能满足生态治理需求、环境财政投入的资金分享比例不合理等。实证结果分析证实，在当前的财政分权制度下，地方政府更注重经济的发展，而忽略了环境的保护，在财政收入方面的"政企合谋"作用已经不再明显，但财政支出结构安排仍然是生态环境治理的一大难题，环境治理财政资金不能完成生态环境治理的重任；事后监督管理制度评价方面，政府审计和媒体关注可以保证环境治理的有效开展，尤其是审计金额方面；而能源资源城市"能源—经济—环境（Energy—Economy—Environment，3E）"的测度结果告诉我们，能源城市的 3E 系统虽然在整体上协调度有所提升，但仍然处于不协调发展的状态，"能源—经济"子系统的协调发展水平要高于"能源—环境"和"经济—环境"的协调水平，这与地区的发展理念和模式都是密不可分的，地方政府将更多注意力放在能源开采和经济发展上，而容易忽略环境污染的治理。我们以陕西省作为能源资源地代表，进行了生态文明建设环境财政制度体系的数据测算，通过长期能源替代规划模型（LEAP 模型）对其生态文明建设未来 15 年的关键指标进行了预测，通过能耗指标进一步测算了环境治理的资金需求缺口，结果表明，一段时间内都会面临较大的环保资金缺口。最后，我们提出了推进生态文明建设的环境财政制度构建思路和举措，主要有完善矿业权收益的征收和分配制度，进一步推进资源税费制度改革，提高现行税制的绿色程度，争取生态补偿纵向转移支付资金，设计横向转移支付制度以及完善环境财政机制，引导更多资金参与生态环境建设，例如利用地方政府专项债的环保项目等。

中共中央办公厅印发的《关于在全党大兴调查研究的工作方案》，要求和鼓励我们开展调研活动，尤其还指出"开展调研牢固树立和践行绿水青山就是金山银山理念方面的差距和不足，推进美丽中国建设、保护生态环境和维护生态安全中的主要情况和重点问题"。这也对本领域的研究提出了新的要求，希望本书的研究成果能为环境财政的建设提供一点思路，我们也将继续关注这一领域的研究成果，积极深入开展调研工作，希望将来能取得更多的进步。

本书是教育部人文社会科学研究项目"促进生态文明建设的环境财政制度体系构建研究"（批准号：18YJC790007）最终成果。虽然受新冠疫情影响，实地调研工作的开展受到了影响，但我们还是通过与政府部门的线上沟通、分享调研体会和报告，对当前的环境财政建设情况有了基本的了解，也为本书的写作奠定了良好的基础。项目组成员西安工程大学王小红教授、王保忠教授、王译老师为本项目的开展提供了理论支持，西安外事学院王赟杰教授、西安交通大学车明好博士开展了广泛的实证研究，西安工程大学研究生王颖鹏、崔晓雪、孔文平、王国容、强墩柱、郝琪璇、侯剑文负责政策梳理、数据收集等工作。我的硕士研究生彭书龙、李静、高远、王超在本书后续的数据、政策更新以及书稿校对方面做了大量、细致的工作。此外,还需要特别感谢陕西省财政厅总经济师武永义研究员、西安市财政局政策研究室主任李雪、西安交通大学经济与金融学院邓晓兰教授、西安财经大学经济学院李社宁教授等,他们为本书的研究提供了诸多帮助。当然还要感谢西安工程大学的各位领导和老师的关心和帮助,西安工程大学副校长王进富,科技研究院副院长王卫老师,科技处人文科王立老师,管理学院王爱华书记、李艳院长、王渊副院长、李艳(男)副院长等,都给予了很多鼓励和支持。本书编写过程中还参考了有关学者的研究成果,谨此表示感谢。

本书难免存在不足之处,恳请读者批评指正。

陈宝东

2023 年 3 月 21 日

目　　录

1 引　言

1.1　研　究　背　景

党的十八大报告把推进生态文明建设放在十分突出的地位,提出要将其融入经济建设、政治建设、文化建设、社会建设各方面和全过程。党的十九大报告强调建设生态文明是中华民族永续发展的千年大计。生态文明建设已然上升到了关乎民族和国家命运的高度。党的二十大报告进一步提出,要深入推进环境污染防治,持续深入打好蓝天、碧水、净土保卫战。习近平总书记在 2018 年 5 月全国生态环境保护大会上的讲话《推动我国生态文明建设迈上新台阶》,强调要用系统的思维推进生态环境保护,从"既要金山银山,也要绿水青山"到"绿水青山就是金山银山",既体现了对生态文明含义的更精准解释,又凸显了中央政府保护生态环境的决心与努力。我国经济飞速发展,能源消费巨大,造成了生态破坏与环境污染等问题,生态环境问题已经成为经济质量提升的重要短板,"碳达峰""碳中和"的提出,也意在提升生态文明质量。习近平总书记强调要全面推进资源利用方式的根本性转变,坚决控制能源消费总量,增强节能降耗程度。生态文明建设和绿色发展理念在国家发展进程中不断加强,人们对"绿水青山"的需求也与日俱增。

国内外政府和学者都高度重视生态环境保护的问题,极端天气的频繁出现也给各国的生态文明建设提出了更高的要求。根据国际能源署(IEA)估测,在既定的政策情景下,全球能源系统碳排放量自 2018 年达到创纪录高位之后继续上升,预计到 2040 年达到 379 亿吨,较 2018 年增长 6.5%,全球温度或将在本世纪内升高 2.7℃。中国是世界第一碳排放大国,每年碳排放量约占全球碳排放量的 30%,中国的碳排放量备受全球关注。2017 年 12 月,中国对碳排放交易体系进行了全面部署,随后一直在积极推进碳排放交易市场的发展。2020 年,习近平总书记在联合国大会上做出两点承诺:第一是在 2030 年之前,中国要在巴黎承诺的基础上提前实现碳排放达峰;第二是中国到 2060 年实现碳中和。要实现这两个目标,中国一定会经历剧烈的经济增长模式转换以及经济结构调整,需要政府和市场两手发力,政府做好顶层设计后,关键还要交给市场,建立起与市场起决定性作用相配套的微观机制。2020

年全年,中国碳交易市场成交额达到 12.67 亿元人民币,创下碳交易市场成交额新高。以化石能源为主的中国能源生产和消费结构产生于粗放型经济增长时期。经济高速增长的动力之一就是原材料和能源的大量投入,并伴随着严重的环境污染[①]。在粗放型经济增长状态下,中国能源利用效率始终偏低。

随着经济全球化、中国工业化与城市化进程的加快,中国能源需求与供给之间的缺口将进一步加大。中国是化石能源生产和消费大国,对于煤炭、石油和天然气的需求量与日俱增。而多年难遇的高温天气使四川、重庆等部分地区遭遇了"电荒",究其原因在于高温天气无法使用水力发电,而这些地区的能源结构中,传统煤炭发电的占比较低,容易受到外部冲击。同时,持续的高温天气也加大了居民和企业的用电需求,增加了供电压力。由于我国能源转型还处在过渡期,传统的煤炭、石油、天然气仍然占较大的比重,这无形中加大了传统化石能源的开采力度,造成的环境保育等问题更加值得重视。《2022 年全国大、中城市固体废物污染环境防治年报》显示,2022 年,全国 200 个大、中城市一般工业固体废物产生量为 19.2 亿吨,工业危险废物产生量为 2 436.7 万吨,医疗废物产生量为 62.2 万吨,生活垃圾产生量为 16 816.1 万吨。《2022 中国生态环境状况公报》显示,全国 339 个城市中有 126 个城市空气质量不达标,占比为 37.2%。由此可见,城市环境污染问题依然不容小觑。此外,随着农村经济的持续发展和资源的高强度开发使用,环境污染问题也日趋突出。农村环境污染主要表现为畜牧养殖污染和生活垃圾污染。农村养殖场大都建在村内,多将粪便倒入河流或随意堆放,且缺少生活垃圾集中处理的场所,加上垃圾时常未能及时清运,因此造成了垃圾污染的现象。住房和城乡建设部的数据显示,我国农村污水排放量已经从 2013 年的 167 亿吨增长到了 2018 年的 230 亿吨。由此看来,城市和农村的环境污染问题目前都很严峻。

因此,更值得关注的是能源资源地在煤炭、油气资源的大量开采过程中面临更为严重的"资源诅咒"问题。这一问题不仅表现在经济的可持续发展能力不足,还体现在能源开采对当地生态环境的直接损害。资源型城市为国家经济建设提供能源和原材料,对我国国民经济的持续健康发展有不可替代的作用,但其经济发展依赖于资源,经济快速增长目标的达成,势必以大量消耗区域能源和牺牲区域生态环境为代价,发展过程中也会遇到诸如资源枯竭的威胁,产业结构不合理以及逐步恶化的生态环境等问题。随着"经济高质量发展"理念的提出,以及人们对良好生态环境的诉求,资源型城市面临巨大的环境治理资金压力,再加上城市生态经济转型需要的产业结构调整和人员就业安置,地方政府必须努力增加地方财政收入,以担负起公共财政的职责。一般而言,能源资源的开采会对当地环境造成极大的破坏,而生态保护和修复的主体是地方政府,主要资金来源则是地方财政收入。随着矿产资源

---

① 以四川绵阳市为例,从矿产资源行业主体情况看,截至 2020 年底,全市登记矿产资源开采纳税人共计 281 户,涉及矿山 636 座,其中 2020 年被生态环境部门查实存在污染防治问题的矿山就达 120 座。

开采程度的加深,地方财政收入无法承担对已经遭受破坏的生态环境的治理补偿支出。与非资源型地市相比,地方政府除了要承担基本的科教文卫等财政支出之外,还承担着城市生态经济转型的资金投入和生态环境修复的责任,财政压力巨大。能源资源的稀缺性、生态环境保护的巨大成本同时挑战了能源资源地的可持续发展能力。

良好的生态环境是最公平的公共产品。生态环境保护作为生态文明建设的重要内容,属于公共产品范畴,且具有明显的外部性,需要通过公共财政发挥职能作用来促进,财税政策与制度应在其中扮演重要角色。另外一点,生态文明建设中存在"公地悲剧"问题、负外部性问题以及管理职能的分散化问题等,我们需要坚持用系统观推进生态环境治理体系和治理能力现代化。因此,明确国家宏观层面与资源属地各方在能源资源收益(租税费)分享及资源地生态环境保育的权属与责任,完成环境财政制度体系的构建,促进绿色经济发展,是具有重要研究价值的课题。

1.2 研 究 意 义

1.2.1 理论意义

本书融合了公共财政学、区域经济学、资源经济学和产业经济学的成果,理论价值主要体现在以促进生态文明建设为背景,系统地研究能源资源带来的相关收益(租税费)及这些收益的支出机制。从外部效应视角出发,使用环境经济学理论分析化石能源利用中所产生的负外部效应问题,探讨环境财政制度对于化石能源矫正负外部效应的作用,从理论上探寻能够促进生态文明建设的环境财政制度体系,探究现有环境财政制度存在的问题,努力实现能源利用、环境保护与经济发展相统一的高质量经济增长。而环境财政体系的建立也将进一步丰富和扩展财政学、资源经济学的研究范围,对推动多学科融会交流,促进学科理论的发展具有一定意义。

1.2.2 现实意义

本书的应用价值主要体现在以研究环境财政为核心,深入探讨实现能源资源有效利用和环境友好的财政收支体系,处理好资源开采利用与环境保护相关各方的利益分配矛盾,加快生态文明的建设步伐。能源资源地的可持续发展是一项复杂的社会系统工程,需要组织动员社会各方力量,财政上的资金支持尤为重要。因此,该项研究成果可以为国家与地方相关决策部门提供决策依据与参考,更好地服务于中国生态文明的建设。

1.3 基本概念

环境财政是指国家为保护生态环境和自然资源、向社会和公众提供环境服务、保障国家环境安全所发生的政府收入与支出活动,包括与环境相关的公共物品定价,是现代政府环境保护事务收入与支出活动的运行规律,而不是简单意义上的财政学分支。一个完整的环境财政体系框架,大体上应包括环境与资源税收制度、排放污染物收费制度、环境服务收费制度(包括污水处理费、垃圾处理费、危险品处理费等)、环境保护政府预算支出制度(包括环境和自然资源保护的政府财政转移支付)、环境相关公共物品的定价机制、环境资本市场管理制度,以及各类政府环境基金管理办法等。

环境财政的总体目标是通过建立、改革和完善财政收入、支出和定价政策和管理体制,保护生态环境和自然资源,实现社会经济的可持续发展。环境财政的具体目标包括:建立统一的环境财政体系,并把环境财政纳入目前正在建立的公共财政框架;加强政府的环境保护职能,提高环境保护政策的执行效果和效率;纠正环境保护中存在的市场失效;推动循环经济的发展;发挥市场机制在环境保护领域的作用。

与环境财政概念较为接近的一个名词是绿色财政。按照"联合国环境项目财政倡议项目"的解释,"绿色财政"指各国公共财政对节能环保产业的扶持。绿色财政政策是为实现可持续发展目标而采取的矫正市场机制配置生态环境资源失灵的一系列财政措施的总和。它是国家经济政策的重要组成部分,其制定和实施的过程也是国家实施财政宏观调控的过程。绿色财政政策依靠绿色财政收支活动发挥作用,具体包括绿色财政支出和绿色财政收入。绿色财政实质是使财政绿色,也就是使财政更能体现社会主义生态观的价值取向,起到推动生态文明建设和绿色发展的作用。从内容上看,绿色财政主要包括绿色政府间财政关系、绿色税收、绿色财政支出以及绿色政府采购等。因此,从概念来看,"环境财政"和"绿色财政"两个概念的内涵和外延都较为接近,在实际的研究过程中也经常被专家、学者作为相近概念。但"绿色财政"是近几年出现频次较多的名词,可能与近几年提倡绿色发展不无关系,"环境财政"的概念提出时间相对较长。

1.4 研究内容与方法

1.4.1 研究内容

环境财政制度体系构建一般从财政的收入和支出政策两个方面展开。在促进生态文明建设的背景下,项目组主要从资源开采本身形成的租(矿业权收益)、税和费收入以及生态补偿转移支付政策两个方面研究财税收入政策。在财政支出方面,我们重点研究环境财政投入政策,最后形成财权与环境事权相匹配的环境财政体制政策研究。根据前述研究目标,本书的研究内容主要有以下四个方面。

(1)能源资源地的租税费制度改革研究

能源资源税费制度改革是一项系统工程,本部分将考察资源开采行业的租税费结构,分析我国现行能源资源租税费制度的实施状况及其经济社会效应,研究提高能源资源税收绿色程度的可行性及其具体实现形式,这是环境财政收入政策的主要内容。具体地,本部分在深入调查研究的基础上,规范与实证研究相结合,归纳探讨我国能源资源现行租税费的具体规模和结构,研究矿业权使用费、价款的收取标准和收益分配能否充分地体现国家对矿产资源的所有权,分析能源资源企业的整体租税费负担以及各级政府(尤其是资源地政府)财政收入的构成,考察、分析和测算能源资源地政府实现生态环境保护的成本,以此为完善矿业权收益分享制度,推动费转税的改革进程,制定绿色环境税的税率水平、征收范围和计征依据提供依据,探讨中央与地方之间的合理分享比例,提出环境财政收入政策的设计思路。

(2)能源资源地生态补偿的转移支付政策研究

本研究更多地考虑资源使用方如何通过转移支付制度的设计完成生态环境的保护工作,因此需要研究如何完善能源资源地纵横向生态补偿机制。本部分首先通过实地调研,找到我国现行生态补偿转移支付制度的制度缺陷和制度改革阻力,例如各级政府的财权事权划分不明、生态补偿的成本衡量难等问题。其次研究生态补偿转移支付对于能源资源地环境保育的作用和效果。通过测算能源资源地由于开采造成的环境影响,核算能源资源地政府需要承担的环境治理成本与实际财力之间的差距,分析现有的纵向生态补偿转移支付给地方环境保护带来的实际贡献,模拟横向生态补偿转移支付建立后的可能效果,以典型能源资源省为例研究横向生态补偿转移支付体制的实现方式和配套制度。

(3)环境财政支出政策研究

上述两项研究侧重于环境财政收入政策方面,而第三项研究内容则从收支平衡的角度出发,加入环境财政支出政策的研究。在对上述两项研究内容进行详细梳理和测算以后,本部分将首先考察现有财政分权体制中环境财政投入的实际效果,对环保资金的事后监督机制是否发挥了作用,以及当前环境财政体制在实现"资源—经济—环境"的实际作用效果,通过发现现有环境财政支出存在的制度阻碍,提出政策改革的主要方向。

(4)财权与环境事权相匹配的环境财政体制政策研究

本研究将从环境财政框架出发,明确各级政府(省、市、县)在环境保护与生态文明建设中的责任划分,核算能源资源地各级政府需要承担的环境保护成本、实际可获得的来自资源开采的财力以及两者之间的差距,在考虑横向生态补偿转移支付制度补充资源地财力的条件下,各级政府如何将其拥有的财力进行合理的支出,如何调整现行财政体制政策,支持能源资源地政府建立财权与环境事权相匹配的环境财政体制,通过推进财政体制的改革,形成更加高效、合理的财政投入机制,为推进生态文明建设而服务。

本书研究思路如图1-1所示。

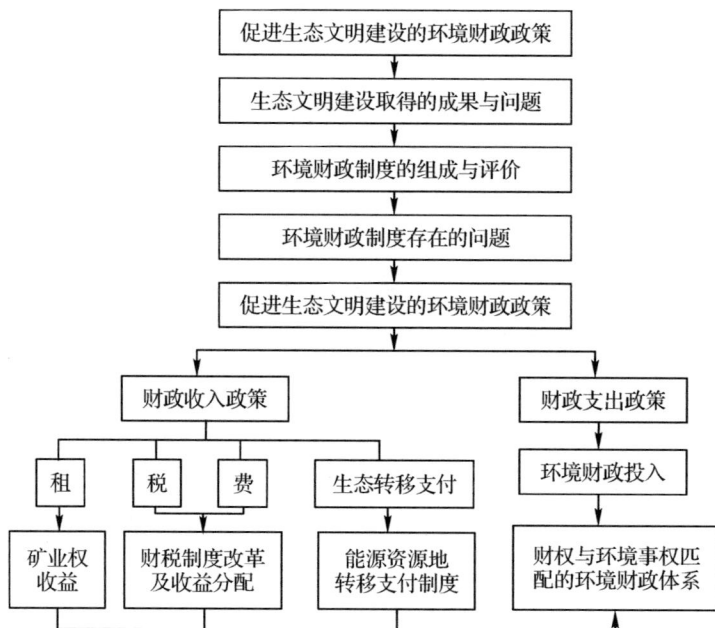

图1-1　本书的研究思路图

1.4.2　研究方法

本书主要采用规范与实证分析相结合的分析方法,运用计量经济分析等工具展开研究。首先,通过规范研究法进行文献的梳理与理论分析,对环境财政的相关著作和学者观点进行归纳分析、总结评价;其次,综合运用资源租理论、外部性理论、财政分权理论、转移支付理论和环境经济学理论,为本书研究提供理论依据与分析框架;再次,通过案例分析法对代表省份的生态环保措施进行剖析,对转移支付制度的现有实践进行分析和总结;最后,运用调查研究法和实证分析法,整理统计年鉴、统计公报和政府工作报告等提供的相关数据,结合实地调研和座谈等途径搜集的相关数据资料,总结描述资源地财政收入支出的现状和问题,利用面板数据模型分别评估现行财政管理体制、环境资金事后监管、"资源—环境—经济"协调发展程度,并借助LEAP模型计算环境财政资金面临的缺口。

2　文献回顾与理论基础

2.1　文献回顾

2.1.1　租税费制度

这里的租税费制度中的"租"主要指的是矿业权的收益,而"税费"是指与资源开采相关的税收和费用征收。

(1)关于租的制度设计

国外对矿业权收益的研究大都从矿产资源租的角度对矿业权收益进行明确定义,并对矿业权形成的财政收入规定明确的用途,主要用于当地生态环境的补偿。通过对"公地悲剧"的研究,许多学者证明可以通过精心的制度设计来管理公共资源,从而克服"公地悲剧"的困境(McCay&Acheson,1987;Ostrom,2005)。也即,"公地悲剧"问题是存在解决方案的,政府控制、市场制度以及自我组织系统都可以成为公共资源合理管理的可循路径(Ostrom,1990)。为了防止"公地悲剧",有以下几个可行的解决方案。首先,可以建立非正式的产权,通过自我组织的集体行动来推动公共资源的管理(Baland&Platteau,1996)。其次,可以通过设置更多的关于资源使用和开采许可的相关政府规则来实现管理(Pigou,1920)。第三,可以通过建立正式产权制度,对资源使用行为进行约束,并通过产权市场的建设,实现产权的可交易性,以优化产权配置(Grafton 等,2000;Lebecap,2009)。无论是哪一种解决方案,新制度经济学关于上述方案的研究理论将"成本—收益"原则作为一个基本的研究路径。对于具体的矿业权制度,Otto 等(2002)介绍了发展中国家的矿业税费制度,Otto 等(2006)还进一步评估了权利金对政府、经济和社会的影响,Cawood(2010)从地租理论出发探讨了南非国家的权利金制度。

国内的研究目前主要集中在矿业权收益的属性、征收标准及分享问题方面,国内学者研究认为矿业权收益的征收标准过低,缺乏从经济学的视角对其属性的界定,质疑其标准的合理性。矿业权收益作为一种矿产资源租,应该体现其有偿使用的性质。地租性质的收益是矿业权收益,国外通过征收权利金的形式来实现(李国平,2011),国内则以矿业权价款的形式实现。蔡鑫磊(2010)指出,矿业权价款应保证各种投资主体的平等地位,收益的分配需要考虑对农民的土地权利和生存环境权利构成的破坏进行补偿。邓晓兰、鄢哲明、陈宝东(2014)认为,当前矿业权价款收益的征收标准过低,且应该偏重于环境保育和公共服务供给,充分考虑对资源地环境的影响。刘尚希(2015)指出,矿业权价款、使用费以及矿产资源补偿费未被纳入一般预算管理,既难以体现国家对矿产资源的产权收益,也难以形成有效的补偿。因此,研究现状说明,我们需要进一步界定矿业权收益的概念和性质,综合考虑生态环境因素,确定合理的征收标准、资金用途,测算矿业权收益在各级、各地政府间的分配比例变动可能引起的成本或效益变化,从资源租的角度调整财政收入政策,促进生态文明建设。

(2)税费的制度设计

国外经济学家提出的"庇古税"奠定了利用税收手段解决生态环境保育问题的基础。皮尔斯(1991)指出了收入中性的环境税改革可以在改善环境的同时,提高税制效率,正式确立了环境税"双重红利"思想,随后的学者对此展开了诸多研究。Kolstad(1996)认为政府的环境规制政策对保护生态环境会起积极的促进作用,建议应该实施一些不可逆的污染控制政策。Marconi(2010)则指出,单方面的环境保护税制度对于增加技术改进速度与缩短污染治理时间具有明显的促进作用。Wissema、Dellink(2007)在对爱尔兰的研究中发现碳税的征收可以有效实现污染减排目标。Bor等(2009)利用CGE模型来模拟分析台湾地区的能源税草案及其补充财政措施对经济的影响,发现税收中性的能源税不但减少了污染,而且还刺激了消费和投资。但如果能源税的收入被用于政府补贴,"双重红利"的效应则不显著,甚至是不存在的。Mori(2012)针对美国华盛顿州开征碳税的研究发现,当碳税税率为每吨二氧化碳30美元时,与基准情景相比较可以实现8.4%的减排。Fabricio(2017)通过研究南美洲国家和欧洲国家实施能源税的情况,得出了能源税不能起到保护环境的作用。Leslie(2018)通过碳税的研究发现,从短期看,碳税的加入使碳排放增加,但从长期看,税负增加导致污染物的排放量逐渐降低。Shi等(2023)研究了环境保护税对企业环境绩效的影响,其基于波特假说和污染避难所假说的研究结果,首次揭示了环境保护税法显著且渐进地促进了企业环境绩效的改善。机制分析表明,环境保护税法主要通过强化地方政府执法刚性、改善地方政府环境关注度、促进企业绿色创新、化解政企勾结等方式促进企业环境绩效提升。Bowen Xiao等(2022)从代际角度重新评估了环境税,使用了一个包含健康、教育和退休的三期重叠世代动态一般均衡(OLG - DSGE)模型。其发现随着环境税率的提高,经济水平的动态模式遵循"下降—上升—下降"的趋势,存在一个最佳的环境税率范围,在这个范围内可以实现双重红利,从而打破"污染—增长—污染"循环;环境税改变了个人在影响健康风险、退休、教育时间和储蓄行为方面的代际最佳行为。它提高了资源代际分配的效率,从而改善了个人的终身福利。

国内部分学者也同样认为绿化税制改革能够取得显著的环境保护效应。国内学者对我国资源税费的现状进行梳理,指出现存的问题,主要探讨了现有税费体系对生态环境保护的作用,以及对开征环境税的研究。很多学者认为现有税费体系混乱,难以完全发挥生态保护的作用,需要重构资源税费框架,但研究内容集中在资源税和矿产资源补偿费的取舍方面。此外,部分学者还讨论了资源税的归属问题,代表观点有归属中央、地方或者共享,持不同观点的学者都列举了各自的理由。对于资源税的研究,宋晓明(2015)指出,目前资源税存在组织收入功能明显偏弱、资源税税率与该资源的利用效率不匹配和资源税级差较小的问题。从制度上看,一方面,我国的资源税制度的租税费三者存在错位的情况;另一方面,资源税整体弹性不足,费用功能重复。李胜(2017)对我国现行资源税改革存在的问题进行阐述,现有的资源税存在功能不清、法律依据不足、税率差距过小和税权归属不合理等问题。赵术高和周兵(2020)从职能理念、分配关系与税制税权三个方面对资源税改革做了充分阐述。从职能来看,资源税兼具所有者权益补偿、调节级差收益、实现公平竞争和矫正外部性等多种功能。从分配关系来看,现行资源税政策进一步完善了"税费二元结构"模式,以竞争性招标投标的方式分配资源,体现了级差收益的性质。但仍存在资源税扩围进展缓慢、收费制度效率不高、定位不明确以及特定职能作用未充分发挥等问题。对于环境税的研究,李春根(2009)认为,实现生态文明首先应改革和完善现有的与环境有关的税种,其次改革排污收费制度,最后是开征生态环境税。薛钢、潘孝珍(2012)的研究发现,随着环境保护税征税收入的增加,大气和水污染物排放量不随之减少,反而增加,样本期内中国环保税远远没有发挥其治理环境效果,难以实现减排治污的政策目标。潘楠、蒋金法(2022)总结了经济合作发展组织(OECD)国家的环境税收政策,认为环境税收在低碳路径上能力不足、绿色激励作用不足,环境税收收入来源过于依靠消费税。对于当前整体的环境税费政策,李香菊、杜伟(2015)的研究指出,我国现行税制税负过重,起到的绿色功能不明显,必须通过渐进、高效的税制绿化改革来提升环境的治理能力,同时降低税收改革给社会带来的经济冲击。卢洪友、朱耘婵(2017)从节能减排、经济增长和要素收入分配三个维度进行检验,发现中国环境税费政策整体上未能实现"三重红利"效应,排污费、资源税等环境税费都未能发挥降低能源消耗和遏制工业污染的作用。朗威(2020)梳理了我国现行绿色税收制度,随后对绿色税收的环保效应和经济效应以及税收的绿色程度进行了分析。史明霞等(2022)研究了税制绿化和碳排放之间的关系,其研究结果表明税制绿化对碳排放有明显的抑制作用,提高税制绿化程度可有效减少碳排放。

而近几年出现了较多的实证研究分析。陈工、邓逸群(2015)的研究发现,征收环境税对环境质量的改善力度很明显。张玉(2014)分别从财政和税收政策角度分析了环境治理效应,认为财政政策环境治理效应显著而税收政策的环境治理效应还有待提高,朱小会、陆远权(2017)的实证结果也同样支持上述观点。卢洪友、朱耘婵(2017)认为,虽然环境税费政策的经济增长红利在我国得到了较好实现,但环境税费政策的节能减排红利未能实现,同时也未能充分实现要素收入分配红利。造成上述问题的主要原因在于碎片化的融入型环境税费政策,环境保护主体税种缺失、环境税收优惠政策分散、排污费政策执行刚性弱等。而关于资源税费的分配问题,周波(2020)从政府与企业之间、政府职能部门之间以及中央和地方政府之间三个方面对我国自然资源收益分配的问题进行了剖析,发现存在资源所有权不明确、职责不清、市场机制不完善和收益分配关系不合理的问题。王中庆(2020)指出,我国矿产资源利益分配经过了三个发展阶段,改革前的矿产资源属于国家所有,利益分配在理论和实践层面属于全民共有;改革中的矿产资源由市场配置并实现了税费法制化;深化改革以来,矿产资源逐渐实现合理、公平共享的利益分配机制。尽管矿产资源制度在不断完善,但也存在不足之处,制度不完善、税费政策运用不准确以及利益主体不平衡是我国矿产资源制度现存的主要问题。

少数学者通过实证研究,探究我国资源税费实施的效应。曹晓蓉(2019)实证研究发现,整体上,资源税税负的增加能显著提高资源的利用效率,分区域看,资源税对各个地区单位国内(地区)生产总值能耗(简称"单位 GDP 能耗")的影响显著性和正负性存在较大差异,具体表现为北部沿海、南部沿海、黄河中游、长江中游和大西南这些对资源开采以及使用依赖性不强的区域,资源税税负增长对于降低单位 GDP 能耗具有比较明显的作用,而在东北、大西北这些地区,资源税税负增长对于降低单位 GDP 能耗并不具有显著的作用。陈璐(2019)在理论上肯定了征收环境税费的环保效益,发现环境税费收入均呈上升趋势,各税种及排污费占环境税费收入比重在各经济区并无明显差别。同时,东北经济区资源税的征收能减少当地能源消耗,黄河中游经济区消费税的征收能减少当地工业废气排放,长江中游经济区资源税和消费税的征收可以改善当地工业废水污染现状,西南经济区征收消费税有助于减少工业废水废气的排放,但沿海经济区和西北经济区的环境税费征收无环保作用。童锦治、温馨、邱荣富(2022)的研究发现,环境保护税的开征有效地治理了我国的空气污染,征收标准平移地区和征收标准提高地区的空气质量均得到显著改善,建议扩大政策覆盖面。黄依婷、陈和、杨永聪(2022)的研究认为,环境保护费改税主要通过压力效应机制和激励效应机制抑制企业金融化并激发污染企业进行环保投资,污染企业转型更倾向于绿色化。

在较新的文献中,冯俏彬、白雪苑、李贺(2022)试图进行理论创新,他们构建了一个碳财税方盒理论,分为诸如政府债务、财政补贴、转移支付等财政政策支持"双碳"的区域,重点致力于激发、鼓励、补偿各行为主体在"双碳"中的正外部性,以及包含多种税制要素在内的税收政策支持"双碳"的区域,重点致力于抑制、减少、惩罚各行为主体在"双碳"中的负外部性。进一步用此理论评价我国当前的低碳财税政策,认为当前的政策维度和政策方式单一,且未能吸纳更多的社会性资金进入该领域。

简言之,现行的环境保护间接税存在诸多缺陷,且没有形成租税费联动的研究分析体系,难以完成促进生态文明建设的目标。因此,需要分析现行财税政策存在的问题,深入研究如何完善资源与环境税费体系,通过租税费政策的综合调整来激发经济主体的能源节约和环境保护的内在动机。

2.1.2 转移支付制度

Shui Bin 等(2005)对美国居民能源消费及二氧化碳排放状况进行了分析,结果显示,供消费者使用的能源资源在生产过程中产生的二氧化碳要大于消费者在消费能源资源过程中产生的二氧化碳,说明如果消费者消费最终产品,那么消费者也应该为最终产品生产过程中产生的环境污染负责(Bastianoni,2004),而消费品的生产地如果在另一个区域,那么环境负担就由最终产品消费者所在地转移到了生产者所在地,这是转移支付制度需要存在的重要原因。而当前的生态补偿转移支付制度大多是依据生态服务付费(PES)展开。Sommerville 等(2009)认为,PES 是有条件的正向激励生态系统服务的提供者。由于公共支付在节约交易成本方面具有更大的优势,因而 PES 在实践中以公共支付为主(Mayrand,2004),Mayrand K,Paquin M(2013)则更加强调了政府在 PES 机制中的作用。Vatn(2010)比较了政府主导、市场主导两种补偿模式的优缺点。Managi 等(2008)发现印度实行的生态补偿转移支付制度解决了公共产品的外部性问题。国内学者的研究发现,我国的纵向转移支付存在支付标准不合理的问题,而我国仅在水资源地展开了零星的横向转移支付试点工作。在改革建议方面,葛察忠(2010)提出在财政转移支付中增加生态环境影响因子权重,如生态补偿因素、环境基础设施和环境管理服务、污染防治等内容。饶清华等(2016)的研究发现,上级政府直接对流域上游进行补偿不利于实现帕累托改进,在生态关联相对明确的地区,应尽量建立生态服务的受益者和保护者直接联系的补偿机制。李国平(2016)根据区域分工理论估算了不同区域的理论生态价值与实际生态价值的差值,并以此作为区域生态补偿的标准。王德凡(2018)认为,纵向转移支付额度与环境保护成本等相比,仍存在较大资金缺口,且增加了中央财政的压力,需要构建生态补偿的横向转移支付制度。郑雪梅(2017)提出以生态基金模式为核心建立生态补偿横向转移支付运作机制,其认为需要继续深入研究我国生态补偿纵向转移支付制度完善的合理性政策,比如资金使用是否高效、各级政府之间的划分是否合理、如何使资源的定价包含合理的生态补偿费用等,尤其应该探索资源开采与使用地之间横向转移支付制度的建立。孙开(2015)认为,对待生态不公平问题,可以从生态补偿机制、纵向转移支付制度与横向转移支付制度的建立三个方面解决。通过对能源资源环境税费改革,进而实施全面绿化现行税收制度来调整环境收益在各地区之间的分配格局,逐渐成为学者的共识。例如通过绿化税制改革增加中西部地区的环境收益而增加东部地区的环境成本,将能源资源开采过程中产生的收益进行合理分配,构建合理的资源开采收益分割机制,诸如能源资源开采企业所得税收纳税环节的选择,改革现行能源矿产资源税费制度,中央和地方之间对能源资源绿色税费分享比例的确定等(李香菊,祝玉坤,2011)。

部分学者分析了流域和生态功能区的生态补偿财政转移支付制度。段静锋(2019)认为,我国现有的转移支付制度存在相关法律滞后及缺失、生态补偿不明确、责任不清和补偿程序缺乏约束等问题。李淑瑞(2020)发现,我国生态转移支付制度存在生态转移支付结构偏重于专项拨款以及生态转移支付制度的生态环保目标与公共服务均等化目标存在不兼容的问题。张化楠(2021)研究发现,主体功能区流域生态补偿财政转移支付存在生态补偿财政转移支付界定困难和主体功能区规划与流域生态补偿财政转移支付模式不相匹配两大问题。刘桂环等(2020)发现,从2009年以来,随着各项政策的不断颁布,转移支付的范围、支付资金分配方法在不断优化,逐步体现出综合补偿的特征,但仍存在转移支付标准没有提高、资金的使用没有充分用于环保以及生态产品的价值未充分体现等问题。董战峰等(2021)指出,目前各类生态环境要素补偿制度尚不健全,生态补偿关系中的保护方和受益方权责不明、纵横向生态补偿关系中的利益关系不协调、补偿手段运用不充分、配套能力建设不完善、生态补偿与考核评估和监督问责等相关政策的衔接性和协调性不足问题较为突出,生态补偿的政策功能并没有得到充分发挥。樊存慧(2020)认为,以政府为主导的生态补偿模式更加契合我国的基本国情,而转移支付则是推动我国生态补偿的重要手段,但长期以来依靠单一纵向转移支付暴露出了覆盖范围窄等问题,其探讨了生态补偿横向转移支付建设的必要性、可行性以及影响等方面的内容。

部分学者通过实证分析检验了生态转移支付的生态治理效果。宋丽颖、杨谭(2016)选取了2007—2014年我国黄河流域7个省份的面板数据,利用空间计量模型,从纵向和横向的角度研究了不同来源的转移支付对环境治理的影响。曹鸿杰等(2020)实证研究了分权对生态转移支付政策的效果,总体来看,分权对国家重点生态功能区转移支付产生了显著的政策效果,对生态环境保护和公共服务供给有较为明显的激励作用,环境分权促进了生态转移支付政策效果,但财政分权对生态转移支付政策却有阻碍的作用。朱艳和陈红华(2020)以广东省的数据为样本,基于倾向值匹配法实证检验了重点生态功能区转移支付的生态效果,结果表明生态转移支付有助于重点生态功能区所在县生态环境质量的改善,随着政策实施年份的增加,生态转移支付的生态效果呈现增大的趋势,且补偿标准高的地区政策改善县域生态环境质量的作用更大。马捷(2020)构建了环保支出冲击下内嵌环境税、生态转移支付两类生态补偿机制的两级政府环境动态随机一般均衡(DSGE)模型,发现不同的生态转移支付政策对地方环境治理的影响存在明显差异,环境税和纵向生态转移支付政策之间存在耦合关系,绿色财政政策组合相互配合效果更佳。马军旗和乐章(2021)的研究发现,生态补偿政策的实施显著改善了黄河流域水环境的治理效果且呈现出显著的长期治污效应,显著改善了黄河流域的水污染状况,也对下游城市水环境治理产生了更为显著的影响。谢慧明、马捷、沈满洪(2022)的研究发现,生态转移支付能有效地拉动产出,但转移支付的扩张偏向会偏离其环境治理的初衷,须阶段性地凸显其绿色偏向,央地共享情形下的环境税与纵向生态转移支付的组合能够实现社会总福利的最大化。卢文秀、吴方卫(2022)则研究了生态补偿横向转移支付,发现其显著缩小了受偿地区城乡收入差距,可以同时提高农村和城镇居民工资性收入,生态补偿横向转移支付能够通过促进农业劳动力转移、产业结构高级化,缩小城乡收入差距,但未能促进受偿地区产业结构更加合理。

2.1.3　环境财政投入制度

国外对环境财政投入政策的研究大都围绕环境财政支出的使用和环境财政收入分配效应展开。OECD(2004)指出环境财政投入政策具有成本低的优势,逐渐成为治理资源环境问题的主要措施。Lopez 等(2011)从理论和实证方面考察了财政支出水平与结构对环境质量的影响。当用于购买公共产品的财政支出比例上升时,SO_2 等污染物的浓度能够显著降低;如果提高财政支出水平时,等比例扩大购买公共物品和私人物品的规模,财政支出对污染的影响则是中性的。Ramon 等(2011)研究了拉丁美洲国家的环境保护支出政策,发现与环境治理相关的财政支出在减少污染物排放的同时,也起到了促进经济增长的作用。Halkos、Paizanos(2013)将财政支出的环境效应分为财政支出的直接环境效应和通过收入间接产生的环境效应,他们通过对国家层面的面板数据进行实证分析,发现财政支出对生产性污染和消费性污染的影响是不同的,其中间接效应的影响与收入水平密切相关,并最终影响财政支出环境总效应的研究方向。Kunce(2007)认为,从资本的地区间流动考虑,地方政府为了避免资本流动到其他环境规制宽松的地区,会实施更低水平的环境标准,也就是更加注重经济发展而忽视环境治理,而为了避免地区间的环境规制的竞争劣势,只有由中央政府来实施环境治理才会更有效率,而不是由地方政府分权治理。FangYX(2022)研究认为,政府财政支出从规模上能够显著提高绿色经济绩效,从结构上看,人力资本和可再生能源方面的政府支出可以通过劳动力和技术的发展推动绿色经济发展。

国内的研究主要集中在环境财政投入政策的评价以及投入政策的多样化发展。马中(2006)指出,我国环境财政投入政策缺少连续性,与法律赋予政府的环保职能不匹配,我国近年来生态环境保护的大宗财政支出,一定程度上是"问题"导向的应急投资。逯元堂等(2009)认为,我国环境财政投入应通过政府预算、政府采购、财政补贴等多种政策的实施,加大环境保护重点领域的投入力度。卢洪友、田丹(2014)利用省级层面的数据对财政支出的直接环境效应和间接环境效应分别进行了研究,其结论显示直接效应不显著而间接效应显著,同时,财政支出在抑制一种污染物的排放时可能会加剧另外一种污染物的排放,比如抑制固体废物的排放会加剧二氧化硫污染物的排放。刘婷婷(2022)对中国环保财政支出政策的优化进行了研究,发现当前财政环保支出存在投入承压、预决算偏离、稳定性差、低碳转型不充分等问题,通过借鉴国外财政政策的环保支出经验,从增强财政投入的可持续性、提升财政环保支出政策的有效性、提高支出结构与绿色低碳发展目标的适应性、强化事权与支出责任划分的精准性四个角度提出了政策建议。陈诗一、祁毓(2022)试图构建一个生态财政治理理论体系,综合分析了诸多财政政策在实现"双碳"目标的作用机制、面临的问题及政策定位,认为财政政策在治理环境问题时可以发挥激励、协同和补偿机制。

同时,我们认为中央政府和地方政府在资源收益分配和环境保育的投入上存在不对称的现象,地方政府获得收益较少,无法承担环境保育的责任。较多的研究指向了中国式分权下地方政府的财政支出行为,使地方政府偏向于生产性支出,而容易忽略环境保护支出(傅勇,2010;陈宝东,2015)。王东、李金叶(2021)进一步研究了财政分权对环境污染的空间效应,利用2006—2017年省级面板数据,采用空间计量模型分别验证了财政分权对环境污染的直接效应、空间效应和总效应。结果表明,财政收入分权对环境污染有明显的负向直接效应和空间溢出效应,财政支出分权则对两者都有正向作用。从总效应来看,财政收入分权和支出分权都对环境污染有显著的负相关性。但当前国内环境财政投入政策研究忽略了政府层级责任的深入研究,还缺乏对财权与环境事权相匹配的环境财政体制的研究,尤其缺乏对能源资源地生态环境保育的相关环境财政政策的深入系统研究。于长革(2020)总结了我国近年来的财政环保支出的总体情况,不管是节能环保支出还是农林水支出都呈现上涨的趋势,存在的问题体现在政府间环境事权与支出责任不相适应、财政环保支出总体规模偏小、污染者未尽付费、生态环保资金的使用上。程亮(2020)梳理当前生态环境保护财政支出绩效管理现状,指出财政支出存在绩效管理制度尚未建立、绩效理念未牢固树立、绩效管理的广度和深度不足、尚未建立完善的绩效评价指标和标准体系以及当前的技术支撑不能满足形势的需求五大问题。

有关环境财政支出的效应方面,学者们也展开了丰富的研究。陈思霞等(2014)指出,在技术、消费偏好和收入管制效应压力下,政府增加教育、科技等非经济性公共支出可以减少污染排放、改善环境质量。卢洪友等(2015)发现,我国财政支出结构对消费型环境污染的影响以环境规制效应为主,政府提高非经济性支出会降低消费型环境污染,而且地区的廉政环境状况与环境规制效应强弱显著相关。张凯强(2018)研究发现,环境财政支出份额水平与地区经济增长率和环境质量趋势分别呈倒U型和U型,即环境财政支出份额提高到一定程度将导致经济增长率降低,环境质量水平提高,环境污染水平下降,环境财政支出份额的提高能显著降低环境污染的排放,经济欠发达地区的影响程度更强且效果更加明显。许文立(2017)对我国财政支出的绿色发展效应进行了研究,认为财政政策除了直接影响环境之外,还通过财政政策的约束激励影响绿色生产、通过税收和支出等途径影响环境成本收益的代际转移,财政支出的正向冲击短期内会引起二氧化碳排放量的增加,但长期来看,财政支出可以实现环境"双重红利",而相比于直接财政支出,对企业的补贴效果更好。姜楠(2018)认为,环保财政支出具有引致经济和环境规制的双重属性,并证实了环保财政支出有助于实现经济和环境双赢,环保财政支出不仅可以治理环境污染,改善生态环境状况,还能够对经济的可持续发展产生促进效果。覃凤琴(2019)对我国财政支出的环境污染效应进行了研究,她从财政支出的规模与结构、财政支出分权、财政支出竞争三个维度探究了财政支出的绿色效应。在财政支出规模和结构的绿色效应方面,财政支出规模的绿色效应并不显著,但其规模扩张能起到明显的污染减排效应,财政支出结构中的民生性支出绿色效应较为明显;在财政支出分权方面,总支出分权会加剧污染物的排放,但环境分权对环境污染的抑制作用较为明显;在财政支出竞争层面,地方政府的支出竞争不仅会造成环境污染,还会产生外溢效应。祁毓和赵韦翔(2020)采用数据包络分析模型(简称"DEA模型")以及动态面板数据模型评估了财政支出规模和结构对绿色全要素生产率增长率的影响,研究发现,绿色全要素生产率增长率、技术效率增长率表现出显著的空间正相关关系,但东部地区主要依靠技术进步驱动,中西部地区则是技术效率改善幅度较大;财政支出规模的上升一定程度上有助于提高绿色全要素生产率增长率,而维持性支出和经济支出比重的上升不利于整体绿色全要素生产率增长率的提升。丁莹(2020)将环保财政支出政策效应分为经济效应与减排效应,在分析了两个效应的存在机理的基础上,依次实证检验了环保财政支出政策的经济效应及其异质性、减排效应及其空间溢出性。田嘉莉(2022)发现财政支出政策能实现减污降碳协同效应,其短期效应明显而长期效应不显著,财政支出政策的减污降碳协同效应会因政策或污染物的不同而有所差异。薛飞、陈煦(2022)对绿色财政政策的碳减排效应进行了研究,运用碳减排综合示范城市数据,利用双重差分法对绿色财政政策的碳减排效应进行了分析,研究表明,财政政策显著降低了碳排放水平并随着政策实施年份的增加而逐渐增强,这一效应主要是通过能源消耗减少、产业低碳化升级、绿色技术创新等路径实现;财政政策对于非资源型城市和非老工业基地城市效果更为显著。李玥莹、黄丽君(2022)研究了财政环保支出对碳减排的空间溢出效应,财政环保支出对本地碳排放有显著的抑制作用,且本地财政环保支出提升还显著降低了周边地区的碳排放量,产生了碳减排治理的空间外溢效应,因此,在加大环保财政支出的同时,需要制定差异化碳减排政策,建立碳减排跨地区协调机制。赵哲、谭建立(2022)的研究发现,财政支出规模通过直接效应和环境规制效应对碳排放保持抑制作用,通过规模效应和替代效应促进了碳排放,提高非经济性公共支出占比,有助于发挥碳减排效应;而且新型城镇化建设对财政支出结构的碳减排效应存在调节作用,以经济和人口衡量的城镇化进程强化了财政支出结构对碳排放的抑制效果,以社会和生态衡量的城镇化削弱了财政支出结构的碳减排效应。胡丽娜、薛阳(2022)对财政环保支出、财政压力与绿色发展之间的关系进行了研究,财政支出对绿色发展有显著的正向作用,而财政压力会负向调节这一作用,当财政压力达到一定门槛之后,财政支出对绿色发展会转为抑制作用。

有关环境财政支出的效率方面,颉茂华等(2010)实证检验了中国环境财政投资效率,发现中国环境财政支出不断增长,但环境保育效果却不尽如人意,原因在于中国环境财政支出效率低下,需要加强财政支出监管,改善投融资体制等方式来提高我国环境财政支出效率。何平林等(2011)同样运用DEA模型,对环境财政支出效率进行了实证分析,并对中国不同省区的财政投资效率进行了分析,其研究结论表明,中国环境治理与环境财政整体投资效率状况堪忧,环境财政支出效率在不同省区间存在明显差异,可以通过设立环境保护专项资金与加强监管来改善这一状况。马彦瑞(2019)通过统计数据分析,发现各个省份用于环境保护方面的财政支出有所差异,东部地区节能环保支出比重较高,中部地区支出占比中等偏低,但总量居中上水平,西部地区占比偏低。此外,基于 DEA 模型证实了 2007—2017 年我国的环保财政支出未达到 DEA 有效,且效率水平不高,同时我国环保支出效率趋势变动明显,全要素生产率呈下降趋势,技术进步波动明显,西部地区环保财政支出效率低于中部、东部地区并低于全国平均水平。

2.2　文献述评

综上所述,已有文献围绕环境财政制度体系建设的几个重要问题展开了深入的研究,为本书的写作奠定了良好的研究基础。不难发现,尽管我国生态文明建设的环境财政制度在不断完善,但目前还存在着一定的问题,例如租税费方面主要存在资源所有权不明确、职责不清、功能不清、市场机制不完善和收益分配关系不合理的问题;转移支付方面相关法律滞后及缺失、生态补偿不明确、责任不清、利益关系不协调、补偿程序缺乏约束、相关政策的衔接性和协调性不足问题较为突出;财政支出方面主要存在政府间环境事权与支出责任不相适应、财政环保支出总体规模偏小、污染者未尽付费、生态环保资金使用不充分等问题。

已有研究文献为进一步研究奠定了基础,但促进生态文明建设的环境财政制度体系构建还需要进一步研究以下问题:第一,调整现有的租税费政策,完善现有的生态补偿转移支付制度,寻求区域间生态补偿横向转移支付制度的政策支持,以生态文明建设为核心思想,形成更加合理、全面的环境财政收入体系;第二,如何提高政府环境财政投入资金的使用效率,形成涵盖不同政府层级的更加高效的环境财政支出体系;第三,构建环境财政制度体系,研究能源资源地政府财权与环境事权相匹配的问题。鉴于此,本书将通过梳理目前中国生态文明建设的环境财政制度,分析对比相关的数据,进而评价目前的环境财政制度,并据此提出相应的建议。

2.3　理 论 基 础

2.3.1　资源租理论

矿业权价款是一种广义上的权利金,它具有矿产资源租的性质。一般来说,大部分的价款收益来自招、拍、挂程序,类似于红利,相当于对级差地租的征收;而有一部分价款虽来自协议出让程序,但其金额大小同样需要基于矿产条件的专业评估,即矿区的禀赋不同,价款存在大小差异,因此,协议出让下的矿业权价款也是对级差地租的征收。

矿产资源租通常由级差地租与稀缺租组成,如图 2-1 所示。其中,级差地租是因为矿藏条件(品位、设施)给所有者带来的租金收入。假设图 2-1 中,从 A 矿至 D 矿,每一处矿产都比 E 矿富饶,开采成本均低于 E 矿。A 矿至 D 矿的所有者可以轻易地因为这种天然禀赋而享受其带来的经济租。相比之下,稀缺租则适用于所有的矿藏,它主要体现了对矿产资源不可再生性的补偿,即每额外开采一单位矿产而放弃的(将矿产存于地下所引起)未来利润的净现值。在矿产资源级差地租与稀缺租之间,前者更适宜于征收。一方面,征收级差地租不易引起扭曲效应。级差地租来源于矿藏自身禀赋,与所有者的努力投入并没有非常直接的关系,对其征收不会对劳动力、资本以及其他生产要素形成扭曲效应,这也是级差地租与普遍具有扭曲作用的税收的区别之处。另一方面,征收级差地租具有相对意义上的公平性。由于级差地租是一种基本无需努力就可以获得的经济租,对其征收可能使没有享受到该种禀赋的个人、企业、团体获得一种相对的公平感。此外,国外实证研究表明,富饶矿山的高价值大多来源于矿区本身所具备的级差地租,而不是来源于其所售稀缺矿产的高价格(Otto 等,2006),那么对级差地租进行征收的活动更能使财政部门享受到富饶矿山的高价值,使政府从中攫取到最大的租金收益(施文泼、贾康,2011)。总之,矿业权价款所反映的是我国政府对级差地租的征收,从资源租的角度看,它是一种适宜征收、相对公平的财政收入组成部分,能使矿产资源所有者分享到矿山的资源禀赋所产生的利益。

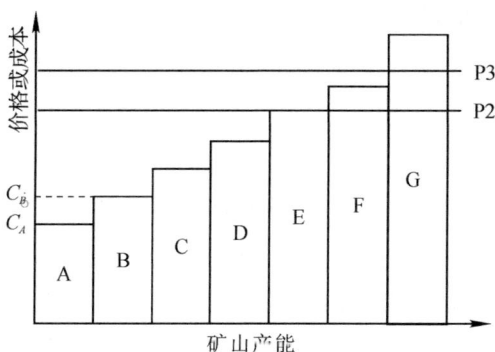

图 2-1　矿产资源租

2.3.2　外部性理论

外部性是指一个经济主体的经济活动对另一个经济主体所产生的有害或有益的影响,该理论起源于古典经济学,庇古在《福利经济学》中分析了外部性的形成机理,主张借助政府干预解决外部性问题,因此,"庇古税"也成为解决外部性问题的传统做法。随后,科斯对庇古的外部性理论进行了拓展,运用成本收益分析法、均衡分析法和边际分析法,研究了政府干预问题,认为自由的市场交易也是解决外部性问题的手段,选择政府干预还是市场手段,主要取决于交易成本。

外部性可以划分为正外部性和负外部性,环境财政问题很好地诠释了这两点。首先,环境污染或者破坏所带来的环境问题,具有明显的负外部性。负外部性,是指某一经济主体的生产或消费对其他经济主体产生了负面影响,却没有因此而承担相应成本的情形。能源资源企业在能源资源的开采利用过程中造成了环境污染和生态环境的破坏,由于这些成本或效益没有在生产或经营活动中得到很好体现,这就导致了私人成本与社会成本、私人收益与社会收益的不一致,从而使私人最优与社会最优之间发生偏离,资源配置将出现低效率。因此,如果仅仅依靠市场机制的自我调节,那么负外部性的存在很可能造成严重的环境污染或公共资源的破坏,而污染者或破坏者却不承担相应的责任或付出相应的代价,这将影响到环境的可持续性。

与此相反的是,环境保护却具有正外部性。环境治理与环境服务等环境保护行为能够给置身于其间的企业和居民带来良好的环境,但是良好的环境是具有集体消费或公共消费性质的产品,即在技术上它们是很难排除其他人在不付费的情况下参与消费的,这就产生了"搭便车"问题。搭便车问题的存在,将使环境保护者无法因其给他人提供了好处而获得相应的报酬,保护生态环境所产生的生态效益将被其他人无偿使用。其结果是,在市场机制中,环境保护作为具有正外部性的公共产品,其供给量经常严重不足,有时甚至出现供给量为零的情况。

要解决外部性问题的出现,途径有两种,一是通过庇古的政府干预方法,二是科斯的市场交易方法,但科斯的市场交易方法在市场化程度不高的发展中国家和处于经济转轨时期的国家是不可行的,因而中国要解决生态环境保护问题就需要更多的依靠政府干预的方法,随后可逐步引入市场交易的方法。

科斯认为,健全的产权体系中,市场制度通过价格机制对资源合理配置发挥有效作用。价格反映资源性和需求,刺激生产者和消费者通过追求自身利益最大化实现社会效率最大化。产权不明晰和缺乏产权主体导致经济活动外部经济效益外溢,私人成本收益与社会成本收益不一致,形成"市场失灵"。产权的明确界定赋予遭受损失者获得赔偿的权利,外部不经济出现时,责任方会考虑自己的行为给他人带来的影响,并通过谈判、协调及交易,尽可能做到资源的有效配置。由于矿产生态环境本身固有的公共特性,其外部性表现明显。

第一,矿产资源开采对于环境的破坏导致负外部效益外溢,即市场主体对生态造成的不利影响由更广泛的社会主体承担,自身仅承担一部分成本。例如,在矿产开发过程中,矿产开发活动造成水污染、空气污染等负面影响,矿产开发的收益被企业和地方政府所得,但负面影响的作用范围可能更为广阔,不仅当地居民受到影响,周边地区居民也会受此负面作用影响。通常后果是,矿产开发主体无视社会整体效益的损失,决策开采量大于最佳开采量。明确矿产资源所在地拥有生态环境不受破坏的权利,赋予遭受损失者获取赔偿的权利,明确产权及其转让可以使私人成本与社会成本趋于一致,使资源生态环境破坏者承担相应的成本,促使人们改变以往的生产经营方式和生活方式,减少对资源生态环境的消耗和破坏。为降低交易谈判成本,地方政府可以作为居民代表,但是如果地方政府过度依赖开采企业税收,则会造成双向代理的结果,最终造成地方居民利益受损。

第二,环境治理工作有强正外部性,即经济主体对环境改善带来的利益不能独享却要独自承担环境补偿工作所有成本。例如空气质量改善投入,地区居民植树造林改善空气质量,却无法得到享受空气质量优化的其他地区居民补偿,造成其他居民"搭便车",最终植树造林提供量将小于社会最优提供量。

第三,在某些情况下,环境产品生产还有可能造成一定负外部性。例如为了保护生物栖息环境或者保证水源质量,要求禁止或限制开发区居民放弃发展工业,造成其机会成本。如果在生态环境补偿工作中忽视这部分资金,将所有资金投入直接生态环境治理工作,是一种经济资源的不合理分配,也有可能加重社会矛盾,因此,在生态补偿中,不仅要注重对于生态的补偿,同时也要注重对人的补偿。

2.3.3 财政分权理论

财政分权主要解决的是中央与地方政府及各政府间关系等的财政收支预算问题。古典经济学思想的公共财政理论认为,政府扮演的是"无形之手"的角色,其职能在于提供公共品,财政分权理论解释了地方政府存在的合理性和必要性。相比较于中央政府,地方政府更接近公众,更能了解公众的意愿,因此,财政分权能够提升公共品的供给效率。人们通过在社区间的充分流动,选择公共产品与税收的组合使自己效用最大化的社区政府,社区只有高效提供人们需要的公共产品,否则,人们会迁移到能更好地满足他们偏好的社区,这即"用脚投票"理论,是财政分权理论的一项重要内容。

按照上述理论理解,环境保护作为一种公共品,财政分权将有利于环境质量的改善。但上述结论要同时满足"用手投票"和"用脚投票"机制。反观我国国情,官员的升迁和提拔大都由上级政府决定,"用手投票"机制发挥作用有限,再者,由于我国户籍制度的限制,"用脚投票"机制还难以发挥很大的作用(傅勇等,2007)。而第二代财政分权在原有理论基础上引入了地方政府的激励机制问题,更加贴合我国实际情况。中国式财政分权的突出特点在于:经济分权与政治集权并存、GDP 考核机制应用和民众监督机制缺乏(李猛,2009)。由于GDP 考核机制的存在,且民众监督机制的缺失,地方官员的提拔主要由上级决定,地方官员的选择会紧紧围绕地区的经济增长,突出表现在地方政府会将更多资源投向生产领域,容易忽视环保、教育等公共事业的投入;还有地方政府会考虑到企业贡献税收收入,降低污染型企业的引入门槛或者保护当地的污染企业,以至于人们会将"招商引资"等同于引入污染企业。总之,经济高速增长和公共领域的低效率是中国式分权的正反两面结果(傅勇,2010)。

环境财政的一个主要研究方面就是在环境事务中政府间的财政关系,包括环境财政收入在各级政府间的分配关系和各级政府在环境保育方面的责任划分,在这些研究中,各级政府收入分配和支出责任的划分需要以财政分权理论为指导,做到各级政府在环境财政方面财权与事权的统一。

2.3.4 转移支付理论

从严格意义上来说,转移支付制度也是财政分权理论的一个组成部分,但为了更好地服务于本书主题,我们将其单独拿出来讨论。

财政分权理论认为,地方政府比中央政府更贴近当地居民,了解当地居民偏好,拥有信息优势,还可以鼓励地方政府通过公平竞争提供有效成本的公共服务,使居民在地方公共服务的提供中有更大的发言权表达偏好。但集权的税收管理和统一的国家税制系统被证明更有效率。在许多国家,一些大的税种经常是由中央政府征收,而其中的一部分收入通过转移支付体系重新分配给地方政府。如果由地方政府决定税收政策,会造成税收竞争或税负输出,降低整个社会效率。考虑到要素跨地区流动而带来的税基变动,中央政府的课税权限应大于其支出责任,而地方政府的课税权限则应小于其课税能力,结果是中央政府在初次分配中的占比高于在财政支出中的占比,形成财政盈余,而地方政府承担的支出责任与其收入能力不相匹配,形成财政缺口。

财政分权理论证明转移支付必要性的同时,体现出转移支付具有地方政府激励效用。纵向转移支付按照支出用途是否有限制,分为一般转移支付和条件转移支付,条件转移支付中包含要求配套资金的转移支付和不需配套转移支付。不同转移支付条件下的纵向转移支付在地方政府的投入使用中,可能会产生完全不同的效果,因为条件的限制往往会形成对于地方政府不同程度的激励。中央政府对转移支付越少的控制条件是对地方政府让渡程度越大的自治权利,在这种情况下,中央政府并不试图影响地方政府的支出方向。相反,如果中央政府判断某些特定的公共服务应当成为提供重点,它的重要性应当强于其他公共服务,中央政府就会采取有条件补助形式。有条件补助加强了中央政府的控制力,控制程度也取决于条件规定的详细程度。考虑到不同类型转移支付机制补助金的优点和缺点,设计一个转移支付体系,最终取决于这一体系所要实现的各种目标的相对重要性。在发达国家,大量专项转移支付以分类拨款的形式存在,中央对于地方政府的控制是有限度的,而对于发展中国家,大部分都属于委托—代理模式。条件补助不仅包括附加使用条件的专项转移支付,还包括达到条件后获得转移支付资金,但并不规定资金使用范围的转移支付,这类型转移支付也非常适用于环境补偿。

我们再来看纵向转移支付与横向转移支付。纵向转移支付和横向转移支付从表面形式体现为,前者是上、下级政府间的资金拨付,而后者是平级政府之间的资金拨付。转移支付应用于生态补偿的理论依据主要是纠正外部效应,其次也存在矫正财政纵向失衡的原因。在我国以纵向转移支付为主的体制下,横向转移支付无法承担纠正纵向财政失衡的任务。在纠正外部效应这一方面,纵向转移支付借助中央行政权力将成本或者收益内部化,而横向转移支付多出于转移双方各自对于利益的追求和市场的作用。二者的出发点和动力不同，因此决定了二者各自的优势和适用范围(见表 2－1)。

表 2－1 横向与纵向转移支付的制度比较

比较内容		纵向转移支付	横向转移支付
决策动力		行政强制力	双方对于自身利益追求
优势比较	决策难易程度	较为容易	较为困难
	信息成本高低	较高	较低
	监管难易程度	较为困难	较为容易
	资金来源状况	广泛、充足	狭窄、不足
	项目条件要求	要求较少	有特定要求
	配套条件要求	要求较低	有较高要求
适用范围		以开发资源造成历史遗留问题	当前开发过程中环境补偿

2.3.5 环境经济学理论

传统经济学理论将环境问题当作一种特殊的福利经济问题，即仅仅局限于责令生产者偿付损害环境的费用，或者把环境当作一种商品，同其他商品一样，消费者应付出代价。而环境经济学的研究提出在经济发展规划中要考虑环境因素，社会经济发展必须既能满足人类的基本需要，又不能超出环境的承载能力。超过了环境负荷，自然资源的再生增殖能力会受到破坏，引起严重的环境问题，社会经济亦不能持续发展。因而，社会经济政策的制定，要充分考虑环境因素，维护环境的生产能力、恢复能力和补偿能力，合理利用资源，促进经济的可持续发展。生态环境资源已成为一种稀缺资源，人类在利用生态环境时，必须进行适当补偿。生态系统的价值分为使用价值和非使用价值，使用价值包括直接、间接使用价值和选择价值，非使用价值包括存在价值和馈赠价值。从稀缺性及其所具备的价值来看，人类在使用生态环境的时候都应该为之付费，从经济学原理来讲，是为稀缺性付费，为享用资源生态环境所具有的价值付费。总之，资源生态环境价值理论说明人类应当为享用资源生态环境所具有的价值付费。

近些年，环境规制也成了环境经济学的一个重要发展方向。第一代环境管制是以命令和控制管制为主导的，解决负外部效应的根本办法是将外部效应问题内部化，许多国家或修改宪法，或制定和颁布环境保护基本法，制定了系统庞大的法律法规和标准体系，为政府全面规制环境污染和生态破坏的行为提供了法律依据，其目标在于责成企业治理污染，清除环境污染对人类健康带来的风险，改善环境质量。企业被认为是污染环境的罪魁祸首，是环境管制的直接对象。环境治理的焦点是微观的末端治理，管理手段上以许可、审批、标准控制等命令和控制手段为主，环境立法和环境标准大量出现，环境管理机构在各个国家普遍设立并被赋予强大的职权。

第二代环境管制的主要特征是经济激励管制机制的引入。20 世纪 80 年代中期,市场机制手段被引入环境保护中,通过运用收费或税、提供补贴、提供信贷优惠、实行差别税率等方式,改变行为人的成本和利益结构,进而改变行为人的各种选择。以环境税费和排污交易为代表的经济激励手段已经进入许多国家的环境政策的主流之中,它们使环境政策建立在更灵活以及符合成本效益的基础之上。但环境问题的扩张性、严重性和普遍性,以及公众对环境保护的需求日益提高,其局限性也日益显现。

第三代环境管制是命令控制和经济激励的有效结合。从 20 世纪 90 年代开始,环境管制进入第三代。一方面,进一步采取更集中和综合的措施提升现有环境管制的质量,简化管制程序,减少管制成本;另一方面,则是寻求更好的政策工具,将命令和控制手段与经济激励手段结合起来。这一时期的环境管制出现了大量建立在自愿和多元合作基础上的环保措施,并鼓励公众参与,发挥社会支撑和制衡的作用。

环境财政的研究范畴与环境经济学的研究范畴具有一定的共通性,环境经济学的研究主要包括环境产品的产权界定、环境税收制度、环境投入的效果等,而环境财政主要研究框架包括环境财政收入,即能源资源税费制度、环境财政收益分配、环境财政支出责任划分、环境财政支出效果评价等方面,环境经济学的研究方法与研究范畴对于环境财政的研究具有一定的借鉴作用。

3 我国生态文明建设的发展及现状

本章首先回顾了我国生态文明建设的发展历史和取得的成就,梳理了我国生态文明建设的制度发展、生态文化、生态空间和环境治理投入情况,分析了气体污染治理、水污染治理、固体废弃物治理、自然生态景观治理和控制能耗水平几个方面取得的实际效果和存在的问题。结合本书的研究主题,能源资源地会面临更为严峻的生态环境治理问题,因此,我们随后以能源大省——陕西省为例,重点关注了能源资源地生态文明建设的具体实践及存在的问题。

3.1 我国生态文明建设的发展历程

3.1.1 初步探索期

新中国成立初期,由于连年遭受战争,经济和资源环境都遭到严重的破坏。为了恢复国民经济,全国推行重工优先的发展战略,环境污染问题初见端倪。但这时的污染范围仍局限于城市地区,污染的危害程度也较为有限。因此,尚未形成明确的环保理念。环境保护工作主要集中在有效保护和合理开发能源及保护农业环境等方面,对工业生产过程可能对环境产生的严重影响缺乏足够的重视。当时,没有建立专门的环境保护机构,环境规制工作主要由有关的部委兼管。这一阶段,只有《中华人民共和国矿业暂行条例》(1951 年)和《工业企业设计暂行卫生标准》(1956 年)两部法规涉及化石能源污染防治。这一阶段,有关环境污染和自然能源保护方面的政策和文件一般都是通过党中央、国务院、国务院行政主管部门下发的"红头文件",及《人民日报》社论进行上传下达,由地方政府官员在"领会文件精神"的基础上贯彻执行。在此基础上,党和国家领导人在恢复国民经济的同时也提出许多环境保护的相关举措,从而开始我国对于生态文明建设的初期探索。

首先,高度重视农、林、牧并举发展,根据三者的辩证关系,同时促进农、林、牧三者和谐发展。毛泽东同志历来重视农业发展,即使是在新中国刚成立时我国确立了优先发展重工业的方针,农业的发展依旧没有松懈,反而多次强调农业发展对经济发展的重要性,并提出农业是国民经济的基础,粮食是基础中的基础。在 1962 年的党的八届十中全会上,毛泽东同志提出"以农业为基础,以工业为主导的发展国民经济的总方针",以推动农业的发展。当时,森林覆盖率仅有 8.9%,因而,新中国成立后颁布的《中国人民政治协商会议共同纲领》中明确提出保护森林、发展林业的政策,此后国家政策不断加强对林业的保护和发展。1988—1992 年的森林清查结果表明,我国的森林覆盖率已经提高了 1.27%。

其次,重视水土保持,坚持综合治理。新中国成立初期,水利基础薄弱,且旱涝灾害频繁,导致人民的财产安全都受到了严重的损失,因此水利建设被放在首要的地位。从全局角度出发,坚持治水和改土的辩证统一,提出"兴修水利、保持水土"的口号,将两者结合,一起进行改造。水利建设的根本目的实际上就是创造更好的条件帮助农产品生长,由于在先前一段时间的水利工程建设中,忽视了对土壤的保护,使粮食产量还是很少。因此,建设水利工程的同时,也要把改造土壤放到同等重要的地位,两者达到一定的平衡才可以取得显著的成效。

最后,倡导勤俭节约,强调资源的综合利用。《中国人民政治协商会议共同纲领》提到,"中华人民共和国的一切国家机关,必须厉行廉洁的、朴素的、为人民服务的革命工作作风,严惩贪污,禁止浪费,反对脱离人民群众的官僚主义作风。"这是我国最早提出关于勤俭节约的政策,深刻地分析了浪费的重大危害,并且也在相关的政策中设立警告,希望以此增强人们节约粮食的意识。在倡导勤俭节约意识的同时也注重经济效益与生态效益的结合,通过提高资源的利用率,达到优化资源配置的目的。

3.1.2 制度体系建设期

新中国对环境保护的规制真正应该起始于 20 世纪 70 年代。在重工优先发展战略推行一段时间后,某些工业发达地区环境急剧恶化并蔓延,引起了越来越多的重视。1972 年 6 月,联合国在瑞典首都斯德哥尔摩召开第一次人类环境会议。中国政府派代表团参加了这次会议,并通过该会议了解到社会主义中国与世界其他国家一样存在着类似的环境问题。随着对环境污染问题认识的加深,中国政府开始提出环境保护计划,并制定各方面的环保法规。1973 年召开全国第一次环境保护会议,国务院批准颁布了原国家计划委员会《关于保护和改善环境的若干规定(试行草案)》。该草案指出:"各地区、各部门要设立精干的环境保护机构,给他们以监督、检查的职权。"1973 年 8 月,中国的第一个环境标准《工业"三废"排放试行标准》在全国第一次环境保护会议后制定实施,在"三同时"①把关、排污收费、污染源控制和污染防治等方面发挥了重大作用。中国也成为世界上为数不多的制定这种排放标准

---

① 生产经营单位是建设项目安全设施建设的责任主体。建设项目安全设施必须与主体工程同时设计、同时施工、同时投入生产和使用,称为"三同时"。

的国家之一。1974 年 5 月,国务院设立了一个由 20 多个有关部委领导组成的环境保护领导小组,主管和协调全国的环境工作,其日常工作由下设的领导小组办公室负责。1978 年 3 月,第五届全国人民代表大会第一次会议修订《中华人民共和国宪法》时,将环境保护定为基本国策。1979 年 3 月,《中华人民共和国环境保护法(试行)》颁布,明确规定环境标准的制定、审批和实施权限,使环境标准工作有了法律依据和保证,同时标志着我国环保事业的全面开展。但此时尚未形成各级政府和有关机构协同参与的环境规制体制,比较完善的环境规制体系是从 1979 年以后真正形成的。

3.1.3 深化稳步推进期

1979 年以后,随着改革开放和经济的高速发展,我国的环境污染渐呈加剧之势,特别是乡镇企业的异军突起,使环境污染开始向农村急剧蔓延。与此同时,生态破坏的范围也在不断扩大。党的十一届三中全会召开后,以邓小平为核心的第二代中央领导集体逐渐意识到环境污染的重要性,开始将生态文明建设纳入社会经济建设中。伴随着全球经济不断快速发展,人口、环境、资源问题不断凸显,以江泽民为核心的第三代中央领导集体确立了可持续发展战略。21 世纪,格局不断发生变化,以胡锦涛为核心的第四代中央领导集体提出科学发展观,推动我国生态文明建设进入新的阶段。

联合国人类环境会议于 1972 年 6 月召开,主要内容是呼吁世界各国人民为保护环境而努力。此后,世界各国开始颁布相关的环境保护法律以积极响应联合国的号召。我国也在 1978 年正式将环境保护写入最新修订的《中华人民共和国宪法》,为我国的生态文明建设提供了相应的法律保护。在此基础上,我国在法律层面不断完善对各种环境的保护,颁布了《中华人民共和国森林法》《中华人民共和国草原法》《中华人民共和国环境保护法》等一系列生态环境领域的法律,为我国生态环境建设提供法律基础保障。

20 世纪 90 年代,我国步入改革开放的新时代,但与此同时,环境污染、耕地破坏和生态破坏等一系列环境问题也愈演愈烈。经济发展与生态环境之间的矛盾是全世界各国人民面临的问题。1992 年,联合国环境与发展大会通过的《21 世纪议程》提出的可持续发展战略得到世界各国的普遍认同。我国参加了该大会,并且开始思考适合自己的可持续发展战略。1997 年 9 月,党的十五大正式将可持续发展战略确定为我国现代化建设战略。

伴随着经济全球化大趋势的不断推进,我国于 21 世纪初加入了世贸组织,但与此同时,我国环境污染和资源消耗的问题也开始不断出现,水资源污染、环境污染、大气污染等一系列环境问题开始伤害着人们的日常生活。党的十六届三中全会明确提出,"树立和落实全面发展、协调发展和可持续发展的科学发展观。"数量的增长不等同于经济的增长,主要还是要着力关注经济增长所带来的效益和质量,要做到既要经济快速增长,又要保障经济发展和资源环境和谐发展。2007 年,我国颁布《中国应对气候变化国家方案》,标志着我国以更开放的姿态向着应对全国环境治理迈出的重要一步。

国家环保局成立以后,着手进行有组织、有系统的环境标准研究、制定和颁布工作,开始制定大气、水质和噪声等环境质量标准及钢铁、化工、轻工等 40 多个国家工业污染物排放标准。1982 年,全国人大常委会发布了《关于国务院部委机构改革实施方案的决议》,根据该决议,撤销了国务院环境保护领导小组,成立了城乡建设环境保护部,其下设的环保局为全国环境保护的主管机构,另在国家计划委员会内部增设国土局,负责国土规划与整治工作。1984 年 5 月,国务院发布了《关于加强环境保护工作的决定》,决定成立国务院环境保护委员会,同年 12 月,城乡建设环境保护部环保局改为国家环境保护局,同时作为国务院环境保护委员会的办事机构。1984 年以后,省、地、县环境保护监督管理机构相继作了调整。在这一阶段,环境规制机构可以分为三种类型:一是国家环境保护局,省、自治区、直辖市环境保护局,地、市、县等地区性、综合性环境保护机构,这是环境规制体制的重点;二是部门性、行业性的环境保护机构,如轻工、化工、冶金、石油等部门都设立了部门性的环境保护机构,主要负责控制污染和破坏;三是农业、林业、水利等部门的环境规制机构,主要负责能源管理。

20 世纪 80 年代末 90 年代初,经过 10 余年的改革开放,我国的工业化进程加快,特别是乡镇企业如雨后春笋般地发展起来。以乡镇企业为主的农村工业化的典型特征就是生产技术水平低、规模小、分布散、能源浪费和环境污染严重。面对农村工业化粗放型发展方式带来的严峻形势,我国政府开始建设有我国特色的环境保护道路,提出积极推行深化环境管理的环境保护目标责任制、城市环境综合整治定量考核制、排放污染物许可证制、污染集中控制和限期治理等 5 项新制度和措施。1989 年,《中华人民共和国环境保护法》的颁布实施,确立了我国现行的环境规制体制是一种统一监管与分级分部门规制相结合的体制:统管部门是指环境保护行政主管部门;分管部门有国家海洋行政主管部门、港务监督、渔政渔港监督、军队环境保护部门和各级公安、交通、铁道、民航管理部门,负责对污染防治实施监督管理,县级以上人民政府的有关部门,如土地、矿产、林业、农业、水利部门也相继成立环境保护监督机构,负责对自然能源保护实施监督管理。

此外,根据《中华人民共和国水污染防治法》第四条规定,重要江河设有水源保护机构,协同环境保护部门对水污染防治实施监督管理。1998 年,国务院机构改革中将国家环保局升格为部级的国家环境保护总局,并对有关管理部门进行了合并,如国土能源部、农林水利部等。这段时间,国家制定或修订了一系列相关法律法规,包括水污染防治、海洋环境保护、大气污染防治、环境噪声污染防治、固体废物污染环境防治、环境影响评价、放射性污染防治等环境保护法律,以及水、清洁生产、可再生能源、农业、草原和畜牧等与环境保护关系密切的法律;国务院还制定或修订了《建设项目环境保护管理条例》《中华人民共和国水污染防治法实施细则》《危险化学品安全管理条例》《排污费征收使用管理条例》《危险废物经营许可证管理办法》《中华人民共和国野生植物保护条例》《农业转基因生物安全管理条例》等多项行政法规,发布了《关于落实科学发展观加强环境保护的决定》《关于加快发展循环经济的若干意见》《关于做好建设能源节约型社会近期工作的通知》等法规性文件。国务院有关部门、地方人民代表大会和地方人民政府依照职权,制定和颁布了规章和地方性法规 660 余件。这一时期,环境保护被纳入了国民经济与社会发展的总体规划。随着地方环保法律法规的逐步建立,环境执法机构和队伍也明显加强,环境执法日趋严格。我国已从环境规制的法律、体制和方法三个方面,逐步形成了具有自身特色的规制体系。

3.1.4 丰富完善全面深化期

党的十八大以来,以习近平同志为核心的党中央紧随多变的世界格局,顺应时代潮流,在"五位一体"的总体布局中加入了生态文明建设,并且反复强调生态文明建设的重要性。我国的生态文明建设达到新的高度,颁布的政策增加了广度、深度和高度,我国的生态环境发生翻天覆地的变化。

以习近平同志为核心的党中央大力推进生态文明体制改革,不断完善生态文明制度体系,并根据不断变化的形势将生态文明建设体制优势转换为生态环境治理效能,提升生态环境治理能力。自 2013 年党的十八届三中全会提出建立生态文明制度体系、2015 年被称为"史上最严"的新环保法开始试行,我国推进生态文明建设有了强有力的法律保障。2020年,党的十九届五中全会再次强调生态环境问题,提出"推动绿色发展,促进人与自然和谐共生",进一步提升了我国生态文明建设的现代化水平。

我国自从提出生态文明建设的理念后,主要阻力在职责交叉问题方面,监管者和所有者未明确区分,导致我国的环境治理和生态文明建设发展比较缓慢。2013 年,党的十八届三中全会上习近平总书记阐述了生态环境治理和保护的整体思想,他指出需要用系统论的方法看问题、做工作。2018 年,国务院机构改革方案公布,对许多环境保护部门进行整合,组建生态环境部,对具体职能进行划分,功能更加明确,保障生态文明建设工作又好又快推进。

"绿水青山就是金山银山",在生态环境建设中,将以人民为中心的价值观充分体现。自党的十八大以来,人民群众的热切期盼得到充分回应,呼吁坚决打赢蓝天保卫战,着力打好碧水保卫战,扎实推进净土保卫战。"十三五"期间,开展人居环境整治,生态保护和修复持续推进,在保障人民基本利益的同时,稳步推进生态文明建设。

以上主要通过三个阶段简要概述了我国的生态文明建设历程,结合不断变化的国内外形势和环境,对相关政策方针进行修改和完善,以确保我国的生态文明建设稳步推进,又好又快发展。不难发现,在前期阶段,限于发展阶段和经济发展水平,推进生态环境保护的主要做法是建立和完善法律法规体系,近些年对生态环保工作开始重视,但在财政资金的投入上还存在一定的差距。

3.2 我国生态文明建设的主要措施

3.2.1 法律体系建设

在我国的环境政策体系中,命令控制型的环境行政手段长期居于主导地位,对环境经济手段缺乏足够的重视。大家公认的八项环境制度中只有一项是经济手段,且缺陷很多。在过去,"区域限批"和"流域限批"曾是国家环保总局①采取的最强力的行政措施,但仍然不能根本遏制污染恶化的趋势。我国日益严峻的环境形势以及行政手段的弊端表明,需要建立更加综合和有效的环境政策体系。从理论研究、国外实践以及我国环境政策实施情况来看,环境经济政策体系应是解决环境问题最有效、最能形成长效机制的办法,是宏观经济手段的重要组成部分。

据武汉理工大学张蓉(2021)统计,2007—2020 年,我国中央和地方各级政府(部门)颁布推动生态经济发展的环境财政政策 769 项,这些政策主要以"意见"和"通知"形式居多,而以"法律""计划"和"办法"形式发布的较少。整体来看,中西部地区颁布的政策规定条数要低于东部地区。

当前生态文明建设很重要的制度依据,就是以《中华人民共和国宪法》(简称《宪法》)为基础的环境保护法律体系,近些年,国家也出台了一系列推进环境保护的法律法规文件,法律体系建设日趋完善。

(1)《宪法》

《宪法》是我国的根本大法,它从宏观上指导着环境相关法规的制定,对于一些重要的问题与制度作出了原则性的规定。《宪法》第二十六条明确规定:"国家保护和改善生活环境和生态环境,防治污染和其他公害。国家组织和鼓励植树造林,保护林木。"这一规定体现了国家对环境的根本态度,即"保护"和"改善",对污染则要"防治",对有利于环境的植树造林则要"组织"和"鼓励",这一规定出现在《宪法》中,足以说明国家对于自然环境保护的重视。《宪法》对于环境保护所作的原则性规定,是其他环境单行法、行政法规、地方性法规、部门和政府规章的基础。

(2)单行法

1989 年颁布的《中华人民共和国环境保护法》是我国的环境保护基本法,对环境法的任务、对象、基本原则和制度、保护环境的基本要求、法律责任等作了全面规定,在我国环境法

---

① 2008 年 3 月 15 日,十一届全国人大一次会议通过关于国务院机构改革方案的决定,组建中华人民共和国环境保护部,不再保留国家环境保护总局。

体系中居于重要的地位。2015 年 1 月,我国开始实施修订后的《中华人民共和国环境保护法》。2018 年,我国开始实施《中华人民共和国环境保护税法》。除了环境保护基本法,我国还制定了一系列的环境保护单行法规,如 2015 年 8 月修订的《中华人民共和国大气污染防治法》,2017 年修订的《中华人民共和国水污染防治法》和《中华人民共和国海洋环境保护法》,2018 年修订的《中华人民共和国环境影响评价法》,2019 年 4 月修订的《中华人民共和国土地管理法》,2020 年 4 月修订的《中华人民共和国固体废物污染环境防治法》以及 2021 年 12 月颁布的《中华人民共和国噪声污染防治法》。这些单行法分别就水、大气、海洋、噪声等与人类息息相关的环境作出了有关规定,完善了我国的环境法体系。新建、改建、扩建的建设项目,必须遵守国家有关建设项目环境保护管理的规定。上述 8 部单行法都是由全国人大常委会制定,在效力等级上等同于环境保护法,它们是我国环境法体系的重要部分。

(3)行政法规和部门规章

我国的环境法体系中还有大量的国务院行政法规和部门规章,如国务院在 2014 年修订的《城镇排水与污水处理条例》,2017 年修订的《建设项目环境保护管理条例》,2018 年颁布的《中华人民共和国环境保护税法实施条例》,2019 年修订《全国污染源普查条例》,2021 年颁布的《排污许可管理条例》等。行政法规的效力低于《宪法》和全国人大及其常委会制定的法律,尽管如此,行政法规依然是在全国范围内实施,在全国人大及其常委会制定出正式的法律之前,依然是重要的法律依据。

国务院下属部门也制定了一些环境保护规章,部门规章的效力低于宪法、法律、行政法规,但依然属于我国环境法体系的重要组成部分,对环境的有关规定有着重要的借鉴与参考作用。如 2007 年施行的《环境监测管理办法》,2015 年施行的《环境保护主管部门实施限制生产、停产整治办法》,2019 年施行的《环境影响评价公众参与办法》,2021 年施行的《碳排放权交易管理办法(试行)》以及 2022 年施行的《企业环境信息依法披露管理办法》。

(4)地方性法规

当然,还有一些地方政府规章是省、自治区、直辖市政府和较大市政府,根据法律、行政法规和本地地方性法规制定的规范性法律文件。地方人大及常委会制定的地方性环境法规和地方政府制定的地方环境规章也属于我国环境法体系的重要组成部分,对于某一地区的环境保护起到了法律监控作用,弥补了国家和国务院行政法规在立法上的空缺与不足,甚至在某种程度上更符合各地的实际情况。如广东省政府制定的《广东省水污染防治条例》《广东省环境保护条例》《广东省大气污染防治条例》等,浙江省政府制定的《浙江省生态环境保护条例》,福建省政府制定的《福建省生态环境保护条例》等等。类似的地方性法规和政府规章,全国有上千项之多,且也经历了不断的修订和完善,对于地方环境保护工作的开展发挥了重要作用。

3.2.2　生态文化建设

生态文化建设主要是指以生态核心价值观为引领,总结生态文明建设的基本理论和实践成果。

一是树立生态文化价值观。中国特色的生态文化价值观主要包括人化自然观、民生福祉观、两山辩证观、底线思维观、新型人地观和全球治理观。人化自然观主要体现在习近平总书记指出的"坚持人与自然和谐共生"的观念,深入发展人与自然的价值体系、人和自然的哲学关系;民生福祉观体现在"良好生态环境是最普惠的民生福祉"和"大力推进生态文明建设,提供更多优质生态产品,不断满足人民日益增长的优美生态环境需要",同时这也是目前我国生态文明建设的根本目标;两山辩证观主要是指"既要绿水青山,也要金山银山。宁要绿水青山,不要金山银山,而且绿水青山就是金山银山",从对立统一的角度来阐明经济价值和自然价值的关系;底线思维观主要表现在"严守生态保护红线、环境质量底线、资源利用上线三条红线"上,通过对我国近些年来生态治理方面的经验教训进行总结,从而制定出相关政策来规避问题的产生;新型人地观主要体现在"坚持山水林田湖草沙冰一体化保护和系统治理",在新的科学知识下提出新的保护措施,做到科学防治;全球治理观是以人类的高尚精神指引生态问题的终极解决方案,我国提出"人类命运共同体"的观念表明我们的生态文化是包容的和开放的。

二是传承弘扬特色生态文化,主要包括对我国传统生态文化进行继承和改造、生态文化政策的颁布和制度的制定、大力发展生态文化产业、加强生态文化宣传教育和构建生态伦理道德体系等举措。继承我国传统生态文化"天人合一"的思想,主要强调人对自然的响应,而"人与自然和谐共生"的观点主要强调的是在尊重自然的同时,要注重人的主观能动性,此外,"和谐"还有"共赢"的意思,我们要做到实现人与自然价值的最大化。我国在 2021 年上半年颁布《中华人民共和国国民经济和社会发展第十四个五年规划和 2035 年远景目标纲要》和《关于建立健全生态产品价值实现机制的意见》,为整个生态文明建设提供制度保障。2016 年国家林业局发布的《中国生态文化发展纲要(2016—2020 年)》则是将制度保障细化到生态文化建设上。大力发展生态文化产业也是其中重要一环,加强对自然生态资源的保护和修复,保护生物多样性,保存自然资源,可以建立一些自然生态基地,丰富生态文化。加强生态文化宣传工作,开展生态文化"进学校、进社区、进机关、进企业",让人民群众参与到生态文化建设中去。构建生态伦理道德体系,生态意识、生态自觉需要通过相关制度来进行约束,建立完整的体系可以有效地帮助民众增强生态意识,在潜移默化中提高生态自觉性。

以四川省绵阳市为例,他们在税务实践中采取了多种措施宣传生态文明文化。一是围绕"人与自然和谐共生"新生态自然观,结合便民办税春风行动、税法宣传月、"6·5"世界环境日等活动,深入宣传生态文明思想,普及生态文明理念,提高纳税人、缴费人以及社会公众的生态环保认识,培塑环境保护和生态文明意识;二是把生态文明理念贯穿于税收服务管理全过程,严格落实税收征免政策,积极发挥税收引导调节作用,倡导绿色低碳生产、生活方式。

3.2.3　生态空间建设

党的十八大以来,习近平总书记坚持以人民为中心的发展思想,科学布局生产空间、生活空间、生态空间,扎实推进生态环境保护,让良好生态环境成为人民生活质量的增长点,带领亿万人民开启波澜壮阔的绿色征程。生态空间是推动我国生态文明建设高质量发展的重要一环,生态空间生生不息,深深影响着我们的生活。生态空间主要是指具有自然属性,且可以提供生态产品或服务的国土空间,主要包括海洋、森林、草原等。我国目前主要面临的生态空间问题主要分为森林、草原、湿地、荒漠化防治和大地景观五个方面。根据目前我国所面临的生态空间问题,治理工作主要分为六个方面:生态保护、生态修复、生态重建、生态富民、生态服务和生态安全。不同的生态空间形态采用不同的治理工作,做到因地制宜。

城市的生态空间保护主要包括以下几点。一是要在一定程度上保障城市生态空间的面积。2021年5月,国务院发布《国务院办公厅关于科学绿化的指导意见》,主要指出要合理安排城市的绿化用地,并鼓励大城市通过一些措施增强城市绿化空间。二是保障城市生态空间的系统整体性,即保持在建成区、近郊区和市政行政区三个空间建立协调的生态空间,合理布局生态板块,保障整个区域的生态空间的功能性。三是生态空间的林木主体性,在有限的城市市区将生态空间高效利用起来,好的生态空间建设不仅可以提高居民的生活质量,也可以让动植物更好地生长。

3.2.4　环境治理投入

随着生态文明建设工作的逐步推进,我国在环境治理方面的投入也在不断加大,仅2020年全国的环境治理投资总额就达到了10 638.9亿元,占全国生产总值的1%。环境污染治理投资主要包括城市环境基础设施建设、老工业污染源治理投资和建设项目"三同时"环保投资三个部分。从表3-1可以看出,2016年生态环境污染治理投资合计9 219.8亿元,其中城市环境基础设施建设投资为5 412.0亿元,老工业污染源治理投资为819.0亿元,建设项目"三同时"环保投资为2 988.8亿元,分别占环境污染治理投资总额的58.7%、8.9%和32.4%;2017年生态环境污染治理投资合计9 539.0亿元,其中城市环境基础设施建设投资6 085.7亿元,老工业污染源治理投资为681.5亿元,建设项目"三同时"环保投资为2 771.7亿元,分别占环境污染治理投资总额的63.8%、7.1%和29.1%;2018年生态环境污染治理投资合计8 987.6亿元,其中城市环境基础设施建设投资为5 893.2亿元,老工业污染源治理投资为 697.5 亿元,建设项目"三同时"环保投资为 2 397.0 亿元,分别占环境污染治理投资总额的 65.6%、7.8%和 26.7%;2019 年生态环境污染治理投资合计 9 151.9 亿元,其中城市环境基础设施建设投资为 5 786.7 亿元,老工业污染源治理投资为 615.2 亿元,建设项目"三同时"环保投资为 2 750.1 亿元,分别占环境污染治理投资总额的 63.2%、6.7%和 30.0%;2020 年生态环境污染治理投资合计 10 638.9 亿元,其中城市环境基础设施建设投资为 6 842.2 亿元,老工业污染源治理投资为 454.3 亿元,建设项目"三同时"环保投资为 3 342.5 亿元,分别占环境污染治理投资总额的 64.3%、4.3%和 31.4%。从这五年的数据可以看出,城市环境基础设施的建设投资占比较大。总体来看,我国的生态环境治理投资基本处于上升趋势,在 2020 年达到了 10 000 亿元以上,由此可见我国对环境治理的重视程度。因为一些地区的环境治理有了明显的成效,所以环境治理投资占国内生产总值的比重也有所下降。

表 3 - 1 我国生态环境治理投资情况表

年份	城市环境基础设施建设投资		老工业污染源治理投资		建设项目"三同时"环保投资		生态环境污染治理投资合计/亿元	生态环境污染治理投资占GDP的比重/%
	金额/亿元	占比/%	金额/亿元	占比/%	金额/亿元	占比/%		
2016	5 412.0	58.7	819.0	8.9	2 988.8	32.4	9 219.8	1.24
2017	6 085.7	63.8	681.5	7.1	2771.7	29.1	9 539.0	1.2
2018	5 893.2	65.6	697.5	7.8	2 397.0	26.7	8 987.6	1.0
2019	5 786.7	63.2	615.2	6.7	2 750.1	30.0	9 151.9	0.9
2020	6 842.2	64.3	454.3	4.3	3 342.5	31.4	10 638.9	1.0

数据来源:中华人民共和国生态环境部《2016—2020 年中国生态环境统计年报》。

从各地区 2016—2020 年工业污染治理完成投资累计情况(见表 3 - 2)看,东部、中部、西部工业污染治理完成投资差距较大,分别为 1748.99 亿元、974.23 亿元、467.99 亿元,工业污染治理完成投资额占 GDP 比重分别为 0.07%、0.13%、0.04%,工业污染治理完成投资额占财政收入比重分别为 0.75%、1.87%、0.62%。从绝对量来看,东部地区的污染治理投资额最高,中部次之,西部最低,不到东部地区的投资额的四分之一,这当然与地方政府的财力有关;而从相对量来看,不论是占国内生产总值的比重,还是占财政收入的比重,中部地区的工业污染治理投资额占比都是最高的,而西部地区仍然为最低水平,东部地区居于中间。可能的原因在于,西部地区本身的财力较弱,且更加注重经济增长,而选择了忽略工业污染的投资治理。而在后文的研究中,我们也证实了这一猜想。

表 3-2　各地区 2016—2020 年工业污染治理完成投资累计情况表

指标	东部	中部	西部
工业污染治理完成投资/亿元	1 748.99	974.23	467.99
工业污染治理完成投资额占 GDP 比重/%	0.07	0.13	0.04
工业污染治理完成投资额占财政收入比重/%	0.75	1.87	0.62

数据来源:2017—2021 年《中国统计年鉴》。

根据刘婷婷(2022)的统计,从细分的财政支出投向来看,污染防控的占比最高,生态保护修复和能源节约与利用两个科目的占比基本持平,基础保障科目的占比最低,环保资金支出的分配比例反映了国家对环境治理的导向,当前更加重视污染的事后治理。

再结合地区实践来看,围绕"良好生态环境是最普惠的民生福祉"新民生政绩观,各级财政提供坚实资金保障,确保生态环境保护和治理财政专项资金投入,助力打赢污染防治攻坚战。2018—2020 年,四川省绵阳市税务系统累计组织资源税、环境保护税等资环专门税种收入 25.93 亿元,其中省级收入 2.27 亿元,市县级收入 23.66 亿元,为当地生态保护和环境治理提供了强有力的资金保障。同时,各级财政累计转移支付绵阳环境保护专项资金 8.6 亿元,其中中央环境保护专项资金 4.4 亿元,省级环境保护专项资金 3.0 亿元,市级环境保护专项资金 1.2 亿元。在坚强有力的资金保障下,当地生态环境质量显著改善。截至 2020 年底,绵阳 7 个国控省控水质考核断面、13 个水功能区考核断面、县级及以上城市集中式饮用水水源地水质达标率均达 100%;全市森林覆盖率达 55.78%、国土绿化覆盖率达 70.04%;城区空气优良天数由 2018 年 279 天,增长为 2020 年 324 天,增加 45 天;PM2.5 平均浓度由 2018 年 45 微克/立方米,下降为 2020 年 34 微克/立方米,降幅 26.67%,进入国家空气质量达标城市行列。

3.2.5　完善财税政策

首先,完善与环境治理相关的税收制度。2018 年 1 月 1 日,《中华人民共和国环境保护税法》正式实施,标志着以环境保护税为主,资源税、耕地占用税为重点,车船税、车辆购置税和消费税为辅,企业所得税和增值税节能减排、综合利用优惠政策为助推的绿色税收制度基本形成。以四川省内江市为例,从环境保护税纳税户数和税额看,截至 2020 年底,全市环保税纳税人达 955 户,与 2018 年 1 月 1 日环境保护税法实施之初的 311 户相比,增长了 2 倍;2018 年、2019 年、2020 年分别实现环境保护税收入 2 590 万元、3 942 万元、3 401 万元。这表明,企业污染排放量持续减少、节能环保产业不断发展,绿色税收的正向激励效应已经显现,以环境保护税为主体的绿色税收带来了明显的节能减排效应。

其次,国家出台了一系列税收优惠政策,涉及增值税、车辆购置税、环境保护税等,促使纳税人通过节能减排享受税收优惠政策,从而达到正向激励的目的。

增值税政策规定,纳税人对固体废物进行综合利用和提供综合利用劳务,可享受资源综合利用即征即退增值税优惠。从全国范围来看,近几年,享受此项增值税优惠的纳税人和优惠税额都呈上升趋势,资源综合利用量逐年增加[①]。

2018 年,环境保护税开征,促使纳税人持续加大治污减排力度,加快转型升级步伐。《中华人民共和国环境保护税法》规定,纳税人排放污染物浓度值低于国家和地方标准 30% 和 50% 的,分别减按 75% 和 50% 征收环保税,促使纳税人加大节能减排资金投入,改善产品生产工艺,减少污染物排放量,达到少缴环境保护税的目的。从全国范围内,享受购买环境保护、节能节水专用设备抵免企业所得税的户数和专用设备投资额增加明显。随着专用设备的投入、资源综合利用率的提高,享受环保税免征和减征的纳税人户数和优惠税额也在发生着变化,节能减排成效明显。

实行购买新能源汽车免征车辆购置税,以及使用新能源、节约能源的车船减征或免征车船税优惠政策,促进了新能源汽车发展,提升了全民节约能源和生态环保意识。全国范围内,享受两税优惠车辆数和税额逐年增加,人民消费观念转变明显,生态环保意识越来越强。

总的来说,围绕"山水林田湖草是生命共同体"新系统观,各地也在积极推进税收立法改革,完善相关配套政策,做好新老政策衔接,平稳开征环境保护税,高效开展水资源税试点,有序推进《中华人民共和国耕地占用税法》《中华人民共和国资源税法》落地实施,逐步构建起以环境保护税、资源税、耕地占用税、车船税等资源和环境税种为主体,以车辆购置税、增值税、消费税、企业所得税等税种为重要补充,涵盖自然资源开采、生产、流通、消费、排放五大环节八个税种的绿色税收体系,助力山、水、大气、土地等多维度全方位全覆盖系统化保护。针对矿产资源行业、房地产业、基础设施建设等重大环境影响行业生产经营的规律和特点,探索实施全税种、全流程、全链条行业税收管理新模式,持续提升管理服务质效,为生态文明建设贡献财政智慧和力量。同时,围绕"良好生态环境是最普惠的民生福祉"新民生政绩观,为各级财政提供坚实资金保障,确保生态环境保护和治理财政专项资金投入,助力打赢污染防治攻坚战。

综上所述,我国目前生态文明建设工作可以简单归纳为法律体系建设、生态文化建设、生态空间建设、环境治理投入和完善财税政策五个方面。在法律体系建设方面,通过不断地修订和完善各类法律法规制度,基本形成了较为稳定的法律政策体系,为生态文明治理提供了坚实的法律基础;在生态文化方面,通过政策的颁布、制度的制定、对人民群众的日常教育,为生态文明建设提供了制度保障和群众基础;在生态空间方面,通过对我国目前面临的生态空间问题进行具体分析,提供有针对性的治理工作;在环境治理投入方面,我国逐年加

[①] 以四川省内江市为例,与 2017 年相比,2018—2020 年享受此项增值税优惠的纳税人呈上升趋势,优惠税额由 2017 年的 2 956 万元增加至 6 224 万元。

大对生态环境污染的治理投资,为我国生态文明建设工作提供了稳定的经济保障;完善财税政策方面,通过各类税费制度的调整和优化,使其能够更加贴合我国的发展现状。

3.3　我国生态文明建设取得的成果

党的十八大以来,以习近平同志为核心的党中央一直以建设美丽中国作为未来经济发展的重要目标,对生态文明建设高度重视。国家的战略方针也从以往的只重视经济增长,忽视甚至是无视生态环境污染所付出的代价转变为推进经济绿色发展、促进人与自然和谐共生的可持续发展。而党的十九大报告更是将生态文明建设"作为中华民族永续发展的千年大计",提高到了前所未有的地位,并以此提出了一系列关于生态文明建设的新目标、新思想,加快了生态文明建设顶层设计和制度体系建设。

在生态文明建设方面,始终深入贯彻落实习近平同志文明思想,积极推进绿色发展,出台《环境信息依法披露制度改革方案》,加强对环境污染及工业污染治理方面的投资、监管及利用处置能力,制定生态环境损害赔偿管理规定等,为我国生态环境建设工作的开展提供了有效保障和实施思路。同时,为加快生态文明建设战略部署,不断提升全国各地生态文明建设水平,国家在环境污染治理方面每年都投入巨额资金,付出了巨大的代价,积极推进了生态环境的建设,对污染物治理及生态环境的保护也使得人民群众生活环境得到了持续改善,幸福感显著增强。

3.3.1　气体污染治理

在大气治理方面,持续开展大气污染综合治理攻坚,"散乱污"企业"动态清零",全面实施轻型汽车第六阶段排放标准,严格秸秆露天焚烧管控,推行露天矿山整治、扬尘综合治理等强力有效的措施。2016—2020 年,二氧化硫(SO_2)排放量、氮氧化物排放量显著下降。2016—2020 年,二氧化硫排放量分别为854.89 万吨、610.84 万吨、516.12 万吨、457.29 万吨及 318.22 万吨,整体降幅高达 62.78%;工业氮氧化物排放量分别为 1 503.30 万吨、1 348.40万吨、1 288.44 万吨、1 233.85 万吨、1 019.66 万吨,2020 年较 2016 年降低 32.17%。具体情况如图 3-1 所示。2020 年,全国地级以上城市天气优良天数比例提高至 87.00%,超额完成 84.5% 的目标。PM2.5 未达标地级以上城市平均浓度比 2015 年下降 28.80%(目标18%),2016—2020 年,二氧化硫排放量、氮氧化物排放量,全国各地区排放量分别为东部973.14 万吨、2 973.63 万吨,中部 969.36 万吨、2 142.38 万吨,西部 814.83 万吨、1 277.69 万吨(见表 3-3)。东部地区明显较中、西部地区的排放量高,这与我国产业分布情况息息相关,第二产业一直是污染气体排放的主要来源,第二产业的规模呈现东、中、西依次递减。未来,国家将继续按照《中共中央国务院关于深入打好污染防治攻坚战的意见》要求,不断增强工作的积极性、主动性,确保"十四五"期间空气质量能持续改善,蓝天白云将是未来的常态。

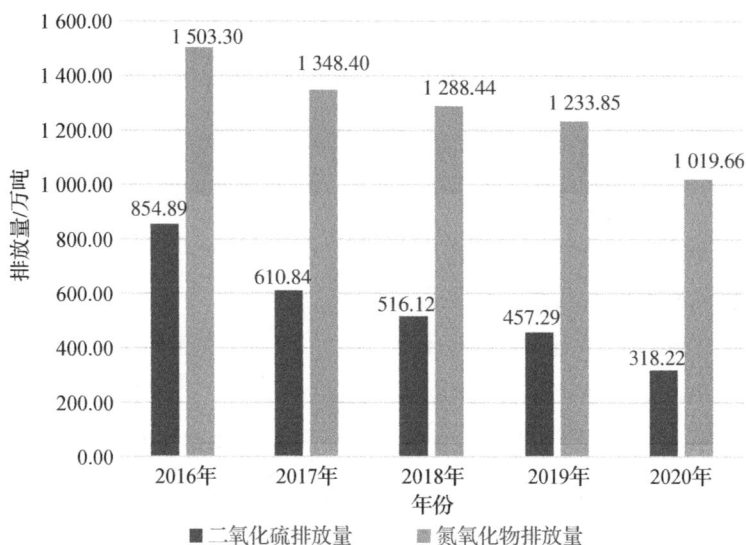

图 3 - 1　2016—2020 年二氧化硫排放量、氮氧化物排放量

数据来源:2017—2021 年《中国统计年鉴》。

表 3 - 3　各地区 2016—2020 年二氧化硫排放量、氮氧化物排放量

指标	东部	中部	西部
二氧化硫排放量/万吨	973.14	969.36	814.83
氮氧化物排放量/万吨	2 973.63	2 142.38	1 277.69

数据来源:2017—2021 年《中国统计年鉴》。

二氧化碳排放方面,国家大力发展低碳减排政策,碳达峰、碳中和与"1＋N"政策体系相继出台。对 401 家电力行业控排企业和 35 家重点服务机构碳排放报告质量开展监督检查时发现,2016—2020 年,碳排放总量从 112.23 亿吨下降到 103.00 亿吨(见表 3 - 4),单位 GDP 二氧化碳排放量分别为 6 617.61 亿元/亿吨、7 192.47 亿元/亿吨、6 680.61亿元/亿吨、10 011.72 亿元/亿吨、9 761.66亿元/亿吨。2018 年,二氧化碳排放量高达 137.00 亿吨,但 2019 年以后,碳排放真正地走进了各行各业和大众的认知里,我们通过产业结构调整和新技术的突破,在 2019 年和 2020 年将二氧化碳排放量降低。总体来看,低碳减排战略实施后,单位 GDP 产生的二氧化碳排放量开始减少,这是践行碳减排目标的重要体现。但是,低碳减排如何能够在不影响经济的情况下,有效且持续进行下去,仍是有待解决的问题,减排之路任重而道远。

表 3-4 2016—2020 年二氧化碳排放情况表

类型	2016 年	2017 年	2018 年	2019 年	2020 年
二氧化碳排放量/亿吨	112.23	115.53	137.00	98.26	103.00
单位 GDP 二氧化碳排放量/(亿元/亿吨)	6 617.61	7 192.47	6 680.61	10 011.72	9 761.66

数据来源:中国碳核算数据库。

我们以四川省内江市为例观察,随着生态环境的改善,影响城市空气质量的细颗粒物(PM2.5)、臭氧、可吸入颗粒物(PM10)、二氧化氮、二氧化硫、一氧化碳等污染物的浓度值呈下降趋势。以内江城区为例,2019 年六项污染物全部达标,其中二氧化硫达到国家一级标准,其余指标均达到二级标准;与 2018 年相比,细颗粒物、臭氧浓度持平,二氧化硫、可吸入颗粒物浓度有所下降,其中二氧化硫降幅达 22.2%,而二氧化氮、一氧化碳浓度有所上升。2020 年,六项污染物均达到国家二级标准,与 2019 年相比,二氧化硫、臭氧浓度有所上升,其余污染物浓度均有不同程度的下降。按照环境空气质量六指标综合指数评价,2020 年内江城区综合指数为 3.51,较上年下降 3.8%,空气质量有所改善。

3.3.2 水污染治理

在废水处理方面,不断深入开展集中式饮水水源地规范化建设,同时也注重企业及居民废水处理方面的投资建设,仅 2020 年,全国 10 638 个农村"千吨万人"水源地全部完成保护区划定,并且新建污水处理设施 3.9 万个。水源饮用及污水处理能力都得到了全面的提升,全国地表水优良水质比例提高到 83.4%,远远高于 70%的既定目标,劣 V 类水质断面比例下降到 0.6%(目标 5%),总体向好。但值得注意的是,废水中所含的主要污染物排放量,主要包括化学需氧量排放量、氨氮排放量(万吨)、总氮排放量(万吨),虽在 2016—2019 年呈下降趋势,但 2020 年却较 2019 年大幅度增加(见表 3-5)。关于各地区 2016—2020 年废水中化学物质排放量情况,东部、中部较西部差距较大,其中东部、中部、西部化学需氧量排放量分别为 2 110.29 万吨、2 110.29 万吨、2 110.29 万吨,氨氮排放量分别为 132.65 万吨、100.31万吨、68.74 万吨,总氮排放量分别为 381.22 万吨、256.16 万吨、166.59 万吨(见表3-6)。要想打好碧水保卫战,不仅要在末端加强污水处理能力,也要在最初污水产生排放环节,加强对重点污染物排放企业的监管,从源头解决废水排放问题。

表 3-5 2016—2020 年废水中化学物质排放量情况

指标	2016 年	2017 年	2018 年	2019 年	2020 年
化学需氧量排放量/万吨	658.1	608.88	584.22	567.14	2 564.76
氨氮排放量/万吨	56.77	50.87	49.44	46.25	98.4
总氮排放量/万吨	123.55	120.26	120.21	117.65	322.34

数据来源:2017—2021 年《中国统计年鉴》。

表 3 - 6 各地区 2016—2020 年废水中化学物质排放量情况

指标	东部	中部	西部
化学需氧量排放量/万吨	2 110.29	2 110.29	2 110.29
氨氮排放量/万吨	132.65	100.31	68.74
总氮排放量/万吨	381.22	256.16	166.59

数据来源:2017—2021 年《中国统计年鉴》。

以沱江为例说明,从沱江三个主要断面近十年水质监测数据来看,除 2016 年和 2017 年水质为Ⅳ类,其余年度均为Ⅲ类,且三个断面总磷、氨氮、化学需氧量的浓度值下降趋势明显,沱江水质改善明显(见表 3 - 7)。

表 3 - 7 沱江干流水质监测统计表

年度	银山镇				高寺渡口				顺河场			
	结果	氨氮	总磷	化学需氧量	结果	氨氮	总磷	化学需氧量	结果	氨氮	总磷	化学需氧量
2011	Ⅲ	0.304	0.198	13.9	Ⅲ	0.421	0.164	15.4	Ⅲ	0.381	0.159	15.1
2012	Ⅲ	0.247	0.174	14.2	Ⅲ	0.266	0.154	15.3	Ⅲ	0.223	0.153	15.1
2013	Ⅲ	0.334	0.168	15.4	Ⅲ	0.463	0.164	15.1	Ⅲ	0.322	0.154	14.4
2014	Ⅲ	0.259	0.183	15.7	Ⅲ	0.359	0.176	17.9	Ⅳ	0.359	0.246	17.2
2015	Ⅲ	0.242	0.197	15.2	Ⅲ	0.234	0.200	16.0	Ⅳ	0.264	0.286	15.3
2016	Ⅳ	0.274	0.261	15.7	Ⅳ	0.252	0.274	15.6	Ⅳ	0.448	0.274	14.6
2017	Ⅳ	0.193	0.221	15.3	Ⅳ	0.157	0.239	17.0	Ⅳ	0.392	0.242	15.8
2018	Ⅲ	0.233	0.146	14.7	Ⅲ	0.136	0.163	16.6	Ⅲ	0.268	0.188	14.8
2019	Ⅲ	0.222	0.152	13.3	Ⅲ	0.225	0.164	14.1	Ⅲ	0.196	0.172	13.6
2020	Ⅲ	0.190	0.117	13.0	Ⅲ	0.140	0.118	9.8	Ⅲ	0.134	0.114	11.0

3.3.3 固体废弃物治理

在城市生活垃圾处理方面,为确保城市卫生环境干净整洁、人民生活幸福,以及应对城市化过程中的生活垃圾增加问题,国家加强对垃圾处理方面的投资,保障生活垃圾无害化处理(见表 3 - 8、表 3 - 9)。2016—2020 年,无害化处理工厂数量从 940 家增加至 1287 家,新建无害化处理厂共 347 家。生活垃圾无害化处理能力及生活垃圾无害化处理量分别从 2016 年 621 351 吨/日、19 673.8 万吨,增加至 2020 年 963 460 吨/日、23 452.3 万吨。生活垃圾无害化处理能力的增加,也使生活垃圾的无害化处理率有了较大增幅,2016—2020 年,生活垃圾无害化处理率分别为 96.6%、97.7%、99.0%、99.2% 及 99.7%,增加 3.1%。生活垃级无害化处理能力有了较大的提升,但生活垃圾产生方面工作仍有着较大的进步空间。从2016—2020 年东、中、西部的对比看,东部的生活垃圾清运量远远超过中部及西部,生活垃圾无害化处理量也呈相同趋势,主要与我国人口结构以及城市化进程地区分布有关。未来还需政府不断加大宣传力度、完善落实垃圾分类制度、增强居民主人翁意识,才能削弱生活垃圾对生态环境的影响。

表 3 - 8　2016—2020 年生活垃圾处理情况表

种类	2016 年	2017 年	2018 年	2019 年	2020 年
生活垃圾清运量/万吨	20 362	21 520.9	22 801.8	24 206.2	23 511.7
无害化处理厂数/座	940	1 013	1 091	1 183	1 287
生活垃圾无害化处理能力/(吨/日)	621 351	679 889	766 195	869 875	963 460
生活垃圾无害化处理量/万吨	19 673.8	21 034.2	22 565.4	24 012.8	23 452.3
生活垃圾无害化处理率/%	96.6	97.7	99	99.2	99.7

数据来源:2017—2021 年《中国统计年鉴》。

表 3 - 9　2016—2020 年各地区生活垃圾清运量及无害化处理量

种类	东部	中部	西部
生活垃圾清运量/万吨	64 656.10	28 502.20	19 244.60
生活垃圾无害化处理量/万吨	64 320.60	27 734.40	18 683.7

数据来源:2017—2021 年《中国统计年鉴》。

3.3.4　自然生态景观

在自然生态保护方面,坚持"绿水青山就是金山银山"的理念,尊重自然、保护自然,确保生态保护红线不受侵犯,加强生态环境保护方面的投资(见表 3 - 10)。2016—2020 年造林面积分别为 7 203.51 千公顷、7 680.71 千公顷、7 299.47 千公顷、7 390.29 千公顷、6 933.70 千公顷,总计 36 507.68 千公顷。其中人工造林面积最大,飞机播种面积、封山育林面积次之,形成了绿洲外围固沙、阻沙,绿洲内部生产、居住的生态屏障和防护体系,国土绿化取得了非常显著的成绩。

尤其是我国在近两年推出"碳汇交易"和"碳排放交易"之后,森林资源的价值得到了重估。美国航空航天局公布的数据显示,世界绿色增加的四分之一来自我国,并且植树造林占到了 42%。然而,森林病虫鼠害发生面积一直维持在 1 230 万公顷左右,对我国生态环境保护工作形成严重挑战(见表 3 - 10)。总体上看,我国近年来造林绿化成果显著,其中东部造林 8 497.01 千公顷、中部造林 13 526.46 千公顷、西部造林 14 348.80 千公顷,但仍然是一个缺林少绿的国家,生态依然非常脆弱。未来仍需努力提升我国绿化水平,提质增效,实施质量提升工程,将森林质量提升起来。

表 3 - 10　2016—2020 年造林面积情况表

	2016 年	2017 年	2018 年	2019 年	2020 年
造林总面积/千公顷	7 203.51	7 680.71	7 299.47	7 390.29	6 933.70
当年人工造林面积/千公顷	3 823.66	4 295.89	3 677.95	3 458.32	3 000.06
当年飞机播种面积/千公顷	162.32	141.22	135.43	125.57	151.5
封山育林/千公顷	1 953.64	1 657.17	1 785.07	1 898.31	1 774.61
森林病虫鼠害发生面积/万公顷	1 211.34	1 253.12	1 219.52	1 236.77	1 278.45

数据来源:2017—2021 年《中国统计年鉴》。

3.3.5　促进节能减排

在我国生态文明建设过程中,无论是政府、企业还是人民群众,都付出了很多代价,不过值得欣慰的是取得的成果是显著的,改善了生态环境,保证了经济稳步增长,降低了能耗。2020 年较 2016 年国内生产总值增长了 262 757.2 亿元,达到了 1 005 451.3 亿元,而单位生产总值能耗却由 2016 年的 0.60 万吨标准煤/亿元降低为 0.50 万吨标准煤/亿元,如图 3 - 2 所示。在改善生态环境的同时,能源的利用率也有了较大的提升,在一定程度上落实了既要绿水青山又要金山银山的可持续发展战略方针。从全国各地区之间对比来看,中、西部较东部地区单位年国内生产总值能耗高出许多(见表 3 - 11),主要原因与我国各地区重点产业区别较大有关。

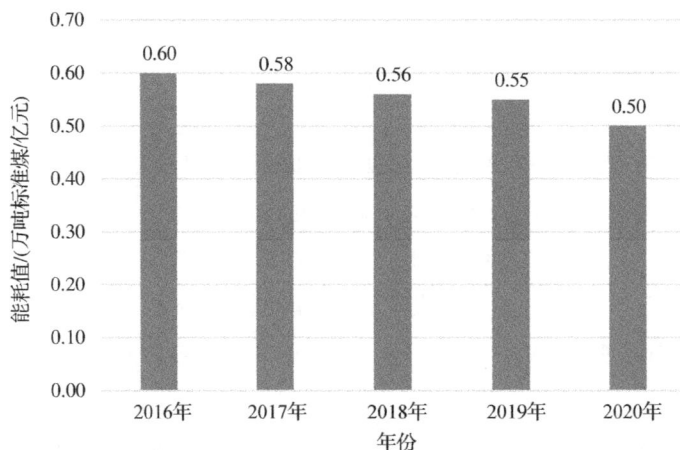

图 3 - 2　2016—2020 年国内生产总值能耗情况

数据来源:2017—2021 年《中国统计年鉴》。

表 3 - 11　各地区 2016—2020 年国内生产总值能耗平均情况

类型	东部	中部	西部
单位年国内生产总值能耗情况	0.34	0.78	0.80

数据来源:2017—2021 年《中国统计年鉴》。

国家出台了一系列税收优惠政策,促使纳税人通过节能减排享受税收优惠政策,从而达到正向激励的目的,特别是2018年环境保护税的开征,促使纳税人持续加大治污减排力度,加快转型升级步伐。以四川省内江市为例,据统计,2018年至2020年,全市享受购买环境保护、节能节水专用设备投资额抵免企业所得税的户数由2017年的13户增加至57户,专用设备投资额由2017年的10 061万元增加至46 859万元。增值税政策规定,纳税人对固体废物进行综合利用和提供综合利用劳务,可享受资源综合利用即征即退增值税优惠。与2017年相比,2018年至2020年享受此项增值税优惠的纳税人呈上升趋势,优惠税额由2017年的2 956万元增加至6 224万元,资源综合利用量逐年增加。随着专用设备的投入、资源综合利用率的提高,内江市享受环保税免征和减征的纳税人户数和优惠税额也在发生着变化,节能减排成效明显。实行购买新能源汽车免征车辆购置税,以及使用新能源、节约能源的车船减征或免征车船税优惠政策,促进了新能源汽车发展,提升了全民节约能源和生态环保意识。2018年至2020年,内江市享受两税优惠车辆数和税额与2017年相比逐年增加,人民消费观念转变明显,生态环保意识越来越强。

3.3.6　绿色技术创新

绿色技术创新水平被认为是实现生态文明建设的重要突破口,从财政政策角度,国家对企业的绿色创新活动提供税收优惠、财政补贴等,同时也会通过财政支出的形式提供直接的研发资金或者做好基础设施建设、发挥信号引导效应,为企业从事绿色技术研发提供良好的基础和便利。为此,我们通过我国创新专利研究数据库(Chinese Innovation Research Database,CIRD)梳理了各省绿色技术发明情况,并进行了全国层面的加总(见表3-12)。通过表内的数据可以发现,不论是当年申请、获得的绿色发明数量,还是当年申请、获得的绿色实用新型专利数量,都呈现稳步上升的趋势。说明近10年来,我国的绿色技术创新水平有了明显的提高,这将成为推动我国生态文明建设的重要力量。

表3-12　全国绿色技术发明、专利情况

单位:个

年份	当年获得的绿色发明数量	当年获得的绿色实用新型专利数量	当年申请的绿色发明数量	当年申请的绿色实用新型专利数量
2010	7 349	30 386	29 077	33 072
2011	11 865	39 599	37 930	39 587
2012	16 641	40 056	51 560	52 357
2013	19 742	63 438	66 305	55 678
2014	20 593	64 753	79 320	66 495

续表

年份	当年获得的绿色发明数量	当年获得的绿色实用新型专利数量	当年申请的绿色发明数量	当年申请的绿色实用新型专利数量
2015	26 663	82 294	99 461	94 782
2016	37 603	98 579	143 835	121 877
2017	39 781	108 308	181 923	163 104
2018	42 651	169 181	209 194	183 226
2019	28 773	121 557	134 479	164 215
2020	38 464	181 627	145 384	205 418

为了观察省份之间的差异,我们还以 2020 年为例,展示了各省份绿色技术发明、专利情况(见表 3 - 13)。可以发现,绿色技术创新地区之间的分布也存在较大的差异,但基本与地区的经济发展水平成正比,经济发展水平比较高的东部地区贡献了较多的绿色发明、实用新型专利。

表 3 - 13　2020 年各省份绿色技术发明、专利情况

单位:个

省份	当年获得的绿色发明数量	当年获得的绿色实用新型专利数量	当年申请的绿色发明数量	当年申请的绿色实用新型专利数量
北京	6 405	8 170	18 056	8 936
天津	497	5 102	2 501	6 077
河北	685	5 825	2 690	6 977
山西	257	1 986	1 085	2 377
内蒙古	110	1 538	665	1 841
辽宁	782	3 567	2 239	4 179
吉林	307	1 237	1 204	1 352
黑龙江	391	1 410	1 227	1 712
上海	1 941	8 227	9 409	9 001
江苏	4 459	31 366	19 804	35 171
浙江	4 356	15 001	14 068	15 958
安徽	1 701	6 193	7 245	7 137
福建	905	7 293	3 310	6 287
江西	407	3 227	1 877	3 647

续表

省份	当年获得的绿色发明数量	当年获得的绿色实用新型专利数量	当年申请的绿色发明数量	当年申请的绿色实用新型专利数量
山东	2 448	13 928	8 248	16 359
河南	806	7 006	3 500	8 413
湖北	1 458	6 415	4 825	7 337
湖南	1 305	4 077	4 676	4 518
广东	4 999	27 614	21 364	31 204
广西	318	1 631	1 543	1 994
海南	87	624	408	932
重庆	640	2 738	2 541	3 226
四川	1 338	6 443	4 673	7 473
贵州	188	1 696	1 282	1 685
云南	334	2 117	1 561	2 651
陕西	979	3 864	3 662	4 795
甘肃	138	1 283	587	1 548
青海	42	371	232	422
宁夏	59	639	419	905
新疆	122	1 039	483	1 304

　　从地方实践上来看,围绕"绿水青山就是金山银山"新经济发展观,从依法征管和坚决落实税收优惠政策双向发力,充分发挥税收对市场经济行为的引导和调节作用,助力构建绿色发展思维模式,助推市场主体不断升级技术工艺、转变发展方式,走绿色、低碳、可持续的高质量发展之路。2018—2020 年,四川省绵阳市税务机关落实鼓励节能环保、促进区域发展、鼓励高新技术"三项"税收优惠政策,共计减免 41.4 亿元,年均减税增长率达 19.5%。在系列税收政策引导下,2 208 户次纳税人共计投入技术研发费用 87.7 亿元,45 户次纳税人购置环境保护、节能节水、安全生产等专用设施设备投资 3.4 亿元,84 户次纳税人综合利用资源、环境保护项目收入 5 亿元,11.89% 的环境保护税纳税人排放应税大气污染物或水污染物浓度值低于国家和地方标准 30% 以上。从市场主体类型结构看,2018—2020 年,绵阳市净增信息技术、科学研究、文教卫生、现代服务等绿色低碳产业纳税人 15 448 户,年均增长18.9%;国家高新技术企业净增 207 户,总数达到 446 户,高新技术企业认定申报数、净增数与通过率均创历史新高;26 个项目进入 2020 年省科技进步奖公示,数量创新高;新增省级以上创新平台 19 个,总数达 193 个;大型科学仪器共享平台整合科研仪器设备超过 6 000

台套,服务企业 2 400 余家。从工业企业技术改造落实情况看,2020 年绵阳市工业技术改造投资增长 20.2%,高于四川省 8.1 个百分点,"促进工业稳增长和转型升级、实施技术改造"等 3 项工作质效居全省地级市第一位,获得国务院督查激励。

3.4 能源资源地生态文明建设的实践总结
——以陕西省为例

前文我们对中国生态文明建设的主要实践和成果进行了总结,更多地陈述了全国层面的数据表现,而对标本书的研究目标,我们认为还需要对能源资源地生态文明建设的具体做法和实践成果进行剖析,能够发现更多的问题,因此,本节以陕西省为例进行重点介绍。

3.4.1 陕西省生态文明建设的主要做法

首先,进一步完善法律制度体系。近年来,陕西省认真贯彻落实习近平生态文明思想,积极推进绿色发展,并推出了《陕西省生态文明建设示范区管理规程(试行)》等措施,为陕西省生态文明建设工作的开展提供了有效保障和实施思路。2019 年,陕西省发布《关于进一步加强建设项目环评审批工作的通知》,进一步进行环境审批制度改革,主要涉及其中八个方面和二十条措施,有关政策的顺利出台实施也给予相关企业在提高环境治理能力方面一些具体的建议,更好地服务于全省"三个经济"的顺利发展,促进全省经济稳定快速增长,同时保证全省生态环境得到保护。伴随着国家对生态环境的重视不断加强,各种环境指标也不断进行更新与变更。陕西省以习近平生态文明思想为指导思想,按照国家级生态文明示范区的标准进行规划建设,在 2021 年分别颁布《陕西省生态文明建设示范区管理规程》和《陕西省生态文明建设示范区建设指标》,在管理规程和建设指标中与本省的社会经济发展、政府土地规划和实际生态环境进行衔接与融合。陕西省开始对煤炭、石油、天然气、污水、大气污染等各种环境管理制度进行修订和完善,紧跟世界和国家环境标准,且与当地实际生态环境相结合,因地制宜。例如,以"一山一水一平原"作为主要工作重点。"一山"主要指秦岭的生态环境,"一水"指在陕境内黄河流域的生态环境,"一平原"则是汾渭平原的大气污染治理。2019 年,陕西省对《陕西省秦岭生态环境保护条例》进行修订,在一定程度上改变了秦岭生态环境的治理方式,并且将治理能力进行现代化变革,为秦岭生态环境保护提供了重要的参考制度,并于 2020 年发布《陕西省秦岭生态环境保护总体规划》,使秦岭生态改革有了规划方向,更好地解决秦岭地区现存的生态问题。

其次,完善组织部门框架。陕西省政府根据党中央和国务院有关生态文明建设和生态环境保护的政策部署,大力推进生态文明建设政策的实施,并成立了有关机构部门。陕西省生态环境保护委员会应运而生,该委员会由省委书记和省长担任主要负责人,该委员会的成立标志着陕西省生态文明建设工作迈入新的台阶,该保护委员会的成立也证明陕西省将生态文明建设放在发展的重要位置。在政府部门的日常工作中,完善全省生态文明建设依旧是各级政府工作的重中之重。

再次,进行改革试验。2020年,陕西省印发《2020年生态环境领域改革工作重点》,全面推进企业排放污水许可制改革,在原有政策上进行大胆改革和创新探索。目前,陕西省已在全省24个重点行业开展试点进行排放试验,且已成为全国第一个完成清理整顿污水排放的试点省份。与此同时,陕西省开始为企业颁发排污许可证,对重点排污企业进行分类管理,对一般排污企业进行简化管理,对其余企业进行登记管理,在此基础上还新增了新的"清单管理"类别,对所有排污企业进行更加细致化管理。此改革方案已经初步建立起一套污染物的防治体系,相关经验在全国的生态环境保护工作会上推广,为其他省份提供参考。此外,在黄河流域的市县附近,陕西省不断开展整治河流污染工作,检查附近河道的排污状况,保护附近的生态环境。例如,在汾渭平原开展整治大气污染工作,实施"铁腕治霾"行动,活动颇有成效,该地区PM2.5平均浓度得到明显下降。

最后,展开检查和考核工作。陕西省定期对各行各业的所有企业进行环境风险评估,根据评估结果集中进行环境安全治理工作。并定期开展环境安全相关案例学习教育,在学习中让企业进行自纠自查,开展企业环境风险隐患整治。对煤矿、油气管道、化工等相关企业的风险评估结果进行分析,根据不同企业的工作性质开展不同的相关环境隐患整治工作,经过一系列的隐患整治,全省的环境突发事件数量明显下降,对于一些突发的环境污染事故也进行了妥善的处理。不仅如此,陕西省还经常举办相关环境突发事件的应急演练活动,提升相关部门和相关人员的专业知识与专业能力,为人民安全和生态环境提供良好的保障工作。陕西省不定期对已成为生态文明示范市县的地区进行检查与考核,明确相关责任制度,对划拨的资金用途进行审查,设立相关规章制度和相关考核机制,确保生态文明示范市县的建设工作有条不紊地推进(见表3-14)。

表3-14 陕西省推进生态文明建设的相关政策梳理

年份	政策梳理
2019	发布《关于进一步加强建设项目环评审批工作的通知》
2019	修订《陕西省秦岭生态环境保护条例》
2019	成立"陕西省生态环境保护委员会"
2020	发布《2020年生态环境领域改革工作重点》
2020	发布《陕西省秦岭生态环境保护总体规划》
2021	发布《陕西省生态文明建设示范区管理规程》
2021	发布《陕西省生态文明建设示范区建设指标》

续表

年份	政策梳理
2021	发布《陕西省人民政府办公厅关于印发生态环境领域省级与市县财政事权和支出责任划分改革实施方案的通知》
2022	发布《陕西省减污降碳协同增效实施方案》
2022	发布《陕西省碳达峰实施方案》
2022	发布《陕西省"十四五"节能减排综合工作实施方案》
2023	发布《陕西省大气污染治理专项行动方案(2023—2027 年)》
2023	发布《陕西省低碳近零碳试点示范建设工作方案(2023—2025 年)》

3.4.2 陕西省环境治理的投入情况

根据陕西省生态环境厅的数据显示,近年来该省生态环境保护支出在不断增加,主要用于污染防治和环境监察与检测等方面;同时,收入也在不断增长,主要包括国家财政拨款在不断提高,另外就是一些项目的收入(见表 3 - 15)。陕西省生态环境厅的支出 2016—2020 年总体呈上涨趋势,并且在 2019 年支出超过了 43 亿元,主要原因可能是陕西省深入贯彻"五位一体"的总体方针,加大对生态环境的支出;随着对生态环境的重视,自 2016 年开始,陕西省生态环境厅的收入也在不断地增加,国家也增加了对于陕西省生态环境的财政拨款。2021 年,黄土高原山水林田湖草生态保护先后投入 23 亿元,使该试点地区完全完成脱贫任务,不仅生态环境得到改善,而且当地的年粮食产量也得到了增长;黄河流域山水林田湖草沙生态保护累计投入资金 6 亿元,目前,黄河流域的环境通过对泥土流失和水污染等的治理得到了明显的改善。陕西财政引入绩效评价机制,对黄土高原山水林田湖草修复试点项目进行评估,并根据评估结果给予相关奖励。

表 3 - 15 陕西省生态环境厅的收入支出情况表

年份	支出/万元	收入/万元
2016	28 516.21	28 912.64
2017	23 871.63	29 162.45
2018	27 734.02	41 957.27
2019	43 877.48	37 039.18
2020	30 190.26	21 248.13

数据来源:陕西省生态环境厅 2016—2020 年部门决算。

为加快生态文明建设战略部署,不断提升各地生态文明建设水平,陕西省环境污染治理每年都投入巨额资金(见表 3 - 16),整体呈现逐年递增趋势。2015 年、2016 年、2017 年、

2018年、2019年环境污染治理投资总额分别高达206.32亿元、317.39亿元、311.26亿元、191.10亿元、264.27亿元,占当年陕西省GDP比重分别为1.14%、1.64%、1.42%、0.78%、1.02%,近两年这一比重在下降,需要引起我们的注意。虽然付出的代价是巨大的,但是对于积极推进陕西省生态文明建设却有着不可忽视的作用,污染治理以及生态环境保护也使得人民群众生活环境也得到了持续改善,幸福感显著增强。

表3-16 陕西省2015—2019年环境污染投资情况表

种类	2015	2016	2017	2018	2019
环境污染投资总额/亿元	206.32	317.39	311.26	191.10	264.27
环境污染投资总额占GDP比重/%	1.14	1.64	1.42	0.78	1.02

数据来源:2015—2020年《陕西省统计年鉴》。

3.4.3 陕西省生态文明建设成效

在大气污染治理方面,陕西省着力在调整优化产业结构、能源结构上下功夫,同时加强对各类化学化工等重污染企业的监管监察。2016—2020年,工业二氧化硫排放量分别为190 806吨、158 154吨、115 926吨、107 896吨及63 981吨,降幅为66.47%。同时,工业氮氧化物排放量也呈同样趋势,2016—2020年排放量分别为197 063吨、167 482吨、308 682吨、135 021吨、128 902吨,2020年较2018年降低34.59%,如图3-3所示。

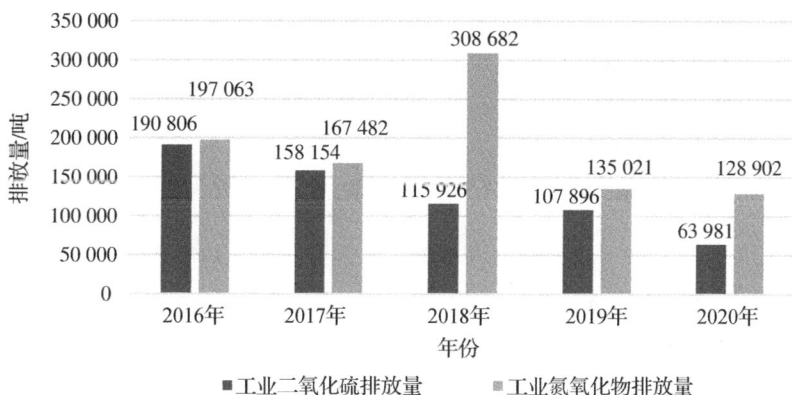

图3-3 2016—2020年陕西工业二氧化硫、工业氮氧化物排放量

数据来源:2016—2020年《陕西省统计年鉴》。

陕西省目前主要通过"减煤、控车、抑尘、治源、禁燃、增绿"这六个方面对大气污染进行有效控制。对全省的各个市区县开展随机式检查,并对全省所有的市区县进行不定时的监督执法,对于未达标的市区县实施公开约谈,促进反省改正。不仅如此,相关部门还进行检查对比,对短时间内空气质量相差过大的市区县进行预警谈话,督促整改。同时,在相关应急预案和决策上,进行实时的更新和修改,修订完善企业应急减排清单和全省重污染天气的应急预案。经过不断地督查执法,陕西省 2021 年的环境空气质量得到明显改善,全省 PM2.5 的平均浓度首次降低至 4 以下,首次成为空气质量达标省份。这也使陕西省空气质量达到近年最好水平。2020 年陕西省 10 个主要城市 PM2.5 的平均浓度为 41.27 微克/立方米,实现了较 2015 年下降 15% 的目标,并且空气质量优良天数也达到了 295.3 天,同比增加 19.1 天,创近年最高。

在工业废水治理方面,陕西省不仅加大监管力度,同时也注重企业及居民废水处理方面的投资建设,如图 3-4 所示。2020 年,陕西省工业废水排放总量为 26 080.38 万吨,较 2015 年减少 30.88%。与此同时,2016—2020 年工业废水处理量也由每年 46 166.48 万吨增长至 55 428.90 万吨,主要是由于这期间投资建设完成废水治理设施 231 个,废水设施处理废水的能力也有较大的增长,由 279.72 万吨/日增长至 354.04 万吨/日,全年废水处理能力增长至 129 224.60 万吨。未来随着新建设的废水处理设施不断增加,污水处理能力将逐步提升。这样带来的效果就是截至 2020 年 12 月,陕西省河流总体水质良好,与上年同期相比水质稳中有升。虽然这与受疫情影响,各行业停工停产造成的废水排放同比有较大降幅有一定的关系,但各级政府近年来持续加强水污染治理,也对全省水质提升起到了非常重要的作用。

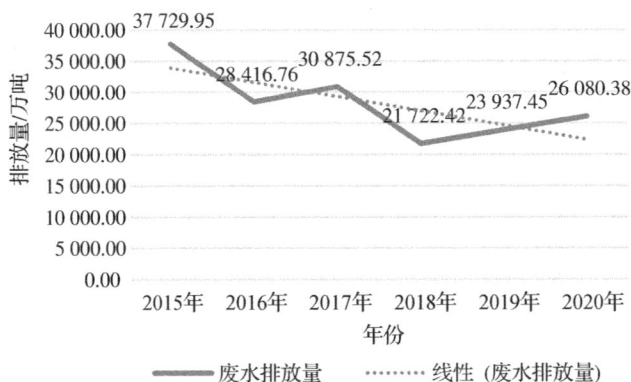

图 3-4 陕西省 2015—2020 年废水排放量及线性拟合情况

数据来源:2016—2020 年《陕西省统计年鉴》。

在固体废物处理方面,陕西省贯彻落实《中华人民共和国固体废物污染环境防治法》,并结合本省实际情况,加强监督执法,强化重点企业固体废物防治主体责任,重点研究提升固体废物利用处置水平,加大技术支持力度,取得了不错的成就。2016—2020 年,一般工业固体废物处置利用率处于较为平稳的状态,一直维持在 90% 左右高位浮动,而一般工业固体废物处置利用量在此期间却有着较为明显的增幅,分别为 8 079.90 万吨、8 979.98 万吨、10 005.05 万吨、9 947.39 万吨及 11 345.92 万吨。这是由于一般工业固体废物产生量由 2016 年的 8 647.85 万吨增加到了 2020 年的 12 430.05 万吨,增长 43.74%(见表 3-17)。总体来看,在固体废物处理方面,陕西省 2020 年固体废物利用处置能力有了较大的提升,但固体废物减排工作却仍有着较大的进步空间,未来还需政府不断加大执法力度、完善固体废物监管制度、提高利用处置能力,才能削弱固体废物对生态环境的影响。

表 3 - 17 陕西省 2016—2020 年固体废物产生及处置利用情况表

种类	2016 年	2017 年	2018 年	2019 年	2020 年
一般工业固体废物产生量/万吨	8 647.85	10 080.70	11 146.49	11 637.39	12 430.05
一般工业固体废物利用量/万吨	6 639.24	3 424.57	3 393.77	4 222.44	6 443.38
一般工业固体废物处置量/万吨	1 440.66	5 555.41	6 611.28	5 724.95	4 902.54
一般工业固体废物利用率/%	76.69	33.97	30.45	36.19	49.95
一般工业固体废物处置率/%	16.66	55.11	59.31	48.19	38.84
一般工业固体废物处置利用率/%	93.00	89.00	90.00	84.00	89.00
一般工业固体废物处置利用量/万吨	8 079.9	8 979.98	10 005.05	9 947.39	11 345.92

数据来源:2016—2020 年《陕西省统计年鉴》。

在自然生态保护方面,陕西省坚持"绿水青山就是金山银山"的理念,尊重自然、保护自然,确保生态保护红线不受侵犯,投入巨额资金进行林业治理及保护,仅 2019 年、2020 年两年林业投资额就高达 226.87 亿元,为全省自然生态保护提供了有效保障。2015—2020 年新增造林面积分别为 335 362 公顷、327 033 公顷、334 786 公顷、348 094 公顷、333 451 公顷及324 453 公顷,总计 1 966 035 公顷(见表 3 - 18)。其中,人工造林面积最大,飞播造林、当年封山(沙)育林及退化林修复面积次之。在生态文明建设示范区和"两山"基地创建方面,陕西省宝鸡市太白县、汉中市留坝县以及安康市岚皋县获得了国家生态文明建设示范市县的称号,安康市平利县也被命名为"两山"实践创新基地。截至目前,陕西省在这两方面获得荣誉称号的数量居西北地区第一位。

表 3 - 18 陕西省 2015—2020 年新增造林面积及具体情况表

单位:公顷

种类	2015 年	2016 年	2017 年	2018 年	2019 年	2020 年
新增造林面积	335 362	327 033	334 786	348 094	333 451	324 453
人工造林	251 125	222 564	163 099	160 912	151 419	148 897
飞播造林	32 000	34 670	34 002	27 004	45 000	20 281
当年封山(沙)育林面积	52 237	69 799	58 403	75 220	79 427	84 979
退化林修复	/	/	75 057	84 958	57 272	70 296

数据来源:2016—2020 年《陕西省统计年鉴》。

　　陕西省生态文明建设取得了一系列丰硕的成果。2020 年较 2015 年生产总值(GDP)增长了 8 273.06 亿元,达到了 26 171.86 亿元,而单位生产总值能耗由 2015 年的 3.21 万吨标准煤/亿元降低为 1.89 万吨标准煤/亿元,如图 3－5 所示。在生态环境改善的同时,能源的利用率也有了较大的提升,在一定程度上做到了既要绿水青山又要金山银山的可持续发展战略要求。但是,我们在看到这些成果的同时,也不应忽视陕西省生态文明建设工作的不足之处,比如固体废物的产出量在逐年增加,废水的处理能力处于波动状态,生态文明建设经济效益差等问题仍有待解决。相信未来在陕西省委省政府不断努力下,污染防治技术会进一步提升,绿色发展理念会进一步深化。当然,生态文明建设中,也有一些区域做出了一些牺牲,例如获得国家生态文明建设示范市县的汉中市留坝县,为了保护当地的水源供给到其他地区,其工业发展也是受到了限制,导致当地的经济发展水平相对落后,而对于这类区域,就需要资源的使用地对其资源的使用行为进行付费。

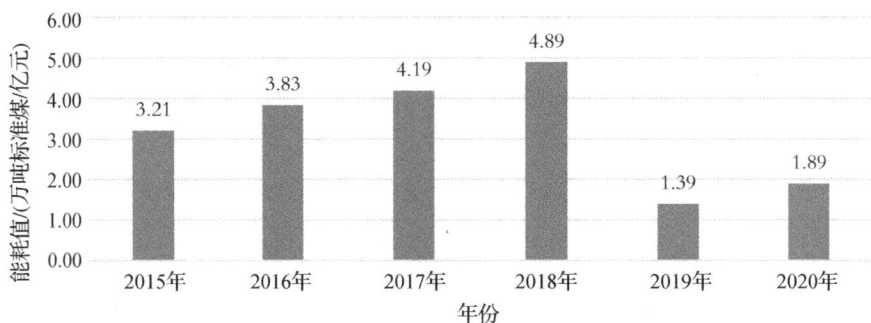

图 3－5　陕西省 2015—2020 年单位 GDP 能耗情况

数据来源:2016—2020 年《陕西省统计年鉴》。

　　综上所述,陕西省的生态文明建设主要体现在生态制度、生态经济、生态空间和生态文化四个方面。在制度层面,陕西省根据国务院的相关政策要求,参照国家不同时期颁布的相关生态文明建设的政策,与陕西省实际情况相结合,颁布了相关规章制度,有力保障了陕西省生态文明建设工作有序进行。在经济层面,陕西省先后在黄土高原和黄河流域生态保护等相关生态环境修护工程累计投入 29 亿元,涉及两个区域 260 多个项目的实施,并且引入绩效评价方案,对相关项目进行评价后给予一定的资金奖励。在生态空间层面,陕西省通过生态保护、生态恢复、生态重建、生态富民、生态服务、生态安全六个方向协同发力,陕西省的生态空间主要包括森林、草原、湿地、荒漠和大地景观,通过以上六个方面对全省生态空间"五大阵地"进行全力保障,使陕西省的生态空间获得高质量与高颜值。在生态文化层面,陕西省通过促进生态旅游业、居民受教育程度和历史传统文化等方面建设生态文化。当居民的文化程度不断提高后,在普及相关生态文明建设思想的时候,民众会越来越容易接受,可以更好地推进生态文明建设工作的实施。

3.4.4　资源开采利用产生的问题

(1)生态问题

从矿产开发利用形式看,已开发利用的矿种主要开采方式为露天开采,开采过程中涉及破坏地表植被、改变地形地貌、污染地表地下水、易引起水土流失、产生粉尘污染、占用土地资源、存在地灾隐患等地质环境问题;少量开采方式为地下开采,开采过程中涉及地下水污染、选冶过程中对地表水的污染、矿质元素对土壤的污染以及植被破坏等地质环境问题。

1)地表塌陷,植被破坏。

随着资源开采的不断深入和经济的快速发展,资源环境承载压力进一步加大,生态恢复治理和生态建设任务艰巨。以陕西省榆林市为例,榆林市煤矿属于多层煤矿,最多可达十几层,煤矿采空造成塌陷之后的治理一般是以填埋植树为主,但是在治理过后,下层煤矿的开采中,很可能造成重复塌陷,煤矿采空塌陷治理存在技术困难,因而治理极为困难。据榆林市神木县的统计资料显示,全县因资源开采形成的塌陷面积达 87.67 平方千米,主要表现为部分地区地表下沉 0.8~2 米。如果不采取有效措施,全市 8 489 平方千米矿区范围终将成为采空区,后续很可能成为塌陷区。

同时,资源的开采也造成植被破坏严重,水土流失加剧。煤炭资源开采过程中,矿井建设、道路修建、露天开采、废弃物堆置、地面下沉、水位下降等,直接或间接地造成了大面积地貌和植被的破坏。石油、天然气开采利用需要铺设大量的输油、输气管线,据不完全统计,榆林市内埋设输油管道 3 800 千米,天然气输气管线 3 500 千米,占用大量土地。仅靖边县由于油气开发破坏植被近 5 公顷,弃土覆盖植被 2 000 多公顷,长期占用土地 1 827 公顷,其中耕地 1 147 公顷,本来脆弱的植被受到破坏、有限的耕地进一步减少、地下水位不断下降,整个生态环境受到严重影响。

2)水资源遭到破坏。

同样以陕西省榆林市为例,榆林地下水的埋藏较浅,煤炭开采必然要穿过隔水岩层,破坏地下含水层结构,造成区域性地表水下泄,地下水位下降。据测算,榆林人均拥有水量低于全省及全国人均占有水量,属于重度缺水地区。地下资源的大量开采,地表水、地下水大面积渗漏,导致不少井泉下漏、淤坝干涸、树林枯死、矿区不少地方发生水荒。

石油开采过程中,油水分离后产生的废水,现在采用回注技术,重新注入地下水层,但是关于回注水对地下水的影响,现在缺乏可靠的评估手段,为生产和生活用水质量埋下隐患。由于油气开采钻井会打穿地下水层,造成地下水渗漏,水系破坏,同时油气渗漏到水体中,造成水污染。榆林市的大理河、周河和芦河均受到含油废水的污染,群众生产和生活用水也受到极大影响。

3)中、省矿产企业未能担当生态建设责任。

资源开采企业对相应的生态环境破坏仅承担有限而不足的责任,企业的补偿标准过低且拖欠生态补偿资金现象严重,从而将环境保育成本转移到了资源地政府身上。中、省企业[①]和外来资本大多占有面积最大、禀赋最好的资源,而地方企业则相形见绌。这样的开发模式既让资源开发产生的巨大利润绝大部分流向市外,又使得地方政府和企业在资源开发中缺少应有的参与,制约了区域经济协调发展。但中、省矿产企业在生态建设责任上表现缺失,主要表现在三个方面:一是中、省矿产企业对地方财政收入的贡献与造成的生态破坏不对等,例如神华集团等在开采中采用现代化大型矿井,大规模开采造成了严重生态破坏,仅靠地方现有财力无法治理,但中、省矿产企业由于采取汇总纳税,主要税费收入基本上缴中央财政,地方财政收入很少;二是中、省矿产企业对于省级和地方收费项目不予认可,对于煤炭价格调节基金、水土流失补偿费、石油开发费等地方性收费拒不缴纳,造成地方财政收入流失的同时,也间接减少了地方财政在生态环境建设上的可用资金;三是地方政府无法对中、省企业进行环保监管,中、省矿产企业的环保设施建设、环保审批等均在中央或省级,地方政府对于其环保情况无法进行监管,造成了监管上的空白,无法对于这些企业的环保情况进行合理评估和安排。

当然,这些问题不仅仅是在陕西省存在。以四川省绵阳市为例,截至 2020 年底,全市已探明的矿产有 27 个矿种,其中石灰岩、砂石、页岩等 24 个矿种已开发利用,铜、银矿铜、天然卤水 3 个矿种已探明但未开发利用。从矿产开发利用形式看,已开发利用的矿种主要开采方式为露天开采,开采过程中涉及破坏地表植被、改变地形地貌、污染地表地下水、易引起水土流失、产生粉尘污染、占用土地资源、存在地灾隐患等地质环境问题;少量开采方式为地下开采,开采过程中涉及地下水污染、选冶过程中对地表水的污染、矿质元素对土壤的污染以及植被破坏等地质环境问题。从矿产资源行业主体情况看,截至 2020 年底,绵阳市登记矿产资源开采纳税人共计 281 户,涉及矿山 636 座,其中,2020 年被生态环境部门查实存在污染防治问题的矿山就达 120 座。因此,资源地由于开采资源的需要,将要承担更重的环境污染问题。

(2)资源诅咒问题

资源型城市除了面临资源开采带来的环境问题,还面临后续城市可持续发展的问题,由于其经济结构、财政收入过分依赖资源的开采,我们常归结为资源诅咒问题。资源经济发展面临很多的问题,例如资源枯竭、产业结构不合理以及生态环境恶化等。随着绿色增长理念的提出,资源型城市面临巨大的环境治理资金压力,再加上城市生态经济转型需要产业结构调整和人员就业安置,地方政府必须增加地方财政收入,担负起公共财政的职责。

---

① 中、省企业是指央企、省属国有企业。

1)面临资源枯竭的威胁。

目前,能源资源是资源地发展最重要的物质基础和条件,如果资源未面临枯竭,地区经济和财政都具有"可持续性",而资源枯竭就会面临经济和财政困境。能源资源具有不可再生性,且资源一旦枯竭也是不可逆转的,这些都使资源地发展过程中要考虑资源的储量。长期以来,我国的能源资源地都依靠资源"吃饭",为了更多的资本利得而掠夺式地开采资源,造成了资源的浪费,也使后备资源的供给不足问题更为严峻。一旦资源供给出现短缺,资源型城市发展的经济基础将会出现危机。我国地质科学院的报告指出:未来20年,我国的石油需求缺口将超过60亿吨,天然气则超过2万亿立方米,即主要的能源资源的供应将是不可持续性的,资源短缺将成为现实。虽然近些年,我国大力发展光伏、风电、核电等新能源,但我们国家的能源体系依旧主要依靠传统的煤炭、石油和天然气等化石能源,而且随着经济的不断发展,资源的需求量增加更加明显。

对于能源资源地,资源产业以及以其为核心的配套产业创造的财政收入在财政总收入中占据绝大比重,能源资源的储量成为人们关心的问题。对现阶段的资源地来讲,能源资源是当地经济发展和财政收入的"心脏",如果没有了能源的供给,地区经济和财政收入将面临崩塌。资源地对资源有较强的依赖性,将通过影响当地经济发展的途径而影响地方财政优势的形成。一方面,财政收入在很大程度上受资源产业繁荣度的影响,对能源资源市场波动十分敏感。在能源价格高涨、能源资源销量猛增的阶段,当地经济发展迅速,地方财政所能攫取的税费收入可观;而当能源价格跌落、资源销量不理想时,地方财政收入将会大幅减少,从而影响到地方财政收入的稳定性。另一方面,较强的资源依赖性,使得财政优势难以长期持续。由于能源资源的可耗竭性,随着资源的不断开采和资源储量的逐步减少,过度依赖资源开采的地方财政难以持续获得高额的税费收入。

2)经济结构不合理。

经济发展与财政收入可以理解为互为因果,地区的经济发展落后,财政的"源泉"就小,财政收入水平较低。良好的投资环境是地方经济发展的重要基础,是吸引外资的前提,较差的投资环境则制约着经济的发展速度。能源的开采带动了当地经济的发展,形成了可观的财政收入,而财政收入的使用可以改善资源地的投资环境和基础设施建设。良好的投资环境有利于吸引外资投入,不仅对于能源产业的发展有利,也有利于带动其他产业的发展。

经济发展落后带来的问题很多,诸如物质资本投入较低,企业设备更新慢;科技水平较低,无法形成高附加值的产品;教育落后,人力资本水平较低。这些因素使经济发展受困,财政收入更谈不上可持续性。还有产业结构问题。能源资源地的产业结构具有如下特点:产业结构单一,传统产业偏高。能源资源地由于拥有丰富的能源资源,往往以资源开采等第二产业为主,第一、三产业发展相对缓慢;产业层次低,整体效益不高;资金密集型和劳动密集型企业较多,产业趋同化的现象严重,能源产品的附加值较低;能源资源地缺少教育资源积累,高新技术的产业难以生存。

3)资源开发输出地税收与税源严重背离。

以陕西省榆林市为例,作为能源输出大市,榆林能源企业投资主体主要为中央企业和省内外大型企业,机构注册地多数在外地,属跨区域经营。按照税法规定,企业按汇总缴纳和注册地缴纳税收,造成榆林市税收大量转移和流失。如中石油长庆油田公司拥有的陕京、陕沪等5条天然气管线税收均在北京、上海等经营机构所在地缴纳,每年转移管输税额3亿元。天然气从井口价0.77元/立方米上涨到输出地销售价2.2~2.5元/立方米,价格翻了近3倍。据税务部门估算,由此带来的利润,生产企业分享数额是销售企业(天然气公司)的1/5左右。按年输出天然气110亿立方米测算,共转移利润70多亿元,应纳企业所得税17亿元。而神朔铁路运输税收政策随意改变按里程分享(不按注册地缴纳),每年造成榆林市收入转移近1亿元;据估算,因税制因素和中、省企业资源产品非市场定价,每年造成榆林市税收转移数10亿元。

3.5 本章小结

总体来看,自党和国家领导人提出生态文明建设的理念以来,我国始终将生态文明建设作为工作当中的重中之重,每年都投入大量的财政支出,出台相关的法律法规,引导企业与人民共同参与。不仅在废水处理、大气污染治理等方面全面改善,而且在生态环境保护方面也有着不小的提升。但是,我们在看到这些成果的同时,也不应忽视我国生态文明建设工作存在的问题,如资源开采给地方生态环境的持续破坏、废水排放中蕴含化学污染物、生活垃圾清运量、森林病虫害发生面积、低碳减排可持续性、各地区能源消耗情况差距较大、绿色技术发展水平还较低等问题仍然存在,这仅仅是依据表面数据上发现的问题,而在生态环境保护的实际过程中,定然会有更多的问题存在。用于治理环境的资金就是摆在地方政府面前的一道难关,尤其是受到新冠肺炎疫情的影响,本就捉襟见肘的地方财政无疑是雪上加霜,而且,仅仅依靠地方政府的财政资金进行环境治理是远远不够的,还需要社会资金的参与以及企业的配合,那么,受到疫情冲击的企业又是否有足够的资金和动力进行环保投资都是值得思考的现实问题。生态文明建设作为中华民族永续发展的"千年大计",必然不会一朝一夕就能够实现,但相信未来在党中央的带领及全国人民不断努力下,生态建设法规将进一步完善,污染防治技术将进一步提升,绿色发展理念也将进一步深化,我国生态文明建设必定会越来越成功,而这离不开一个好的制度设计,也就是本书要研究的环境财政制度体系。

4　我国生态文明建设的环境财政制度体系

资源税费体系是矿产资源地生态环境建设财税政策的重要组成部分。在税费体系中，体现"租"概念的是矿业权价款和使用费，而"税"则包括所得税、增值税、消费税、资源税等，至于"费"则名目繁多，有矿区使用费、排污费、矿产资源补偿费、土地复垦费、煤炭价格调节基金等（见表 4-1）。在如此繁多的税费中，一部分是由国家规定征收，还有一部分则是由省市自己制定的收取项目。分类来看，探矿权、采矿权价款在矿业权取得环节征收；探矿权、采矿权使用费在矿业权占有环节收取；所得税、资源税、排污费、矿产资源补偿费等在矿产资源开采、销售环节收取。

表 4-1　矿产资源税费体系

性质	名称	征收环节
租	矿业权价款	矿业权取得
	矿业权使用费	矿业权占有
税	所得税、增值税、资源税等	矿产资源开采、销售环节
费	排污费、矿产资源补偿费等	

上述税费中，矿业权价款、使用费、资源补偿费和资源税属于资源专有税费，即矿山企业专有的税费，区别于所得税、增值税等所有企业都需缴纳的一般性税费。其中，属于"租"性质的矿业权价款和使用费是对矿山企业获得矿产开采权利的付费；属于"费"性质的排污费是对资源开采造成污染物排放的补偿，资源补偿费是为了体现资源的稀缺性；属于"税"性质的资源税开征的主要目的是调节资源级差收入和体现国有资源有偿使用。

在促进生态文明建设的背景下，对于财税收入政策，我们主要从资源开采本身形成的租（矿业权收益）、税和费收入以及生态补偿转移支付政策两个大的方面展开研究，而在财政支出方面，我们重点考虑环境财政投入政策，最后形成财权与环境事权相匹配的环境财政体制政策研究。

4.1 租税费制度

4.1.1 矿业权收益

矿业权收益主要是指矿业权价款和使用费,其实承担的是"租"的角色。矿业权价款是一种广义上的权利金,具有矿产资源租的性质。一般来说,大部分的价款收益来自招、拍、挂程序,类似于红利,相当于对级差地租的征收;而有一部分价款虽来自协议出让程序,但其金额大小同样需要基于矿产条件的专业评估,即矿区的禀赋不同,价款就有大小差异,因此,协议出让下的矿业权价款也是对级差地租的征收。矿业权价款反映的是我国政府对级差地租的征收,从资源租的角度看,它是一种适宜征收、相对公平的财政收入组成部分,能使矿产资源所有者分享到矿山的资源禀赋所产生的利益。

其主要有以下几个特点:第一,矿业权价款是一种来源有限的非税收入。矿业权价款的根本来源,是出让矿产勘探权利或者开采权利的活动。随着矿产资源的日益开采和消耗,以矿产保有为基本条件的价款收益必然不可能永久持续地获得。与增值税、所得税等一般性财政收入相比,矿业权价款具有收入来源上的有限性。第二,价款收益适宜进行政府间分享。矿业权价款是一种独特的财政收入形式,它来源于每一次具体的矿业权出让活动,可以精确地定位收益的来源地,即每产生一笔矿业权价款,就可以在一定程度上评估矿业权的使用可能对资源地带来的社会、经济和环境上的影响,矿业权所在地政府获得足额并且可观的矿业权价款收益,进行环境保育、公共设施建设和公共服务供给,是分权财政体制下公共财政收入分配制度改革题中应有之义。第三,矿业权价款收益具有财政预算层面上的特殊性。发展绿色经济,推动经济高质量发展是公共财政的重要职能,财政收支预算应确保矿业权价款收益分配的代内与代际公平,确保生态环境保护和对后代人的利益补偿(蒲志仲,2010)。为了塑造可持续发展的绿色财政预算制度,应将价款收益用于资源地环境保育和公共服务供给,并留存一部分使后代人长期受益。

进入新世纪以来,我国的矿业权制度变迁仍呈现出中央扩散型的特征,矿业权收益在政府间、政府与私人间不断调整。由于我国经济的高速增长对煤炭资源需求巨大,伴随着煤炭价格市场化,矿业权的价值不断攀升。但是,由于既有的制度安排未能对矿业权收益分享进行合理的安排,致使煤炭资源过度开采并呈现出资源市场混乱、资源所有者利益严重流失等现象。更重要的是,煤炭市场的乱局,严重影响到了国有大型煤炭企业的市场地位和相关利益,致使大型国有煤炭企业持续地对政府施加其政治影响力,表达其重构矿业权制度、整合矿业权市场的制度需求。在这种背景下,我国的矿业权市场逐步建立,出让和转让制度也相继运行。矿业权市场历经了数次重构和整合,与之相联系的矿业权收益分配格局也发生了巨大的变化,即突出国家作为矿产资源所有者在矿权出让中的收益索取、矿业权收益倾向于大中型煤矿企业。值得注意的是,上述制度变迁过程并不是完全强制性的制度变迁,不是中央政府完全按照主观意愿一次性实施的,而是遵循着一个由试点到逐步推广的循序渐进过程,并且在过程中包含了数次政府间、政府与私人企业间的讨价还价过程。但是,目前的矿业权制度以及相应的收益分享制度并不符合市场经济的要求,矿业权所有者坐拥矿业权使用带来的巨大收益,在矿业权取得和使用中成本并没有完全体现出矿业权本身的价值。矿业权市场的建设是矿业权收益分享制度进一步改革的关键因素,一方面,需要构建一个可自由转让的矿业权市场,以此来产生准确的矿业权价格信号,使矿业权所有者能够获取足够多的矿业权收益;另一方面,矿业权市场的建设对于需求引致型的制度变迁尤为重要。

4.1.2　环境税费

(1)对环境税费体系的再认识

我国现行税收制度有 18 种税[①],按照课税对象的不同可将其分别归于货物与劳务税、所得税、财产税、资源税与行为税 5 个税类,其中并没有环境税类。要分析我国环境财政收入就必须先构建出环境税类,构建环境税类需要按照一定标准将属于环境税类的税种从其他已有税类中调整过来。因此,可以将现行税制中凡是具有绿色调节作用、对环境保护有利的相关税种归为环境税类。按照这一标准对我国现行税种重新进行划分,把现行 18 种税分别归于货物与劳务税、所得税、环境税、财产与其他税 4 个税类[②]。

第一,环境保护税作为"庇古税"的典型表现形式之一,是实现企业外部成本内部化的重要途径,开征目的在于遏制企业外部不经济行为,是真正意义上独立的环境税。但由于环境保护税在 2018 年才开征,而 2016 年审议通过的《中华人民共和国环境保护税法》中环境保护税的制度规定几乎是排污费征收管理的平移,所以,2018 年之前的环境保护税可以用排污收费代替。

第二,消费税中与环境保护相关的绿色税目应该纳入环境税类。消费税的环境保护功能主要体现在对高耗能与高污染产品的征税。高耗能产品是在生产过程中所消耗的一次能源或二次能源比重偏高的产品,诸如石油加工、炼焦以及核燃料加工等。高污染产品是指在生产或消费过程中会产生各种污染物的产品,诸如交通车辆的使用。我国目前消费税税目

---

①　我国现行税收制度包含 18 个税种:增值税、消费税、关税、城市维护建设税、烟叶税、企业所得税、个人所得税、资源税、土地增值税、房产税、城镇土地使用税、耕地占用税、契税、车辆购置税、车船税、印花税、环境保护税和固定资产投资方向调节税(停征)。

②　需要注意的是,按此标准重新划分后的税制结构并不是简单添加一个环境税类,而是涉及对原有税类所含税种的相互调剂。

中高耗能和高污染产品主要包括摩托车、小汽车、成品油、汽车轮胎、鞭炮焰火、实木地板、木质一次性筷子、电池和涂料。其中电池、涂料、鞭炮焰火和成品油在消费过程中直接排放各种污染物，而摩托车与小汽车在使用过程中又要消耗大量的成品油，汽车轮胎又是摩托车和小汽车的互补品，所以都应该将其纳入环境保护税目中。游艇虽然在使用过程中也要消耗成品油，但由于其数量少而价格高，本身属于奢侈品，因此本书将其置于收入分配功能税目而不是环境保护功能税目。实木地板和木质一次性筷子则是对森林资源的极大浪费，生产与使用都会对生态环境产生极大破坏。消费税税目中与环境保护联系紧密的主要有交通运输设备制造业与石油加工业，其他税目与环境保护即使相关，其相关性也比较低，因此可以暂不考虑将其纳入环境税类。所以，应该纳入环境税类的消费税税目主要有汽油、柴油、小汽车、摩托车、汽车轮胎、实木地板、木质一次性筷子以及鞭炮焰火。这意味着需要对现行消费税税目进行拆分[1]，将具有环境保护功能的消费税税目剥离出来归入环境税类，而剩余的消费税税目仍然作为商品生产与销售环节缴纳的税收归入货物与劳务税。

第三，资源税应纳入环境税类。资源税开征目的主要是调节资源开采者之间的级差收益，同时促使开采者合理开发和节约使用资源。尽管资源税存在征税范围较窄、征税力度较小等缺陷，但由于它直接针对能源矿产资源的开采征收，因而是我国现行税制中少有的真正与资源开采、使用以及环境保护相关的独立税种，所以必须将资源税纳入环境税类。

第四，城市维护建设税应该纳入环境税类。城市维护建设税开征目的是扩大、稳定城市维护建设资金来源，该税款专款专用于改善城市环境质量的公共设施与基础设施的维护建设方面，可以有效改善城市大气、水环境质量，是名副其实的绿色税种。尽管城市维护建设税只是对货物劳务税征收的附加税，但由于其税款的使用着实有利于提高环境质量，具有较强的绿色调节作用，所以应该将其纳入环境税类。

第五，车辆购置税和车船税应纳入环境税类。车船税开征目的是为地方政府建设以及改善本地公共道路提供资金。车辆购置税是对纳税人购置的应税汽车、摩托车征收的。尽管车船税和车辆购置税都不是为了保护生态环境而征收的，但由于客观上对机动车船等交通工具有抑制作用，成品油又是车船等交通工具的互补品，会间接对能源资源的使用发挥限制作用，从而对生态环境产生一定的保护功能，因此，车辆购置税与车船税应纳入环境税类。

第六，城镇土地使用税和耕地占用税也应该纳入环境税类。城镇土地使用税开征目的是促进合理使用城镇土地资源，并适当调节城镇土地的级差收入，其税收条款包含明显的绿色特征。而耕地占用税开征目的是加强土地合理利用，保护农用耕地筹集资金，是一个真正意义上的绿色税种。尽管耕地占用税每年的税额较低，但确实对抑制乱占、滥用耕地资源起了一定抑制作用。因此，应该将城镇土地使用税与耕地占用税纳入环境税类。

最后需要指出的是，项目组经研究认为，土地增值税和固定资产投资方向调节税不应该

---

① 一般认为消费税具有三大功能：筹集财政收入、保护生态环境和调节收入分配。这里仅仅是把消费税税目中具有环境保护功能的税目归入了环境税类。

纳入环境税类。土地增值税是 20 世纪 90 年代初期为了抑制土地炒作,平抑房地产市场而开征的。尽管土地增值税自开征以来在筹集财政收入和打击土地投机等方面发挥了一定的积极作用,但总体上讲,还是应该将我国的土地增值税改造成对土地投资或投机进行"相机抉择"的调控工具,即国家可以根据国民经济的发展状况以及房地产市场的现状决定停征或恢复征收土地增值税,即土地增值税本身是为了调节土地投机行为,它对土地资源的保护功能非常微弱。固定资产投资方向调节税通过差别税率设计,具有鼓励能源节约使用的作用,应该将其纳入绿色税种的范围之内,但从 2000 年 1 月 1 日起已经停征,因此可将其暂时排除在环境税系之外。

综上,最终环境财政收入体系,即环境税类包括环境保护税(排污费)、资源税、城镇土地使用税、耕地占用税、城市维护建设税、车辆购置税、车船税。环境税类中的税种除消费税外,其他均来自现行税制中的行为税类、财产税类与资源税类,这是由于环境税是通过征税改变纳税人行为选择,进而对污染行为进行调节的税,本身应该属于行为税,而且财产与资源都属于人类拥有的财富,在这些财富开采使用过程中造成的污染行为也应该是环境税收调节的范围。

从 2010—2021 年环境税类中各税种收入,可以发现环境税类的绝对规模基本保持增长态势,在 2010—2015 年的增速较快,但在 2016 年后增速维持在相对稳定的状态(见表 4-2)。

表 4-2 2010—2021 年环境税类中各税种收入

单位:亿元

年份	消费税相关税目	资源税	城市维护建设税	车辆购置税	车船税	城镇土地使用税	耕地占用税	环境保护税[①]	环境税类
2010	3 076.80	417.50	1 887.10	1 792.60	241.60	1 004.00	888.60	188.20	9 496.40
2011	3 287.70	598.80	2 777.50	2 044.90	302.00	1 222.20	1 071.70	189.90	11 494.70
2012	3 621.20	904.37	3 125.63	2 228.91	398.02	1 541.72	1 620.71	188.90	13 624.46
2013	3 632.00	1 005.65	3 419.90	2 596.34	473.96	1 718.77	1 808.23	204.80	14 859.65
2014	3 763.90	1 083.82	3 644.64	2 885.11	541.06	1 992.62	2 059.05	186.80	16 157.00
2015	4 894.70	1 034.94	3 886.32	2 792.56	613.29	2 142.04	2 097.21	178.50	17 639.56
2016	4 666.79	950.83	4 033.60	2 674.16	682.68	2 255.74	2 028.89	200.89	17 493.58
2017	4 706.52	1 353.32	4 362.15	3 280.67	773.59	2 360.55	1 651.89	219.91	18 708.60
2018	4 723.70	1 629.90	4 839.98	3 452.53	831.19	2 387.60	1 318.85	151.38	19 335.13
2019	5 489.93	1 821.64	4 820.57	3 498.26	880.95	2 195.41	1 389.84	221.16	20 317.76
2020	5 181.37	1 754.76	4 607.58	3 530.88	945.41	2 058.22	1 257.57	207.06	19 542.85
2021	5 967.28	2 288.16	5 216.95	3 519.88	1 020.62	2 126.28	1 065.36	203.27	21 407.80

数据来源:根据历年《中国统计年鉴》整理。

---

① 2018 年之前的环境保护税用排污费收入代替。

2010—2021年环境财政收入的结构情况,即环境税类收入内部各税种的比重,用各税种收入在环境税类收入总额中的占比来表示(见表4-3)。

表4-3 2010—2021年环境财政收入结构情况

单位:%

年份	消费税相关税目	资源税	城市维护建设税	车辆购置税	车船税	城镇土地使用税	耕地占用税	环境保护税
2010	32.40	4.40	19.87	18.88	2.54	10.57	9.36	1.98
2011	28.60	5.21	24.16	17.79	2.63	10.63	9.32	1.65
2012	26.58	6.64	22.94	16.36	2.88	11.32	11.9	1.39
2013	24.44	6.77	23.01	17.47	3.19	11.57	12.17	1.38
2014	23.3	6.71	22.56	17.86	3.35	12.33	12.74	1.16
2015	27.75	5.87	22.03	15.83	3.48	12.14	11.89	1.01
2016	26.68	5.44	23.06	15.29	3.9	12.89	11.6	1.15
2017	25.16	7.23	23.32	17.54	4.13	12.62	8.83	1.18
2018	24.43	8.43	25.03	17.86	4.3	12.35	6.82	0.78
2019	27.02	8.97	23.73	17.22	4.34	10.81	6.84	1.09
2020	26.51	8.98	23.58	18.07	4.84	10.53	6.43	1.06
2021	27.87	10.69	24.37	16.44	4.77	9.93	4.98	0.95

数据来源:根据历年《中国统计年鉴》《中国税务年鉴》计算整理。

从表4-3可以看出,环境税类内部各税种在环境税类总额的占比变动性较大,不同年份各税种的占比情况表现各异。根据表4-3中的占比数据,按照从大到小的顺序,将历年环境税类内部各税种的占比顺序进行汇总,以观察其内部各税种的变化情况(见表4-4)。

表4-4 2010—2021年环境税类内部的税种占比顺序表

年份	环境税类内部各税种的占比顺序(由大到小)[①]
2010	消费税、城市维护建设税、车辆购置税、城镇土地使用税、耕地占用税、资源税、车船税、环境保护税
2011	消费税、城市维护建设税、车辆购置税、城镇土地使用税、耕地占用税、资源税、车船税、环境保护税
2012	消费税、城市维护建设税、车辆购置税、耕地占用税、城镇土地使用税、资源税、车船税、环境保护税

---

① 表4-4中的消费税只包括与环境保护相关的税目,2018年之前的环境保护税实际上指的是排污费。

续表

年份	环境税类内部各税种的占比顺序(由大到小)①
2013	消费税、城市维护建设税、车辆购置税、耕地占用税、城镇土地使用税、资源税、车船税、环境保护税
2014	消费税、城市维护建设税、车辆购置税、城镇土地使用税、耕地占用税、资源税、车船税、环境保护税
2015	消费税、城市维护建设税、车辆购置税、城镇土地使用税、耕地占用税、资源税、车船税、环境保护税
2016	消费税、城市维护建设税、车辆购置税、城镇土地使用税、耕地占用税、资源税、车船税、环境保护税
2017	消费税、城市维护建设税、车辆购置税、城镇土地使用税、耕地占用税、资源税、车船税、环境保护税
2018	城市维护建设税、消费税、车辆购置税、城镇土地使用税、资源税、耕地占用税、车船税、环境保护税
2019	消费税、城市维护建设税、车辆购置税、城镇土地使用税、资源税、耕地占用税、车船税、环境保护税
2020	消费税、城市维护建设税、车辆购置税、城镇土地使用税、资源税、耕地占用税、车船税、环境保护税
2021	消费税、城市维护建设税、车辆购置税、资源税、城镇土地使用税、耕地占用税、车船税、环境保护税

由表 4-4 可以看出,2010—2021 年我国环境税类内部税种结构没有发生太大的变化,各税种的占比排序几乎没有发生变化,大致体现以下两个特点:一是真正具有能源资源节约与生态环境保护作用的资源税与环境保护税在环境税类中的占比太低。环境保护税一直位于环境税类所有税种的最后一位,资源税则长期位于倒数第三位,只是从 2018 年开始,资源税在环境税类中的占比排序才逐步上升,2021 年资源税已经超过了城镇土地使用税排在第四位。二是消费税类中占比最大的税种主要是消费税相关税目、城市维护建设税与车辆购置税。尽管消费税相关税目占比较高但其绿化功能具有间接性。现有消费税的绿化功能主要表现在成品油加工和交通运输设备制造两个税目,这主要是对能源资源使用及其互补品征收的,并没有直接针对污染环境的行为征收消费税,绿化功能具有间接性。占比较大且比较稳定的城市维护建设税的绿化功能主要体现在事后治理。城市维护建设税是对增值税和消费税附加征收的,其规模比较稳定,主要是由于我国货物与劳务税是稳定增长的。而城市维护建设税之所以具有环境保护功能,是由于该税种收入专款专用于污染物的收集与处理系统,对于改善城市环境质量具有非常重要的意义。这属于环境污染产生以后的一种事后治理支出,对排污行为的事前约束作用不足。而且该税种只针对城市建设中出现的环境污

染行为进行投资治理,对日益严重的农村环境污染基本没有影响。车辆购置税占比较大但对环境污染的调节不具有持续性。车辆购置税是对购置的应税汽车、摩托车征收的一种税,属于交易环节征收的一次性税种,开征目的是增加中央政府的税收收入,这种对汽车等车辆征收的一次性税种在基于环境保护进行调节时,是一次性调节而不具有持续性。

因此,我国环境税类内部结构严重失衡,真正具有能源资源节约与生态环境保护作用的税种占比太低,而占比较高的又不对生态环境保护具有直接调节作用,这势必弱化环境税类的绿化功能。

(2)能源资源相关税费的现实实践

能源资源相关税费可以划分为普通税费、能源资源专门税费、省级收费、地方性收费等四类。

其中,普通税费包括对于所有纳税单位普遍适用的税费,主要包括企业所得税、增值税、消费税、城镇土地使用税、教育费附加等。其中,消费税100%为中央财政收入,省、市、县三级财政不参与分享;增值税是中央财政分享75%,省级财政分享7.5%,市级财政分享7.5%,县级财政分享10%;企业所得税则是中央财政分享60%,省级财政分享20%,市级财政分享10%,县级财政分享10%;房产税、城镇土地使用税,则是中央财政不参与分享,省级财政分享30%,市级财政分享30%,县级财政分享40%。

能源资源专门税费主要包括环境保护税、资源税、矿产资源补偿费等[①],其中,环境保护税为地方税,省级财政分享30%、市县财政分享70%,而原有的排污费则由环境保护税替代;资源税是中央财政不参与分享,省级财政分享30%,市级财政分享30%,县级财政分享40%;矿产资源补偿费,中央财政分享50%,省级财政分享50%,市、县财政不参与分享。

在地方实践中,围绕"山水林田湖草是生命共同体"的新系统观,完善相关政策配套,做好新老政策衔接,平稳开征环境保护税,高效开展水资源税试点,有序推进《中华人民共和国耕地占用税法》《中华人民共和国资源税法》落地实施,逐步构建起以环境保护税、资源税、耕地占用税、车船税等资源和环境税种为主体,以车辆购置税、增值税、消费税、企业所得税等税种为重要补充,涵盖自然资源开采、生产、流通、消费、排放5大环节8个税种的绿色税收体系,助力山、水、大气、土地等多维度、全方位、全覆盖系统化保护。针对矿产资源行业、房地产业、基础设施建设等重大环境影响行业生产经营规律和特点,探索实施全税种、全流程、全链条行业税收管理新模式。

省级收费主要包括煤炭价格调节基金、石油开发费、水土流失补偿费、矿山环境治理恢复基金等地方政府规定的能源资源专门收费。煤炭价格调节基金,其征收按照"属地征管,统一征收,统一票据,统一专户"的原则进行。全省各类煤炭生产企业的煤炭价格调节基金

[①] 项目组将探矿权、采矿权价款收入,探矿权、采矿权使用费认定为矿业权收益范畴,发挥的是"租"的作用。

统一实行属地征管,由企业所在地的县(市、区)地税部门组织征收,就地入库并由当地农业银行直接按省级 40%、市县 60% 的分成比例划解。石油开发费按每吨 550 元征收,属于市县财政收入。水土流失补偿费按下列标准征收:第一,侵占或损坏水土保持设施的,应按当年恢复同等数量和质量的水土保持设施所需的实际费用征收;第二,损坏地貌、植被的,应依据破坏面积,按每平方米 0.2～0.5 元的标准征收。县(市、区)收缴的水土流失补偿费,70% 留县(市、区)使用,上交省、地(市)各 15%;地(市)收缴的水土流失补偿费、防治费,80% 留地(市)使用,上交省上 20%;省上收缴的水土流失补偿费、防治费,归本级管理使用。矿山环境治理恢复基金是采矿权人按满足实际需要的原则,根据《矿山地质环境保护与土地复垦方案》,将矿山地质环境保护与土地复垦费用按照企业会计准则相关规定预计弃置费用,计入相关资产的入账成本,该费用计入生产成本。2017 年,国务院印发《矿产资源权益金制度改革方案》,将保证金改为矿山地质环境治理恢复基金(以下简称"基金")。该制度以降低矿山企业运行成本作为改革的优先考量,调整了资金的性质与运作模式,矿山企业可自主使用基金开展生态修复工作。1986—2016 年,矿山土地复垦费用预存和保证金制度并行,2017年,财政部、国土资源部、环境保护部联合印发的《关于取消矿山环境治理恢复保证金建立矿山环境治理恢复基金的指导意见》,明确取消保证金制度,以基金的方式筹集治理恢复资金,专项用于矿山地质环境治理恢复与监测。

　　地方性收费,由于科目种类繁多,不再一一列举。综合来看,我们以能源资源省——陕西省为例,将能源资源税费科目及其在各级政府间的分配比例用表 4-5 予以概括。

表 4-5　陕西能源资源税费及分配比例

税费项目		计征标准/%	收益分配/%			
			中央	省级	市级	县级
企业所得税		25	60	20	10	10
增值税		13	75	7.5	7.5	10
消费税		/	100	/	/	/
城镇土地使用税		有关规定	/	30	30	40
环境保护税		有关规定	0	30	70	
资源税		有关规定		30	30	40
资源补偿费		有关规定	50	50	/	/
煤炭价格调节基金		有关规定		40	60	
石油开发费		有关规定	/	/	100	
水土流失补偿费	县级征收			15	15	70
	市级征收			20	80	

当前的政策体系还存在一些税收优惠,对于积极进行环境治理的企业或个人,我国给予减免税的优惠政策,主要集中在增值税、企业所得税、个人所得税和车船税等。以四川省绵阳市为例,围绕"绿水青山就是金山银山"的新经济发展观,从依法征管和坚决落实税收优惠政策双向发力,充分发挥税收对市场经济行为的引导和调节作用,助力构建绿色发展思维模式,助推市场主体不断升级技术工艺、转变发展方式,走绿色、低碳、可持续的高质量发展之路。

4.2 转移支付制度

4.2.1 纵向转移支付

能源资源省份每年为国家的经济建设贡献了大量的能源,也带动了当地经济的发展,但在资源开采过程中,不仅可能会面临"资源诅咒"难题,也会遭受当地环境恶化等问题。这些污染不仅损害到资源产地的社会经济发展,同时对于周边地区造成不利影响,形成负效益外溢。例如地质灾害表现为山体崩塌、地表塌陷、地裂缝等,最终造成地质结构改变,影响地表稳定性,很有可能造成大面积地质灾害。水源破坏主要表现为水源污染和水容量损失,受水源污染影响的地下水系统范围往往超出矿产资源产地范围,而水容量直接关系地区水资源储备安全。矿产资源开发中的扬尘、矸石自燃、植被减少等直接影响空气质量,空气质量下降的外部性外溢更明显,影响范围也更广泛。生态补偿是矿产资源开发过程中不可缺少的环节,可消除矿产资源开发对于资源产地生态环境的不利影响。

行政手段中的中央转移支付是对资源开采早期的生态环境污染最为合适的补偿方法。在矿产资源开发最初阶段,生态环境急剧恶化,环境指标往往以倍数恶化,例如在2005年,某镇大气中氮氧化物、悬浮颗粒、二氧化硫三项污染指标,分别是煤田开发前的4倍、17倍和24倍,即使到了2020年,某公司的废气监测点检测出的氮氧化物、二氧化硫依然处于超标状态。治理严重污染需要投入大量资金,但由于污染过程疏于管理,在既得利益分配后很难要求"谁开发,谁治理""谁受益,谁治理"。改善早期矿产资源开发造成的污染被认为是一项纯公共产品,有明显的效益外溢。矿产地方政府作为矿产开发的既得利益者,即使承担所有投入,也不可能提供足够的生态服务。由中央政府按照生态服务的外溢效应比例承担过去矿产开发生态环境破坏的补偿费用,理由是充分的:第一,生态环境改善的正外部效应缺少其他可行的内部化手段,收益区域难以确定,即使确定也缺乏承担理由;第二,中央政府在矿产资源开发早期也取得丰厚收益;第三,中央财政收入主要来自经济发达地区,而这类地区经济的发展部分受益于矿产资源地的低价矿产资源;第四,公共服务均等化要求中央政府为矿产资源产地居民提供符合居住标准的生态环境。

在我国,转移支付是生态补偿的重要资金来源,主要可以分为纵向转移支付和横向转移支付。

纵向转移支付是指上级政府对下级政府的财政转移支付,主要是为了弥补下级财政资金不足,维持地方政府财政收支平衡。这类转移支付可以分为四类:原体制性补助、税收返还、财力性转移支付和专项转移支付。

第一,原体制性补助是为了保持财政体制的连续性而暂时保留的一些补助形式,这类资金在全部转移支付中所占比重较小,且主要是维持了以前的数额,没有增加额。目前,我国中央对地方体制性补助包括原体制定额补助和企事业单位划转补助两个部分。原体制定额补助是分税制改革以前的财政分级包干体制中保留下来的一般性补助形式。我国从 1988 年开始的财政包干体制,采取了中央财政对部分省(市)、自治区给予定额补助和部分省市向中央财政上解收入的办法。1994 年分税制改革后,为了顺利推进改革,中央维持原体制分配利益格局暂时不变,保留了这些形式,在预算中体现为原体制定额补助和地方上解收入实行分税制后,由于事业或企业单位的隶属关系发生了变化,使以前属于中央的财政支出责任转移到了地方,为了维持原有的分配格局,中央对地方负担的此项责任进行补助,这项补助在中央预算中被称为企事业单位划转补助。

第二,税收返还,指的是政府按照国家有关规定采取先征后返(退)、即征即退等办法向企业返还的税款,属于以税收优惠形式给予的一种政府补助。中央财政按核定的各地所得税基数,对地方净上划中央收入实行基数返还。还包括国家对人民的税收返还,例如个人所得税的退税返还。

第三,财力性转移支付指为弥补实力薄弱地区的财力缺口,均衡地区间财力差距,实现地区间基本公共服务能力均等化,中央政府对地方实行的转移支付。一般性转移支付资金大多有较为标准的计算方法,以普通转移支付为例:

$$普通转移支付＝(标准支出－标准收入)×转移支付系数$$

其中标准支出依照相关因素计算。一般性转移支付中与矿产资源相关项目仅有包含环境因子的均衡性转移支付与资源枯竭城市财力性转移支付。

专项转移支付是按照政府间事权与支出责任划分,由上级政府对承办委托事务、共同事务以及符合上级政府政策导向事务的下级政府所给予的补助,该类补助专款专用,所以又称为有条件补助或专项拨款。随着改革深化,用于公共支出方面的比重逐年加大,增加的专项转移支付大多用于国家要求重点保证的支出项目,生态环境建设项目在其中占较大比重。以陕西省为例,生态环境保护依靠纵向转移支付。在陕西省财政厅下达的市县 2022 年财力性转移支付 813.14 亿元中,均衡性转移支付 665.5 亿元,县级基本财力保障机制奖补资金

111.27 亿元,而重点生态功能区转移支付仅为 36.37 亿元。

在当前的实践中,较为成熟、较多实践的是围绕水资源的转移支付制度设计,包括后文要提及的横向转移支付。在纵向转移支付实践中,西安市政府设立了生态功能区转移支付资金,保障范围为周至县、蓝田县和长安区等重点水源地保护区域。通过选取年城市供水量和原水成本价格因素,核定水源地生态补偿支出,再采取公式化办法测算生态转移支付区县的补助数额,补助资金重点用于上述区域的水资源保护、生态环境提升等方面。同时,将生态保护成效与转移支付资金分配挂钩,对其进行绩效考核,并根据财政部公布的环境检测情况实施奖惩,对生态环境变好的区县给予适当倾斜,对考核结果变差及发生重大环境污染事件的地区,按一定的比例扣减转移支付资金。西安市政府每年下达市级生态功能区转移支付 3000 万元,促进了秦岭北麓地区的生态环境保护以及地方经济社会的可持续发展。

2018 年 4 月,武汉市印发《关于进一步规范基本生态控制线区域生态补偿的意见》,生态补偿按照权责统一、合理补偿,成本共担、效益共享,统筹兼顾、区别对待,多方并举、合作共治的基本原则实施。其生态补偿范围由原来的湿地自然保护区和生态公益林两类,扩展到城市饮用水源保护区、风景名胜区、自然保护区、森林公园、郊野公园、水产种质资源保护区、湖泊、湿地公园、绿道、耕地、水稻田、地质公园等。生态补偿资金包括生态要素补偿资金和综合性补偿资金,由市、区两级人民政府共同承担,按照 1:1 比例筹措。其中,生态要素补偿是对《武汉市基本生态控制线管理条例》划定的生态底线区域内的湿地自然保护区、生态公益林、饮用水水源保护区(含一级、二级保护范围)、湖泊、自然保护区、水产种质资源保护区、湿地公园、郊野公园、风景名胜区、森林公园、地质公园、绿道、耕地等各类生态要素进行的补偿,补偿标准根据其生态价值、管护成本等计算确定,补偿额为某类生态要素的数量(面积、长度、个数等)乘以相应补偿标准;综合性补偿是根据各区基本生态控制线区域面积占行政面积比例、人均地方财政收入水平,对各区人民政府进行差异化补偿。

2018 年 10 月,成都市印发《关于健全生态保护补偿机制的实施意见》,生态补偿按照权责统一、合理补偿,因地制宜、分类实施,因时施策、动态调整,统筹兼顾、转型发展的基本原则实施。其生态补偿立足生态补偿各领域各区域的不同特点,分类细化落实差异化生态补偿政策,从健全森林生态保护补偿机制、健全饮用水水源地保护激励机制、健全流域水环境保护生态补偿机制、健全耕地生态保护补偿机制、推动建立固体废物处置环境补偿机制、推动建立湿地生态保护补偿机制、推动建立重点生态区域补偿机制、稳步建立跨市域生态保护补偿机制八个方面,建立了稳定的财政投入机制。

4.2.2 横向转移支付

横向转移支付是指地方政府间的财政转移支付,可以实现资源使用地对资源开采地的生态补偿。当前,横向生态转移支付多实践在水资源领域,多以生态补偿为主,主要用于消除效益外溢,将外部效应内部化,如浙江省和安徽省关于新安江流域上下游的横向生态转移支付,河北与天津两地引滦入津开展生态保护补偿,广西与广东围绕九洲江流域开展水环境补偿等。

较早的实践案例是浙江省和安徽省关于新安江流域上下游的横向生态转移支付。新安江流域全长 359 千米,2/3 干流属于安徽省境内,进入浙江省境内后流入千岛湖。千岛湖是浙江省重要的饮用水源地及我国长江三角洲区域的战略备用水源,其水量的 60% 来自黄山地区。近年受新安江流域上游来水影响,千岛湖水质富营养化趋势明显,1998 年、1999 年曾两度爆发大面积蓝藻。自 1999 年起,每年雨季从上游冲入千岛湖的垃圾均在 5 万立方米以上,仅 2011 年汛期就打捞湖面垃圾 18.4 万立方米。2001 年,在杭州召开了首次浙皖两省协调会。2011 年 3 月,财政部和环保部安排两亿元专项资金用于新安江上游水环境保护和水污染治理。2011 年 11 月,全国政协人口资源委员会基本采纳了浙江省提出的千岛湖流域保护建议,中央政府拨款 5000 万元资金用于新安江流域水环境生态补偿。2011 年 12 月,浙江省提出:3 年后若新安江水质变好,浙江地方财政再划拨安徽省 1 亿元;若水质变差,安徽省划拨浙江省 1 亿元;若水质没有变化,则双方互不补偿。安徽省经济发展滞后,新安江所在的黄山市 2011 年的人均 GDP 不到杭州市的三分之一,农民年人均纯收入、城镇居民年人均可支配收入只有杭州市的一半,有 3 个下属县是省级扶贫开发工作重点县,因而在新安江水资源生态环境建设中,安徽省缺乏生态环境建设资金。通过不断探索和协商,中央财政对新安江水资源地建设进行了纵向转移支付,而浙江省则进行了横向转移支付。

浙江省就新安江水资源地生态环境建设,提出了附加条件的横向转移支付条款,这是生态补偿横向转移支付制度的一次突破,同时意味着我国首个跨省流域生态补偿机制试点项目已进入实质操作阶段。这一横向转移支付制度的建立,对于新安江水资源生态环境建设具有重要意义。对于安徽省来说,为了进行水资源地生态环境建设,安徽省要丧失大量发展工业甚至水产养殖业机会。黄山市政府官员透露,为保护新安江,近 3 年全市否决外来投资项目 140 多个,投资额达 130 亿元,由此导致的经济损失远大于得到的生态补偿资金,而浙江省将通过水资源地生态环境的建设获得利益,因而,由浙江省对安徽省就新安江水资源地生态环境建设进行横向转移支付是合理的。

近期较为成功的实践案例,是山东省与河南省之间设立的生态补偿协议。2021 年,为加强黄河流域的生态环境保护上下游协作,山东与河南两省签订了《黄河流域(豫鲁段)横向生态保护补偿协议》,以两省交界处的黄河干流刘庄国控断面的水质监测结果作为计算依据,通过水质的变化情况来决定补偿方向和补偿金额。由于近两年,河南境内黄河干流的水质都稳定保持在 Ⅱ 类标准以上,属于优良水体,山东省无疑成为受益方。按照协议规定,山东省每年需要拿出一部分资金对上游的河南省进行相应补偿,两年一共补偿了 1.26 亿元,两省间所采取的这种省际生态补偿,是黄河流域首个跨省协作保护机制。

值得讨论的是,由于大气的流动性很强,很难确定污染来源,给大气质量的核实和计算带来了困难。当前,围绕大气生态保护补偿方面尚未有跨省区的实践案例。而土壤基本没有流动性,其污染和修复程度大都取决于本地因素,也难以开展省际生态补偿。但在化石能源开发过程中,可以很明确地划分受益方和开采方,且开采方确实承受明显的生态环境破坏,有必要建立横向生态转移支付制度,虽然已有学者进行了探讨和呼吁,但仍未见相关的制度规定出台。

4.3　环境财政投入(支出)制度

4.3.1　环境领域财权事权范围

中央文件对生态环境领域财政事权和支出责任划分提出了总体要求。主要内容是健全充分发挥中央和地方积极性的体制机制,适当加强中央在跨区域生态环境保护等方面事权,优化政府间事权和财权划分,建立权责清晰、财力协调、区域均衡的中央和地方财政关系,形成稳定的各级政府事权、支出责任和财力相适应的制度,坚决打好污染防治攻坚战,加快构建生态文明体系,推进生态文明体制改革,为推进美丽中国建设、实现人与自然和谐共生的现代化提供有力支撑。2020年6月12日,国务院办公厅发布了《生态环境领域中央与地方财政事权和支出责任划分改革方案》。

(1)生态环境领域财政事权与支出责任划分原则

第一,事权与支出责任划分遵循生态环境治理基本理论和规律。财政事权与支出责任划分要充分考虑生态环境治理的基本规律。在公共产品理论和可持续发展理论的指导下,对运行情况良好、管理行之有效的方案加以总结和确认,对存在问题的事项要充分论证,逐步调整和完善,稳步推进相关改革。

第二,事权与支出责任划分体现付出与收益对等原则。以隶属关系、影响范围、政策确定层级等依据,合理划分省、市与区县财政事权。全省范围内的重大事项,跨区域、流域事项,重点生态环境区域相关的事项应考虑省、市与地方共同承担。

第三,充分考虑各地区的财力状况,调动地方政府积极性。在落实中央、省政策的基础上,财政事权与支出责任划分要充分考虑各地区财政状况,合理使用财政转移支付工具对财力较为薄弱的地区进行补助,发挥好地区的区域管理优势和积极性,保障改革举措落实落地。

（2）生态环境领域财政事权与支出责任划分思路和依据

1）相关部门的日常运转。

相关部门的日常运转事权包括各地生态环境厅、生态环境局及区县各分局的日常运转支出，涵盖人员经费和公用经费等。根据生态环境领域的政府垂管机制特征，该事权应当属于省级、市级财政事权。

2）生态环境相关政策、规划、制度的制定。

根据事权与支出责任划分体现付出与收益对等原则，考虑各地区现实财力状况。省（市）级财政事权有：制定当地生态环境政策和总体规划并组织实施；编制并监督实施区域内重点区域、流域、饮用水水源地生态保护规划；全省（市）应对气候变化规划以及温室气体清单编制、水功能区划；制定全省（市）生态环境标准和技术规范。基层财政事权主要指制定区县生态环境规划制度。

3）生态环境监测、执法、督察整改工作。

生态环境监测。该项事权主要包括：规划建设全省（市）生态环境质量监测网点的建设和维护；组织实施全市生态环境质量监测、污染源监督性监测、温室气体减排监测、应急监测和各类专项监测；组织对全省（市）生态环境质量状况进行调查评价、预警预测。根据生态环境治理基本规律，以及保障各单位工作独立性，将该事项全部划分为省（市）级财政事权。

生态环境执法。该项事权主要包括：组织开展全省（市）生态环境保护执法检查活动，查处全省（市）重大生态环境违法行为；负责省（市）级生态环境领域主导工程项目的安全生产监督管理工作；负责全省（市）生态环境保护综合执法队伍建设和业务工作。根据生态环境治理基本规律，以及保障各单位工作独立性，将该事项全部划分为省（市）级财政事权。

生态环境督察整改。该项事权主要包括：联系协调省委生态环境保护督察工作，协调督办中央和省委生态环境保护督察及后督察反馈意见的整改落实；承接中、省生态环境综合督察和专项督察；承担省（市）生态环境保护督察工作领导小组办公室、省（市）生态环境保护督察整改工作领导小组办公室的日常工作。根据生态环境治理基本规律，以及保障各单位工作独立性，将该事项全部划分为省（市）级财政事权。

4）生态环境管理事务与能力建设工作。

生态环境管理事务与能力建设工作主要包括 9 项，即地区规划和建设项目环境影响评价管理、技术评估及事中事后监管；地区重点污染物减排和环境质量改善等生态文明建设目标评价考核；控制污染物排放许可制的地区监督管理；行政区域内的排污权有偿使用及交易；省（市）级审核的重点企业清洁生产评估和验收；生态受益范围地域性较强的地区生态环保修复的指导协调和监督；地区辐射安全监督管理；地区范围生态环境宣传教育、环境信息化建设及信息发布；控制温室气体排放。

第一，地区规划和建设项目环境影响评价管理、技术评估及事中事后监管。根据事权和支出责任划分体现付出和收益对等原则,划分的地区财政事权包括:全地区重大经济和技术政策、发展规划以及对重大经济开发计划进行环境影响评价、技术评估及事中事后监管;审批或审查全地区重大开发建设区域、规划、项目环境影响评价文件;拟订并组织实施全地区生态环境准入清单。根据辖区管理原则,区县级财政事权包括按权限审批建设项目环境影响评价文件、落实环境准入制度。

第二,地区重点污染物减排和环境质量改善等生态文明建设目标评价考核。根据事权与支出责任划分体现付出和收益对等原则,地区财政事权包括:协调承担全地区重大环境污染事故、生态破坏事件和违反环境保护法规行为的调查处理;制定地区突发环境事件应急预案;指导协调各区县、开发区突发环境事件应急预案的拟订及处置相关工作;指导实施全地区生态环境损害赔偿工作。市级和区县级共同财政事权包括:全市范围内重点区域、流域生态环境保护工作;解决跨区域、流域环境污染纠纷。根据属地原则,县级财政事权包括:协调辖区环境污染事故和违反环境保护法规行为的调查处理;制定辖区突发环境事件应急预案,落实应急处置工作;配合属地政府执行生态环境损害赔偿制度。

第三,控制污染物排放许可制的地区监督管理。根据事权与支出责任划分体现付出和收益对等原则,各地区财政事权包括:组织制定并落实全地区污染物排放总量控制、排污许可证制度并监督实施;确定全地区大气、水等纳污能力;提出实施总量控制的污染物名称和控制指标;监督检查各区县、开发区污染物减排任务完成情况。根据属地原则,县区级财政事权包括落实污染物排放总量控制指标和排污许可证制度。

第四,行政区域内的排污权有偿使用及交易。根据事权和支出责任划分体现付出和收益对等原则,省(市)级的财政事权包括监督管理排放权有偿使用及交易。

第五,省(市)级审核的重点企业清洁生产评估和验收。根据属地原则,省(市)级的财政事权包括负责省(市)级重点企业的清洁生产评估和验收,县级审核的重点企业清洁生产评估和验收为区县事权。

第六,生态受益范围地域性较强的地区生态保护修复的指导协调和监督。根据坚持生态环境保护优先和考虑区县现实财力状况原则,地区财政事权包括:指导和监督对生态环境有影响的自然资源开发利用活动、重要生态环境建设和生态破坏恢复工作;协调落实全地区各类自然保护地生态环境监管制度并监督执法;监督全地区野生动植物保护、湿地生态环境保护工作;监督生物技术环境安全,牵头生物物种(含遗传资源)工作;组织协调生物多样性保护工作;参与生态保护的补偿工作。根据提高区县积极性原则,区县级财政事权包括:落实辖区各类自然资源保护地生态环境监管制度;指导镇、村(社区)生态示范创建;指导、协调和监督农村生态环境保护工作。

第七,地区辐射安全监督管理。根据事权与支出责任体现付出与收益对等,并考虑到县区级财力状况,划分的地区财政事权包括:制定省(市)级地方性辐射安全法规和政府规章草案并组织实施;根据权限监督管理全市核设施和放射源安全;监督管理核设施、核技术应用、电磁辐射、伴有放射性矿产资源开发利用中的污染防治;负责生产、销售、使用放射性同位素与射线装置单位的安全防护和统一监督管理。监督管理全地区核材料的管制和民用核安全设备的设计、制造、安装和无损检验活动。区县级财政事权包括按权限监督管理辖区核与辐射安全和核技术利用单位。

第八,地区范围生态环境宣传教育、环境信息化建设及信息发布。根据事权与支出责任划分体现付出与收益对等原则,划分的省(市)级财政事权包括:组织建设和管理全省(市)生态环境信息网;建立生态环境大数据平台;建立实行生态环境质量公告制度;统一发布全市环境综合性报告和重大生态环境信息;制定并组织实施生态环境保护宣传教育纲要;开展全省(市)生态环境科技工作,组织生态环境科学研究和技术工程示范;建设全省(市)生态环境技术体系;组织环境科技成果的推广交流。根据各区县实际财力状况,区县级财政事权包括配合建设辖区生态环境信息网。

第九,控制温室气体排放。省(市)级财政事权包括:制定全市应对气候变化及温室气体减排规划,控制全省(市)温室气体排放。区县级财政事权包括执行辖区应对气候变化及温室气体减排战略、规划和政策。

5)环境污染防治工作。

在付出与收益对等原则的指导下,遵循生态环境治理的基本规律,结合其他地市的划分经验,省、市与区、县共同财政事权包括:放射性和电磁辐射污染防治、辐射事故应急监测与救援;影响较大的重点区域大气污染防治;主要支流以及影响较大的重点区域水污染防治;重要生态功能区域的污染防治和生态保护事项。根据辖区属地原则,划分的区县级财政事权包括:辖区内土壤、固体废物、化学品、地下水、区县区域性大气和水、噪声、光和恶臭等的污染防治;监督指导农业农村污染治理工作。

6)生态环境领域其他事项。

该项事权主要为研究制定地区生态环境领域地方性政策。根据属地原则,省(市)级财政事权为制定全省(市)性环境领域政策。

(3)生态环境领域财政事权与支出责任划分的实践

各地的划分思路均以中央文件的精神作为纲领,在生态环境保护领域,对其省级、市级和县级的财政事权和支出责任进行了划分。同时,各个城市又根据本地地形地貌、气候环境、重点保护区域不同,划分方案在大体相同的情况下,因地制宜地进行了划分,具有本城市特点。例如,天津市位于京津冀地区,又地处渤海海域以及海河流域,将海洋生态环境规划等事权交由市级财政承担,对于区域内的入河入海排污口进行了分类,分为市级和区级排污口,分别进行管理。而青岛市的划分方案中注重保护海洋生态环境,将入海排污口设置为市和县共同事权。此外,针对危险废物的处理,青岛市将通过市场机制无法解决或社会资本缺乏投资意愿的部分危险废物,采用市与区县共同事权。邢台市地处京津冀地区,是蓝天保卫战的重点地区。针对其工业生产可能出现的危险废物处理,邢台市划分为市级事权。此外,还将本区域内的重点河流滏阳河以及跨区域水体划分为市县共同事权。

接下来,我们主要以调研过程中总结的陕西省和西安市实践为例。根据《国务院办公厅关于印发生态环境领域中央与地方财政事权和支出责任划分改革方案的通知》(国办发〔2020〕13号)和《陕西省人民政府办公厅关于印发生态环境领域省级与市县财政事权和支出责任划分改革方案的通知》(陕政办发〔2021〕2号)的相关内容,生态环境领域政府事权包括生态环境规划制度制定、生态环境监测执法、生态环境管理事务与能力建设、环境污染防治以及生态环境领域其他事项。

目前,在生态环境领域,陕西省与西安市(及各区县)政府共担的事权具体有:放射性和电磁辐射污染防治、辐射事故应急监测与救援;影响较大的重点区域大气污染防治;黄河主要支流以及影响较大的重点区域水污染防治;秦岭等具有重要生态功能区域的污染防治和生态保护事项。

西安市及区县政府承担的财政事权,在生态环境规划制度制定方面,主要有市县生态环境规划制度的制定;在生态环境监测执法方面,主要有市县区域性生态环境监测、执法检查和督察整改;在生态环境管理事务与能力建设方面,主要有市县规划和建设项目的环境影响评价管理、技术评估及事中事后监管,市县重点污染物减排和环境质量改善等生态文明建设目标评价,控制污染物排放许可制的市县监督管理,行政区域内的排污权有偿使用及交易,市级审核的重点企业清洁生产评估和验收,生态受益范围地域性较强的市县生态保护修复的指导协调和监督,市县辐射安全监督管理,市县范围生态环境宣传教育、环境信息化建设及信息发布、控制温室气体排放;在环境污染防治方面,有土壤污染防治,农业农村污染防治,固体废物污染防治,化学品污染防治,地下水污染防治以及市县区域性大气和水污染防治,噪声、光、恶臭等污染防治;生态环境领域其他事项主要有研究制定市县生态环境领域地方性政策。

除了省政府文件中划分的财政事权外,西安市生态环境局还承担了本级部门及区县分局各部门日常运转支出。这一事权由生态环境局的垂管机制导致。垂管机制指区县各分局的工作主要由西安市生态环境局委派(《西安市生态环境局分(县)局职能配置内设机构和人员编制规定》第十三条:完成西安市生态环境局交办的其他任务)。在该机制下,各区县分局工作的独立性可以得到有效保证,鉴于各区县分局工作主要以监督和检查为主,垂管机制的设计可以保障其工作不受地方干扰。

以陕西省、西安市为例,各级政府的事权范围划分如图4-1~图4-3所示。

```
                                        ┌─────────────────────────┐
                                 ┌─────▶│ 国家生态环境规划          │
                                 │      └─────────────────────────┘
                                 │      ┌─────────────────────────┐
     ┌──────────────┐    ┌──────┐│─────▶│ 跨区域生态环境规划        │
     │ 生态环境规划制度制定 │───▶│中央事权│├─────▶┌─────────────────────────┐
     └──────────────┘    └──────┘│      │ 重点流域海域生态环境规划   │
                                 │      └─────────────────────────┘
                                 │      ┌─────────────────────────┐
                                 └─────▶│ 影响较大的重点区域生态环境规划和国家│
                                        │ 应对气候变化规划制定        │
                                        └─────────────────────────┘
```

生态环境规划制度制定 → 中央事权 →	国家生态环境规划
	跨区域生态环境规划
	重点流域海域生态环境规划
	影响较大的重点区域生态环境规划和国家应对气候变化规划制定
生态环境监测、监督、执法 → 中央事权 →	国家生态环境监测网的建设与运行维护
	生态环境法律法规和相关政策执行情况及生态质量责任落实情况监督检查
	全国性的生态环境执法检查和监督
生态环境管理事务与能力建设 → 中央事权 →	国务院有关部门负责的规划和建设项目的环境影响评价管理及事中事后监管
	全国性的重点污染物减排和环境质量改善等生态文明建设目标评价考核
	全国入河入海排污口设置管理
	全国控制污染物排放许可制、排污权有偿使用和交易、碳排放权交易的统一监督管理
	全国性的生态环境普查、统计、专项调查评估和观测
	具有全局性和战略性意义生态受益范围广泛的生态保护修复的指导协调和监督
	核与辐射安全监督管理
	全国性的生态环境宣传教育
	国家重大环境信息的统一发布
	生态环境相关国际条约履约组织协调等事项
环境污染治理 → 中央事权 →	重点流域海域生态环境规划
→ 中央与省级共享事权 →	放射性污染防治
	影响较大的重点区域大气污染防治,长江、黄河等重点流域以及重点海域、影响较大的重点区域水污染防治
其他事项 → 中央事权 →	研究制定生态环境领域法律法规和国家政策、标准、技术规范
生态环境领域国际合作交流(外事领域改革方案执行)	

左侧总标题：**生态环境领域中央政府事权范围**

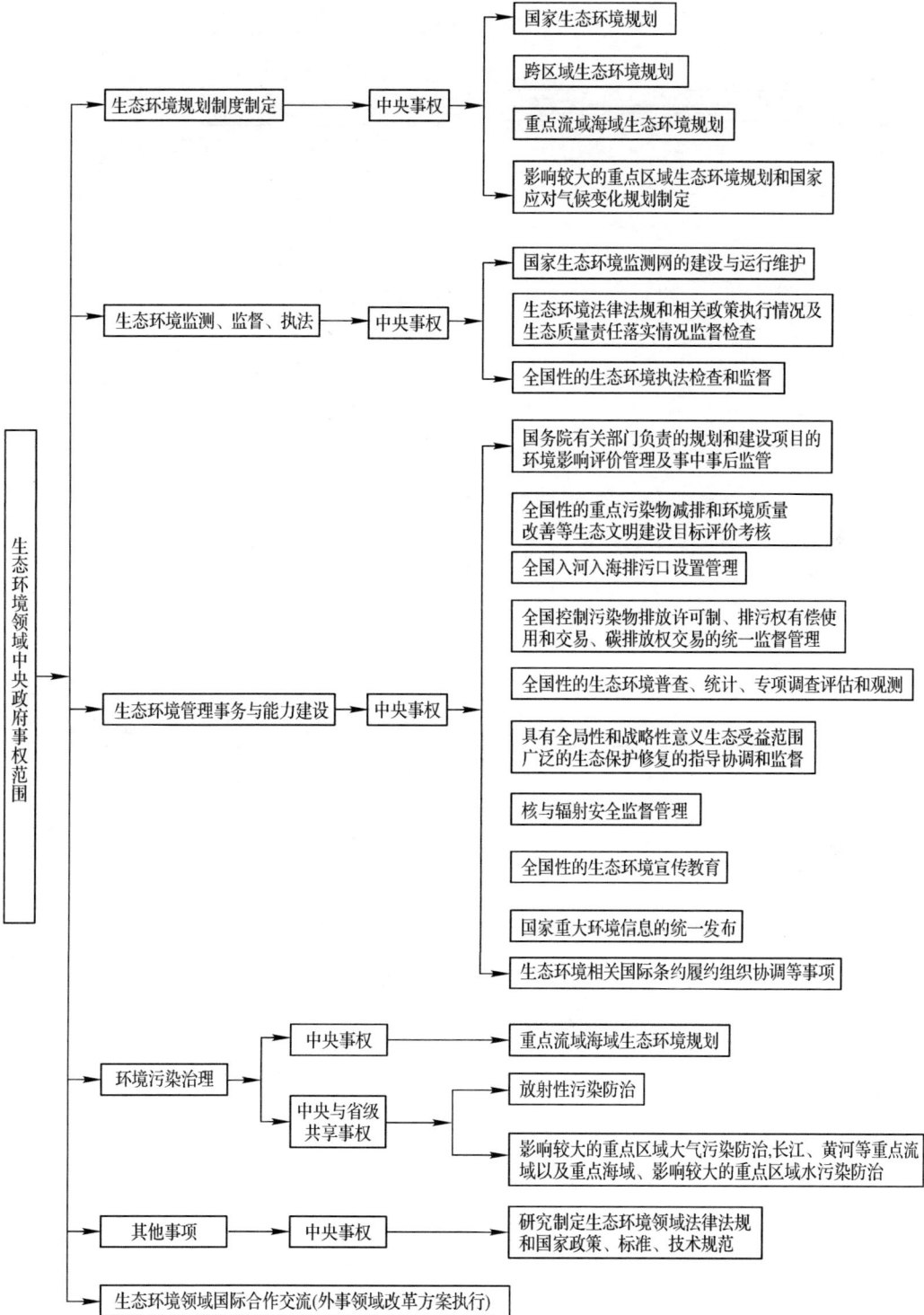

图 4-1　生态环境领域中央政府事权范围

生态环境规划制度制定 → 省级事权
- 全省生态环境保护总体规划及专项规划
- 跨区域生态环境保护规划
- 重点生态功能区生态保护规划
- 全省应对气候变化规划以及室温气体清单编制
- 全省水功能区划制定

生态环境监测、监督、执法 → 省级事权
- 省控生态环境监测网建设与运行维护
- 支撑省级考核的专项监测
- 生态环境法律法规和相关政策执行情况及生态环境质量责任落实情况监督检查
- 全国性的生态环境执法检查和督察

生态环境管理事务与能力建设 → 中央事权
- 省政府有关部门负责的规划和建设项目的环境影响评价管理、技术评估及事中事后监管
- 全省生态环境准入清单管理
- 全省性的重点污染物减排、污染防治攻坚战成效等生态文明建设目标评价考核
- 全省入河排污口设置管理
- 全省较大及以上环境污染事件和生态破坏事件调查处理
- 全省控制污染物排放许可制、排污权有偿使用和交易、碳排放权市场交易及第三方碳核查的统一监督管理
- 全省大气、水等主要环境要素纳污能力确定
- 全省生态环境普查、统计、专项调查评估和观测预测预报等
- 省级审核重点企业清洁生产评估和验收
- 具有全省战略性意义、生态受益范围广泛的生态保护修复的指导协调和监督
- 省级核与辐射安全监督管理
- 全省性的生态环境宣传教育
- 省级重大环境信息化建设及信息的统一发布
- 全省生态环境相关国际条约履约组织协调等事项

环境污染治理 → 省级事权适当加强
- 秦岭、汾渭平原、汉丹江、黄河主要支流(渭河、延河、北洛河、无定河等)重点区域、流域生态环境保护和治理

其他事项(法规、政策和标准6类) → 省级事权
- 研究制定全省生态环境领域法规、政策和标准、技术规范
- 建设省级生态环境诚信体系以及建立失信清单制度

生态环境领域陕西省政府事权范围

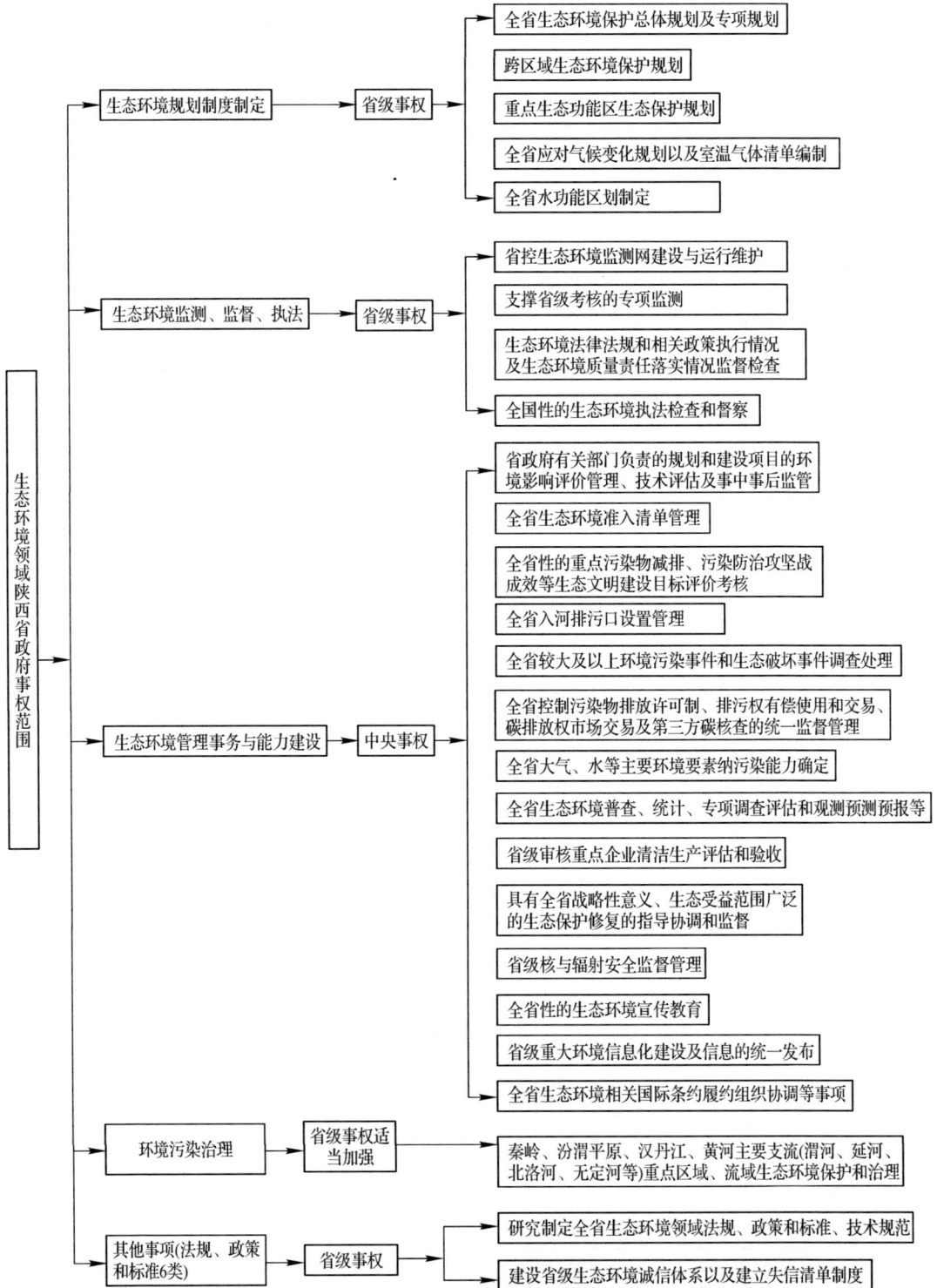

图 4-2 生态环境领域陕西省政府事权范围

生态环境领域西安市及区县政府事权范围

- 保障部门日常运转 → 市生态环境局及各区县分局相关部门日常运转
- 生态环境规划制度制定 → 研究制定市县生态环境规划制度
- 生态环境监测、督查、执法 → 市县区域性生态环境监测、执法检查、督察整改
- 生态环境管理事务与能力建设
  - 市县规划和建设项目的环境影响评价管理、技术评估及事中事后监管
  - 市县重点污染物减排和环境质量改善等生态文明建设目标评价考核
  - 控制污染物排放许可制的市县监督管理
  - 行政区域内的排污权有偿使用及交易
  - 生态环境管理事务与能力建设市级审核的重点企业清洁生产评估和验收
  - 生态受益范围地域性较强的市县生态保护修复的指导协调和监督
  - 市县辐射安全监督管理
  - 市县范围生态环境宣传教育、环境信息化建设及信息发布
  - 控制温室气体排放
- 环境污染防治
  - 省级与市县级共同事权
    - 放射性和电磁辐射污染防治、辐射事故应急监测与救援
    - 影响较大的重点区域大气污染防治
    - 黄河主要支流以及影响较大的重点区域水污染防治
    - 秦岭等具有重要生态功能区域的污染防治和生态保护事项
  - 市县级市权
    - 土壤污染防治
    - 农业农村污染防治
    - 固休废物污染防治
    - 化学品污染防治
    - 地下水污染防治
    - 市县区域性大气和水污染防治
    - 噪声污染防治
    - 光污染防
    - 恶臭污染防治
- 生态环境领域其他事项 → 研究制定市县生态环境领域地方性政策

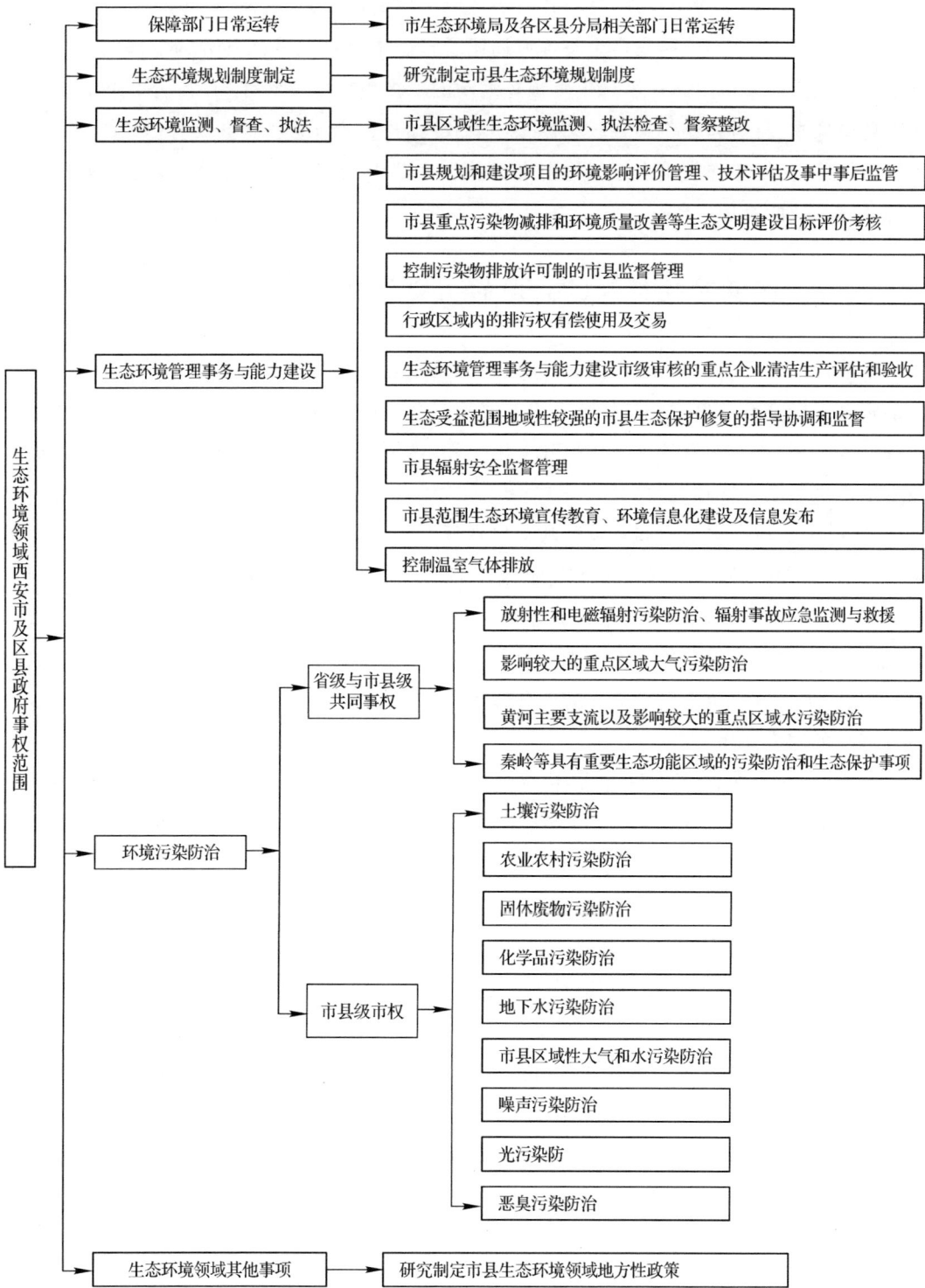

图 4-3　生态环境领域西安市及区县政府事权范围

项目组成员在调研中发现,基层政府的环境事权责任较大。以西安市为例,除了陕西省政府划分的财权事权外,西安市生态环境局还承担了本级部门及区县分局各部门的日常运转支出。纳入西安市生态环境局年度预算编制的二级预算单位共有 61 个,不仅包括西安市生态环境局本级机构,还包括各区县生态环境分局的相关部门,各区县政府相关部门的日常运转、污染防治等工作的支出责任均由市级财政承担,区县政府几乎不介入(或者很少介入)生态环境领域的管理工作。

4.3.2　环境财政投入(支出)的主要措施

本节提出的环境财政投入(支出)政策指的是生态环保领域相关的财政支出安排,从目前的资金安排来看这里主要是指预算内的财政资金。环境财政预算支出主要用于资源地环境的恢复治理,在能源资源地环境财政支出方面,主要以地方财政支出为主,中央和省级财政支出仅进行部分转移支付。

首先,我们先来看政府间环境财政支出责任划分,应遵循"一级政府、一级事权、一级财权、一级权益"的原则。政府环境事权范围应当与环境问题的影响范围(外溢性范围)相适应。影响范围限于特定行政管辖区的环境问题,属于地方性环境服务,地方政府负责筹资和组织提供或实施;如果环境影响范围是跨行政区的,甚至是全国范围的,就是全国性公共物品,应该由中央政府负责。中央政府的环境事权,主要是解决跨行政区、跨流域、具有明显外部性特征的国家环境事务。

其次,从政府财政支出科目来看,2006 年,财政部制定的《政府收支分类改革方案》及《2007 年政府收支分类科目》将环境保护作为类级科目纳入其中,使环境保护在财政支出中第一次有了户头。"211 环境保护"支出科目体系的正式建立,是环境保护财政预算支出重要保障,包括环境保护管理事务支出、环境监测与监察支出、污染治理支出、自然生态保护支出、天然林保护工程支出、退耕还林支出等 10 款 48 项。2009 年,能源节约利用、污染减排、可再生能源、资源综合利用等也相继纳入"211 预算科目",修改后的环境保护预算科目共包括 14 款 57 项。2010 年,政府收支分类科目中将能源管理事务也纳入"211 环境保护"预算科目,共包括 15 款 70 项。当然,在其他支出科目里也存在部分小的科目与环境保护有关,例如 205 教育支出里涉及生态环境保护教育的一些支出。

从狭义范围讲,环境财政支出主要包括以增加环境基础设施投资与工业污染源治理为主要方式的环境污染治理投资。从广义范围讲,环境财政支出还应包括节能环保支出,因为节能环保支出包括了环境保护管理事务、环境监测与监察等环境污染治理的"过程监管"以及能源节约利用、可再生能源、循环经济、能源管理事务等环境污染治理的"源头控制",尽管其也具有能源资源节约与生态环境保护的作用,但"过程监管"与"源头控制"不确定性太高,与直接针对环境污染物治理的"末端治理"相比,其对环境污染的控制具有间接性与不确定性。在 2007 年之前,我国财政支出中没有独立的节能环保支出项目,具有环境保护作用的支出主要散见于其他支出科目中。2007 年我国财政收支分类科目改革后,节能环保支出首次以单独的形式列支出来①。2014 年我国预算改革后,政府预算由一般公共预算、政府性基金预算、国有资本经营预算和社会保险基金预算四本预算构成,四本预算多有涉及节能环保的相关内容,尤其是政府性基金预算中的污水处理费安排支出、船舶油污损害赔偿基金支出、可再生能源电价附加收入安排的支出等,都具有一定程度的生态环境保护作用。但政府性基金预算支出在不同时期、不同地区有不同的规定,其中一些项目支出在各地并不统一,即使有支出项目,各地数据缺失也较为严重。另外,政府性基金预算支出受政策影响项目调整较为频繁,鉴于以上原因并未将其纳入环境财政支出的范围。由于一般公共预算支出信息完整、时间连续、体系完善而被学界使用最多,因此,本书在衡量环境财政支出水平时,也主要使用一般公共预算中的节能环保支出。

以陕西省生态环境厅的支出目录为例观察,占比较大的科目分别是 21101 环境保护管理事务、21102 环境监测与监察、21103 污染防治和 21111 污染减排,而占比较小的则是 21104 自然生态保护、215 资源勘探工业信息等支出。

根据上文环境财政支出范围的讨论,我们将环境污染治理投资额与一般公共预算支出中节能环保支出的总和作为衡量环境财政支出水平的指标。根据《我国统计年鉴》相关数据可以看出 2010—2021 年我国环境财政支出规模(见表 4 - 6)。可以看出,2010—2021 年,我国环境财政支出总量从 10 054.18 亿元增加到 15 016.94 亿元,环境财政支出规模总体上呈现增长趋势,12 年间环境财政支出总量增加了 4 962.76 亿元,平均每年增加 413.56 亿元。但从表 4 - 6 也应该看到,环境财政支出增长率与环境财政支出占 GDP 的比重尽管在 2010—2021 年有所波动,但总体上却呈现下降态势。我国环境财政支出增长率在 2010—2021 年呈现不稳定的波动状态,其中有 3 年为负增长,即使在正增长年份中,环境财政支出增长速度也并不快,而且从总体上看,在过去的 12 年间,环境财政支出增长率总体上呈现下降的态势。环境财政支出自身增长速度不高导致环境财政支出在 GDP 中的比重也呈现出不断下降的趋势,环境财政支出在 GDP 中的比重在 2010—2021 年几乎是一路下行,从 2010 年最高的 2.44% 一直下降到 2021 年 1.31%,下降了 1.13%,反映了我国在治理环境污染方面缺乏持久性。

综上,我国环境财政支出规模尽管总量在增加,但其增加速度以及占 GDP 的比重仍然不高且持续下行,不仅远低于发达国家 20 世纪 70 年代的政府投入水平,而且与我国教育、医疗卫生、社会保障和就业等民生性财政支出占比也相差较大。根据 2022 年《中国统计年鉴》整理计算,2021 年一般公共预算支出中的教育支出、卫生健康支出、社会保障和就业支

---

① 2007 年财政收支科目改革后,新增了"环境保护支出"科目,2011 年重新更名为"节能环保支出"科目。

出总额分别为 37 468.85 亿元、19 142.68 亿元、33 788.26 亿元,占 GDP 的比重分别为 3.28%、1.67%、2.95%,远高于环境财政支出占 GDP 比重 1.31%[①]。因此,我国环境财政支出规模从总体上看很难有效保障能源资源节约与生态环境保护目标的实现。

表 4 - 6   2010—2021 年我国环境财政支出规模

年份	环境财政支出/亿元	环境财政支出占 GDP 比重/%	环境财政支出增长率/%
2010	10 054.18	2.44	—
2011	9 754.98	2.00	−2.98
2012	11 216.96	2.08	14.99
2013	12 472.35	2.10	11.19
2014	13 391.14	2.08	7.37
2015	13 609.19	1.98	1.63
2016	13 954.62	1.87	2.54
2017	15 156.33	1.82	8.61
2018	15 085.21	1.64	−0.47
2019	16 542.10	1.68	9.66
2020	16 972.30	1.67	1.51
2021	15 016.94	1.31	−11.52

数据来源:根据历年《中国统计年鉴》整理。

前文分析了环境治理的事权分配情况,所以,我们还需要观察 2010—2021 年我国一般公共预算支出中节能环保支出的具体情况,中央节能环保支出无论是从绝对规模,还是从相对比重都远远小于地方节能环保支出(见表 4 - 7)。以 2021 年为例,在一般公共预算支出中,中央节能环保支出占节能环保支出的比重仅为 4.96%,地方节能环保支出占节能环保支出的比重则高达 95.04%,这是在近几年中央节能环保支出占节能环保支出比重不断提高的情形下的结果。2012 年中央节能环保支出占节能环保支出的比重只有 2.15%,而当年地方节能环保支出占节能环保支出的比重则达到了 97.85%。因此,我国节能环保支出主要是依靠地方政府为主体的支出,尽管地方政府对辖区内生态敏感区域的具体信息掌握更充分,对

[①]   这里环境财政支出的比重是指环境污染治理投资与一般公共预算中节能环保支出的总和与 GDP 的比值,如果与其他支出口径相同,只论一般公共预算中的节能环保支出,那这一比值将更小。2021 年一般公共预算中节能环保支出为 5525.14 亿元,占 GDP 的比重仅为 0.48%,远远低于教育、医疗以及社会保障等民生性支出在 GDP 中的比重。

环境保护与节能降耗支出更及时,但中央节能环保支出占节能环保支出比重过低,也会导致节能环保事务的区域协调较困难。环境保护事务作为区域性公共物品,离不开不同地区之间的协调配合,中央节能环保支出占比过低势必会带来区域间环境保护事务协调不足的问题,从而无法真正实现节能环保。另外,以地方政府作为节能环保支出的绝对主体,还可能由于地方政府财政收入的不均衡而导致不同地方政府间节能环保支出的苦乐不均,财政收入水平高的地方节能环保支出资金更充裕,财政收入水平低的地方节能环保支出资金较贫乏,地方节能环保支出资金经常被挤占,从而不利于全国范围内能源资源节约与生态环境保护目标的真正实现。

表 4-7 2010—2021 年中央与地方节能环保支出结构

单位:%

年份	中央节能环保支出占节能环保支出比重	地方节能环保支出占节能环保支出比重
2010	2.85	97.15
2011	2.81	97.19
2012	2.15	97.85
2013	2.92	97.08
2014	9.03	90.97
2015	8.34	91.66
2016	6.24	93.76
2017	6.24	93.76
2018	6.79	93.21
2019	5.70	94.30
2020	5.44	94.56
2021	4.96	95.04

数据来源:根据历年《我国统计年鉴》整理。

除了直接的环境治理财政支出,政府绿色的财政补贴和政府采购也在环境财政支出的范畴。其中,政府的环境财政补贴主要是为了解决环保问题或者促进绿色的发展,对企业环保设备购置或升级、环保工艺改进的一种政府补贴行为,常见的形式主要有支付现金、直接财政补贴以及税收激励和豁免。而绿色的政府采购也是意在促使企业在其日常的生产、投资和销售活动中体现绿色理念、实践绿色行为而进行的采购,例如发布节能和环保产品清单的内容。由于项目组更多的是关注资源地生态环境体系的完善,所以,未对绿色补贴和绿色采购进行过多的讨论。

4.4　本章小结

本章重在梳理我国生态文明建设的环境财政制度体系,不仅包括对现有制度体系的介绍,还包括各地的一些实践做法。首先,分别介绍了环境财政收入方面的矿业权收益、税费收入以及横向和纵向生态补偿转移支付政策,而在环境财政支出方面,我们主要介绍了环境财政投入政策,生态环境领域财权、事权和支出责任的划分情况以及环境财政投入(支出)的主要措施。

5 我国生态文明建设环境财政制度的评价分析

在这一部分,我们对现行中国生态文明建设环境财政制度的评价主要考虑以下三个方面:一是事前管理,主要指的是环境财政资金的来源问题,也就是租税费收入的设计;二是事中管理,主要指的是环境财政资金的支出行为;三是事后管理,主要指的是对环保资金使用管理的外部监督制度,以及对环境财政资金的实际使用效果进行分析①。

中国生态文明建设的过程,在某种程度上可以理解为"资源—环境—经济"系统的不平衡发展与平衡发展,这在著名的库兹涅茨曲线中也得到类似的结论。我们遵从新制度经济学"制度—行为—绩效"的思维逻辑,在现有的财政环境制度体系设计下,地方政府会在资源开采、经济发展和污染排放(治理)中确定优先发展的一方以及如何在三者之间寻求平衡发展。考虑到中国经济在过去的一段时间内处于追赶超越过程,对经济发展的诉求较大,而环境污染问题并非优先发展选项,环境污染问题越发严重。因此,我们选择首先评估当前的财政分权制度对环境污染的实际影响,再评估当前"资源—环境—经济"的协调发展程度,进而思考背后的环境财政制度安排。此外,除了分析现行的环境财政制度对生态环境治理的效果,这主要指向财政治理资金的来源问题,我们还需要关注环境财政资金的使用效率问题,也就指向了环境财政资金的事后监督问题,这也理应成为生态文明建设环境财政制度的一个组成部分。这里我们主要考虑"硬约束"的审计制度和"软约束"的媒体关注,是否能促进生态环境的治理。

5.1 财政分权制度对环境污染的影响

5.1.1 模型设计

中国当前施行的生态文明建设环境财政制度,其最核心的部分在于财政收入和支出的

---

① 这里要说明的是,我国当前对环保资金专门的监督机制尚未完全建立,在强调经济高质量发展后,环境保护的地位才开始提升,我国当前还处在环保事业开始投资、环境开始有效治理阶段,对资金的监管步伐还较慢。环境财政制度能作为有效监督的力量就在于政府审计和媒体的监督。

制度安排,也即指向了财政分权制度。理解中国经济发展的诸多问题,尤其是涉及中央与地方关系的研究,都离不开对财政分权制度的思考。

根据前文提及的研究思路,我们需要考察现行的财政分权制度设计是否有利于降低环境污染,以期为本研究提供更多的支撑材料。基于项目组研究需要以及现有的文献,构造出计量模型如公式(5-1)所示:

$$EP_{it} = \alpha + \beta_1 \cdot FD_{it} + \beta_2 \cdot X_{it} + c_i + \mu_{it} \qquad (5-1)$$

其中,i 表示城市,t 代表时间,c_i 表示不可观测的城市特征,μ_{it} 为随机扰动项。EP_{it} 表示城市 i 第 t 年的环境污染指标,也就是作为环境质量指标;β_1、β_2 为系数;FD_{it} 表示的是城市 i 第 t 年的财政分权指标。

5.1.2　样本选取和变量选择

限于城市层面数据的完整性,本章的控制变量选取了环境规制(PR)、第二产业占比(S)、人均土地面积(P)和对外开放水平(OPEN)四个变量。环境规制越强,环境污染的排放应该越低。由于污染物主要来自第二产业,所以产业结构变量利用第二产业产值与三次产业总产值之比。"环境污染天堂"假说认为一个地区的对外开放水平会影响环境质量。为了观察地方官员会不会由于 GDP 考核机制而降低环境标准引入污染型企业(Cole,2006),本章采用城市实际利用外资额占国民生产总值的比例衡量对外开放水平,其中实际利用外资额以年平均中美汇率换算为人民币为计量单位,汇率值来源于《中国统计年鉴》。而土地的净化能力也是我们需要考虑的因素之一,被纳入控制变量中。

考虑到财政分权制度在每个资源省份的实施是一致的,为了更好地贴合本章的研究对象,西部地区面临的资源开采、环境问题更为严重,而且是我们重点研究的城市范围,因此,我们选择的是西部地区[①]城市层面的面板数据来验证财政分权制度的实际绩效。

结合相关理论和已有文献,对于各项系数进行一个假定预期:β_1 表示分权程度对于环境质量的影响,一般认为分权有利于环境规制,因为地方政府拥有信息优势,所以应该是有利的。但是部分研究也表明,我国地方政府一般具有过多的独立性,如果地方政府注重经济效益而存在"有污不治"的行为,甚至存在保护污染企业的现象(陈宝东、邓晓兰,2015),分权对于地方政府的环境污染可能是正向的,故其方向可能是不明的。控制变量中,在环境规制对环境质量的影响方面,一般认为环境规制越严格,越能够降低环境污染程度,所以预期符号为负。在第二产业占国内生产总值的比重对环境污染的影响方面,第二产业主要是指工业为主,所以一般认为第二产业比重越大,污染程度越高,也就是环境质量越差,因而预期为正。人均拥有的土地面积的影响,一般情况下,人均土地面积越大,相对应的环境的净化能

---

① 西部地区大多是我国的能源大省,且考虑到数据的完整性,西藏自治区并没有在样本范围内。

力也就越强,因而,其对于环境污染可能是负向影响。而对外开放水平,可能引进了先进的环保技术,也可能由于GDP考核机制而降低环境标准引入污染型企业,所以,符号的正负预期也不明。

财政分权指标 FD_{it} 是本书的一个重点观察的解释变量。我国的环境规制政策的制定都是在特有的分权条件下进行的,也就是影响环境质量的其中一个因素是财政分权,财政分权作为中央与地方之间的制度安排,从经济分权角度表明了地方政府的财政自由性的大小。财政越分权,地方政府相对越自由,就越可能根据自身偏好去行动,而财政指标的构造一直存在着争议。Lin & Liu(2000)曾以边际留成比率,即由省级政府从财政收入的增加额中的提取比率来代表财政分权度,但是这一数据忽略了中央政府对地方政府的干预,比如财政的转移支付等。张宴和龚六堂(2005)认为,财政分权指标是采用各省级人均预算内本级财政支出与中央预算内本级人均财政支出之比来度量财政分权,避免财政支出与人口规模之间可能存在正相关关系。陈钢、李树(2009)把财政分权指标划分为收入指标与支出指标两个方面,并且支出收入指标分为各省预算内本级政府财政收入占该省GDP总额比和各省预算内本级政府财政收入。同样,支出指标中用了各省预算内本级政府财政支出占该省GDP总额的比率以及各省预算内本级政府人均财政支出。而邓可斌和丁红菊(2009)认为,运用人均各省本级财政支出占人均总财政支出的比例来度量分权程度。其中,人均总财政支出等于人均各省本级财政支出与人均中央本级财政支出总和,该指标可以剔除人口规模的影响,又可以排除中央对地方的转移支付的影响。总体来看,指标的选择围绕财政收入和财政支出两个变量,收入分权度反映了传统意义上的财政分权,而支出分权度体现的是实际财政分权程度(陈刚、李树、余劲松,2009),但仅选用支出指标衡量分权会高估分权程度,而仅选用收入指标衡量分权会低估分权程度(龚锋、雷欣,2010)。

财政收入分权体现的是上下级政府在收入分配上的权利大小,主要表现在税收的分权,而税收分权会引起上下级政府以及同级政府间的税收竞争(周业安、赵晓男,2002;沈坤荣、付文林,2006)。收入分权度越大,地方政府获得可支配的财政收入越多,因此,地方政府有动力鼓励地区内的企业发展,其中包括污染企业,会加剧环境污染。财政支出分权反映的是不同层级政府对财政资源的配置,支出分权度越大说明地方政府对财政支出的自主性越强,而由于不同层级政府的财政投向并不完全相同,受GDP考核机制的影响,下级政府会更愿意投向生产领域,而较少投向教育、环境保护等领域,从而不利于环境保护。具体的计算公式如公式(5-2)和公式(5-3)。

$$财政收入分权度 = \frac{市级人均财政收入}{市级人均财政收入 + 省级人均财政收入 + 全国人均财政收入}$$

$$(5-2)$$

$$财政支出分权度 = \frac{市级人均财政支出}{市级人均财政支出 + 省级人均财政支出 + 全国人均财政支出}$$

$$(5-3)$$

环境污染指标 EP_{it} 代表着我国的环境质量，一般都是以工业污染作为一个国家的环境污染程度。虽然生活污染的排放也不断地增加，考虑到生活污水排放数据的可得性，项目组还是以工业污染作为环境质量指标。而工业污染包括废水、废气和废物等。考虑到数据的可得性，我们选择了工业废水污染排放量（EP1）、工业二氧化硫排放量（EP2）指标观察其作用效果。本章的被解释变量主要选取了人均工业二氧化硫排放量和人均工业废水排放量，数据来源于《中国城市统计年鉴》。选择以上两个指标考虑了两类污染物排放量的外溢程度不同，二氧化硫的外溢性较大，会影响其他地区甚至全国，可能需要中央政府更多地参与污染治理，而工业废水的外溢性较小，可能主要由地方政府承担治理责任。选取污染物排放量而非污染物在大气中的含量指标，一定程度上可以避免回归结果对城市地理位置及气候自然环境的依赖（冯海波，2014），而选择人均排放量可以消除城市人口规模的影响。其中，省级和全国的财政数据来源于《中国统计年鉴》。

环境规制指标 PR_{it} 的设置，主要有以下几种方法。一是采用排污费作为环境规制指标。例如，陈钢等（2009）采用单位企业支付的排污费来度量该地区的环境规制水平高低；李胜文等（2010）采用单位污染物的排放成本以及排污成本占总成本的份额以及排污成本占利润的份额。二是采用工业污染治理投资。如吴玉鸣（2006）采用工业污染治理投资额，又分为工业废水治理投资、工业废气治理投资以及工业固体治理投资。三是采用污染治理成本与产业机构之间的关系构造环境规制指标。如秦川等（2010）采用各省市单位工业产值的污染治理成本和各省市历年的工业产业结构，从而构造环境规制评价指数，衡量各省市历年的环境规制水平，该指数包含各省市的实际工业污染治理投资额。参考以上文献，同时考虑数据的可获得性，项目组主要采用环保能力建设投资作为环境规制水平指标。需要说明的是，由于市级层面数据不好获取，我们利用全省的数据乘以各市的经济增长（GDP）占比估算市级数据，因为在这里已经考虑了经济增长因素，所以我们在控制变量中并没有加入经济增长变量（见表5-1）。

表5-1　各变量的符号表示和指标选取

分类	符号	变量名称	指标说明	单位
被解释变量	EP1	人均工业 SO_2 排放量	工业 SO_2 排放量/人口数	吨/万人
	EP2	人均工业废水排放量	工业废水排放量/人口数	万吨/万人
重点解释变量	FD1	财政收入分权度	见公式5-2	%
	FD2	财政支出分权度	见公式5-3	%
控制变量	EP	环境规制	环保能力建设投资/人口数	元/人
	S	产业结构	第二产业占比	%
	OPEN	对外开放	利用实际外资/GDP	%
	P	人均面积	行政区域土地面积平方千米/人口数	平方千米/万人

5.1.3 计量方法与检验结果

（1）计量方法

项目组采用的数据是 2014—2020 年西部地区 11 个省份（西藏自治区由于数据获取难度较大，并没有考虑在内）的 87 个市的面板数据[①]，为了缓解一定的多重共线性，我们对部分变量进行了取对数处理。

（2）回归结果

回归过程通过计量软件 Stata15.0 完成，通过 F 检验和 Hausman 检验后，我们选择了合适的模型（见表 5－2）。

表 5－2　实证回归结果

变量	人均工业废水排放量	人均工业 SO_2 排放量	人均工业废水排放量	人均工业 SO_2 排放量
财政收入分权	77.315＊ (1.86)	1 382.041 (1.52)		
财政支出分权			72.574＊＊＊ (5.06)	1 451.463＊＊＊ (5.10)
环境规制	－23.470＊＊＊ (－6.01)	－20.742＊＊＊ (－5.53)	－42.536＊＊＊ (－6.25)	－39.587＊＊＊ (－5.90)
第二产业占比	11.722＊＊＊ (9.10)	12.636＊＊＊ (9.10)	10.922＊＊＊ (8.72)	11.828＊＊＊ (8.71)
对外开放	112.263 (1.27)	－295.831＊＊＊ (－10.32)	116.126 (1.53)	－281.064＊＊＊ (－10.74)
人均面积	0.016 (0.08)	0.013 (0.08)	0.012 (0.07)	0.009 (0.07)
常数项	－482.166＊＊＊ (－2.86)	－528.542＊＊＊ (－3.61)	－324.022＊＊＊ (－2.66)	－411.334＊＊＊ (－3.41)
样本数	609	609	609	609
模型设定选择	RE Prob＞chi2 ＝ 0.2316	RE Prob＞chi2 ＝ 0.2488	RE Prob＞chi2 ＝ 0.2353	RE Prob＞chi2 ＝ 0.2496

注：括号内为 t 值，＊＊＊、＊＊、＊分别为 1％、5％和 10％的显著性水平。

通过回归可以发现：财政收入分权指标对工业二氧化硫的估计系数为正但不显著，对工

---

① 由于采用的是市级层面数据，《中国城市统计年鉴》仅更新到 2020 年的数据。

业废水排放的系数在 10% 显著性水平下显著为正,财政支出分权对两类污染物排放的估计系数显著为正且是显著的。总体来看,当前的财政分权制度不利于控制环境污染。按照理论分析的结果,高的财政收入分权度会促使地方政府盲目追求本级政府收入的增加,而会采取降低环境标准、减免税收等措施,保护甚至鼓励污染企业以牺牲环境为代价换取经济增长,污染物的排放必定呈增长态势。这里需要注意的是,按照财政分权的理论设计,较高的财政收入分权更有利于增加地方财力,更有利于发挥地方政府的职能,地方政府更有能力提供环境治理的资金,但由于地方政府唯 GDP 论的考核机制而产生扭曲,会出现"政企合谋"的现象。高的财政支出分权度说明地方政府拥有较大的自主权,理性的地方官员从考核机制出发,使地方政府在决定支出分配时,并没有选择把环境污染治理问题放在重要位置,而更大的可能是分配给了地方政府更加关心的、能短时间内增加地方 GDP 或者财政收入的一些领域,典型的比如基础设施建设(铁路、公路、基建等)。一般来说,地方政府的财政收入要低于财政支出,剩余的部分要通过上级政府的转移支付完成,上级政府相对下级政府会更有保护环境的意愿和责任,因此,财政支出分权越高,相对转移支付额越低,上级政府的环保意愿更不容易转移到下级政府,也会加剧环境的污染。从实证结果来看,财政收入分权对工业二氧化硫的影响效果并不明显,而对工业废水的影响效果是显著的,这可能意味着政府与企业的"合谋"影响环境质量的途径目前并未发挥作用。结合前文对环境污染现状的分析,工业二氧化硫的排放近些年受到了国家的严格管制,这也使得地方政府在与企业的"合作"过程中要考虑更多严格的环境规制,而工业废水的管制相对较弱,这也使得"政企合谋"能在工业废水排放发挥作用。当前财政分权制度影响环境水平主要通过财政支出中环境保护支出的多少,以及在地方政府的经济决策中,环境保护与经济发展孰轻孰重。

控制变量中,对于环境规制指标,回归结果显示,环境规制对工业废水排放量、工业二氧化硫排放量为负向影响。在财政联邦主义下,一般认为环境规制是治理污染的有效方法,回归结果恰恰证明了这一点。而结合财政分权的回归结果,我们可以做出如下推断:当前对环境污染治理的投入虽然在整体的政府预算支出中占比不算高,但在中央政府反复强调环境污染治理问题的大背景下,我们不能否认已投入的环境治理资金确实起到了良好的作用。所以,未来地方政府在财政支出的分配上,仍然需要加大对环保投资支出的力度,才能解决日益严重的环境问题。

产业结构对于环境污染产生了正向影响,表明第二产业占 GDP 的比重越大,环境污染越容易恶化,还表明了污染来源主要是工业污染。而由于国家的产业结构调整和自身的资源禀赋,资源地多数处于西部地区,且容易形成"资源依赖",第二产业发展较好,短时期内不可能改变第二产业占比较高的局面,这可能意味着后期的环境治理更为重要。

对外开放度与二氧化硫排放的回归系数显著为负,说明 FDI 的增加一定程度上有利于二氧化硫的减排,可能的原因有:一方面,由于国家对二氧化硫排放的重视,对二氧化硫排放的环境规制较高,尤其是对外资企业引入的环境标准较高(许士春,2009);另一方面,外资企业带来了先进的污染处理技术和设备,可以减少污染物的排放(Wang and Jin,2002;Frankel,2003)。对外开放度与工业废水的回归系数为正但不显著,说明 FDI 的提高并没有带来工业废水排放量的减少,这与工业二氧化硫的回归结果并不相同。但考虑到我国对二氧化硫排放和废水排放的环境规制力度不同,上述结果也就变得容易理解了。国家对工业二氧化硫的防治工作开始较早且标准严格,在引入外资企业的环境标准上对工业二氧化硫排放的管制比对废水的管制力度大,造成对二氧化硫减排的控制效果较好,而工业废水排放的控制效果较差。但是,最后一个控制变量——人均土地面积,每万人拥有的土地面积对工业废水、二氧化硫排放量的影响并不显著,我们也不再分析其原因。

(3)稳健性检验

为了判断实证结果的稳健性,我们进行了稳健性检验,考虑到市级数据获取的难度,我们控制变量剔除了开放度这一指标,结果表明,主要指标的方向和显著性未发生明显变化,证明实证结果是稳健的。

基于上述实证结果,以及结合具体的调研案例,西部地区作为典型的能源资源地区,其现阶段环境状况依然严峻。从实证关系的变量影响结果,现有的分权制度设计,不论是财政收入分权还是支出分权的提高都会提高污染物的排放水平,前者通过"政企合谋"实现,而后者则主要通过地方官员支出偏好的改变实现,且前者的影响更大。造成上述结果更重要的原因则归咎于官员考核机制存在缺陷,制度改革势在必行。未来首先要深化财税体制改革,着重处理好经济增长和环境污染的关系,通过产业结构的优化和升级、环保技术等的改进,逐步提高环境质量。

调研过程中,我们也发现,能源资源地现阶段的环境规制绩效还不高,可能的主要原因是当地政府对环境治理的重视程度和投入水平还不高,环境规制的投入比率还比较低,环境规制的人员比较少,以及第二产业结构比例还比较高。当然,也存在一种可能就是,地方政府用于环境治理的财政资金来源并不充足,可能还需要更多的转移支付才能实现资源开采带来的环境修复任务。进一步,当前采用的是各级地方政府共同管理的环境规制,也就是在分权的环境规制下,对环境规制有一定的效果。但是,由于存在着地方代理人的被寻租的情况,可能存在着环境规制绩效出现下降或者相反方向的变化。

5.2　环境污染治理的事后监督制度

合理适度的环境规制能够减少环境污染的外部性(陈妍等,2020),而政府审计在环境治理方面从无到有、从试点到全面推开,呈现出强大的生命力和发展潜力。2018 年全国审计工作会议指出,在污染防治方面,要不断创新审计方式方法,促进加快生态文明建设。2019年全国审计工作会议再次指出,要在节能减排、环境保护和资源利用等方面不断加大审计力度。2020 年全国审计工作会议也再次强调,全国对 4200 多名领导干部开展自然资源资产离任审计,并融合开展重点区域大气、水、固体废物等污染防治专项审计。政府审计在环境治理中发挥的促进作用正在日益显现。

2018 年 8 月,生态环境部发布了《全国人民代表大会常务委员会关于全面加强生态环境保护 依法推动打好污染防治攻坚战的决议》实施方案,该方案提出充分发挥各类媒体的舆论监督作用,以"生态环境部"微信和微博平台、《中国环境报》等为主要载体,及时曝光突出的生态环境问题,报道整改进展情况。针对中央环保督察"回头看"及"清废行动 2018"等生态环境保护专项行动,组织中央主流媒体、重要市场媒体及新媒体进行伴随式采访。2018年 7 月,时任生态环境部副部长的翟青指出,新闻宣传和舆论引导对生态环境保护工作的深入开展发挥了不可替代的重大作用。在大数据技术的支持下,政府利用微博、微信等平台,能够直接搜集公众意见并及时与公众沟通(赵云辉等,2019),网络平台通过让政府部门和社会公众参与,有利于降低环境污染(Liao X 等,2018),能够促进环境保护(Sun L 等,2016)。因此,媒体加大了环境污染问题曝光的力度,有效地促进了生态环境问题的解决。2020 年 1月,以"治污攻坚,媒体担当"为主题的中国环境记协 2020 年会指出,要开展好必要的监督性报道,主动客观曝光生态环境问题,促进环境污染问题的解决。许多省市在媒体的监督下都在积极地促进环境治理[①],越来越多的环境污染问题经过媒体的报道曝光在阳光之下,进而加大环境治理的投入。

综上所述,政府审计和媒体关注分别对环境治理起到了相应的促进作用,而政府审计和媒体关注同时对环境治理发挥了什么样的作用,如何更好地实现两者间的协同效应、更好地发挥生态环境治理作用既是当前需要解决的现实问题,亦是本研究的出发点。

5.2.1 理论分析和研究假设

(1)政府审计和环境治理

政府审计对环境治理的专项资金在管理和使用过程中进行监督和管控,借助自身调整功能来确保环境治理工作的顺利开展(刘春才,2018)。一方面,审计机关通过查处和揭露环保专项资金在使用过程中的主要问题金额(违规金额、损失浪费金额和管理不规范金额)来促进环境治理。具体来说,审计机关通过调查环保资金使用过程中发现的违规金额,并督促环保部门进行相应的整改,进而达到环境治理的效果[②];审计机关也通过查处环保专项资金

---

① 佛山市副市长许国强调,要充分发挥新闻媒体舆论监督作用,加大曝光力度,实事求是、真实客观地反映水污染问题,合力推进全市水环境整治工作;甘肃省委书记林铎表示,要对媒体发现的生态环境问题高度重视,对相关责任单位严肃问责;黑龙江省委副书记、省长王文涛要求有关部门要立即行动起来,主动接受媒体监督,切实整治污染问题,积极回应媒体和群众关切。

② 2016 年,江苏宇鑫环保建材有限公司违规将节能减排财政政策综合示范奖励资金 300 万元转入个人银行卡。2017 年,审计机关发现有 1.86 亿元环保专项财政资金被违规使用或套取。(后期资金已收回财政。)

损失浪费金额并监督环保部门整改来促进环境治理[①]；此外，审计机关也通过揭露环保资金使用过程中的管理不规范金额，进而加强环境治理[②]。总的来说，政府审计通过揭示环境治理财政资金违规使用、闲置、损失浪费、管理不规范等问题来监督环保资金的使用，促进环境治理。另一方面，审计机关通过在环境治理中发现的问题提出可行有效的审计建议，并推进相关部门及时采纳和落实审计建议，保障环境治理取得实效。具体地，审计机关从环境保护政策措施、环保资金分配管理使用、污染防治重点项目建设运营等方面开展追踪审计，针对其中存在的问题提出一系列审计建议，推进政府部门采纳相关的审计建议，并开展逐条梳理、层层分解、专人落实审计整改等方面的工作，最终使环境污染问题整改取得实效[③]。

政府审计对环境污染具有治理功能，审计的力度越大，越有助于该地区工业"三废"处置效率的提升（谢柳芳等，2020）。曾昌礼等（2018）研究发现，政府审计强度越大，环境污染治理功能越好。李丽等（2019）研究得出国家审计主要通过审计抵御功能对环境绩效产生积极影响。喻开志等（2020）研究发现国家审计能够促进大气污染治理效率。综上所述，学者们通过研究，普遍得出政府审计对环境治理具有促进作用，因此，项目组提出假设 H1，即政府审计能够促进环境治理。

（2）媒体关注和环境治理

媒体具有传播速度快、覆盖范围大、舆论效果强的优点，能够掌握信息传播导向的主动权，提升正面回应的效果（黄德春等，2020）。媒体不仅能对地区的环境污染行为进行实时跟踪报道，而且还会对相关信息进行分析评论，进而引起社会大众和政府部门的舆论关注，使环境污染行为更加"阳光化"，形成强大的外部监督力量，促使地方政府提高环境污染的治理力度。但目前更多的学者研究媒体关注对环境治理的影响主要集中在公司层面，如 Jia M等（2016）研究发现媒体报道可以减少公司的环境污染，Tang Z 等（2016）研究发现媒体通过政府和公众来影响企业的污染行为，王云等（2017）研究认为媒体关注会显著增加企业的环保投资。少数学者针对省级层面研究媒体关注对环境治理的影响，如刘德智等（2019）研究得出新闻媒体进行环保监督能够督促政府对环境严格监管，潘孝珍等（2019）研究发现媒体关注提高了地方政府环境污染治理的总体投入水平。综上所述，学者们通过研究得出媒体关注对环境治理具有促进作用，因此，项目组提出假设 H2，即媒体关注能够促进环境治理。

---

① 2015 年，5 个省由于前期准备不充分、决策不当等造成水污染防治相关资金损失 2.69 亿元。（后期已整改。）

② 2012—2014 年，由于环境保护部监管不到位，4 家课题承担单位挪用项目资金 1225.84 万元，用于银行贷款保证金以及与课题无关会议费等，其中 2014 年 1176.27 万元。（后期资金已归还。）

③ 2018 年，浙江省杭州市审计局对萧山区土壤污染防治工作开展专项审计调查，对于其中发现的问题提出了相关的审计建议，得到该区政府高度重视并成立土壤污染防治审计问题整改小组，由专人落实审计整改工作。2019 年以来，湖北十堰市政府和相关部门积极采纳审计建议，通过大力建设污水处理工程、整治重点支沟等举措治理泗河流域，扎实推进审计查出问题整改取得实效。

（3）政府审计、媒体关注与环境治理

政府审计的监督性质属于权力监督，是一种"硬监督"；媒体关注的监督性质属于舆论监督，是一种"软监督"。两者在促进环境治理中都发挥着各自的作用。具体来说，政府审计具有行政强制力，不管环保部门是否自愿接受审核和调查，审计机关都有权力对其进行审计，并对违法违规行为进行处分和处罚，因此，依照《中华人民共和国审计法》的规定，审计机关扮演的是"硬监督"的角色，环保部门在审计监督之下会积极促进环境治理；媒体关注具有社会传播力，电视、网络、报纸等媒体主体对环境污染行为进行报道和评论，能够引起社会各界广泛的舆论关注，进而促使环保部门在媒体关注的"软监督"之下加强环境治理，相比之下，其可能更加依托外部压力和环保部门工作的主观能动性高低，强制力方面稍显不足，因此，我们认为其更加符合"软监督"的角色。媒体通过报道和揭露地方的环境污染行为可以得到社会公众的广泛关注和强烈响应，同时可以为审计机关的审计工作开展提供更多、更准确的素材和来源，进而审计机关能够在信息更加全面和准确的基础上，更有效和更有针对性地查处环保资金使用过程中的违规、损失浪费和管理不规范行为，提出可行有效的审计建议，并促进相关部门积极采纳审计建议，整改落实违法违规行为。综上，媒体关注的"软监督"能够为政府审计的"硬监督"提供可靠的着力点和精准的发力点，在媒体关注和政府审计"软硬监督"的合力配合之下，环境治理能够取得更多实效，环境治理的效果相应地也会更好。因此，媒体关注度越高，舆论监督力度越大，政府审计对环境治理的促进作用应该也会越强。根据上述的分析结果，项目组提出假设 H3，即媒体关注度越高，政府审计对环境治理的促进作用越强。

5.2.2　样本选取和变量选择

（1）样本的选取和数据来源

本节的样本为 2009—2017 年 28 个省份的面板数据[①]。环境治理的数据来自《中国环境统计年鉴》，政府审计的数据来自《中国审计年鉴》，媒体关注的数据根据知网《中国重要报纸全文数据库》手工搜集和整理得到，控制变量的数据根据《中国统计年鉴》整理得到。

（2）变量的选择和界定

第一，环境治理。

有学者采用工业废水排放量、二氧化硫排放量和工业粉尘排放量来衡量环境治理（金殿

---

① 笔者查找了《中国审计年鉴》和《中国环境统计年鉴》，虽然环境治理的数据更新到了 2020 年，但政府审计的数据仅更新到 2017 年，考虑到数据的可得性，本节选择样本的时间终点截止到 2017 年。此外，本节选择 28 个省份的面板数据是因为把山东省、陕西省和西藏自治区这三个省份从研究样本中进行了剔除，具体的原因在后文会详细阐述。

臣等,2020;范亚西,2020),也有学者采用二氧化硫去除率来衡量环境治理(张彩云等,2018;谢柳芳等,2020),亦有学者采用环境治理投资总额来衡量环境治理(李强等,2020),还有学者采用工业污染治理投资额来衡量环境治理(张华,2016)。本书参考李强学者的研究,使用环境治理投资总额来衡量环境治理,该指标能够更加全面地体现我国环境治理的总体投入水平。

第二,政府审计。

有学者从政府审计的增收节支效应和建立健全制度效应这两方面衡量政府审计(马东山等,2019),也有学者从政府审计的预防作用、揭示作用和抵御作用等三个方面来衡量政府审计(陈艳娇等,2019),亦有学者从审计查出主要问题金额和被采纳审计建议数等方面来衡量政府审计(喻开志等,2020)。项目组参考喻开志等学者的研究,从审计查出主要问题金额(违规金额、损失浪费金额和管理不规范金额)与被采纳的审计建议数这两方面来衡量政府审计。

第三,媒体关注。

有学者采用百度新闻搜索引擎收集媒体报道的次数来衡量媒体关注(周开国等,2016),也有学者通过知网《中国重要报纸全文数据库》手工搜集和整理媒体报道的次数获得各省份的媒体关注指标(潘孝珍等,2019)。项目组参考潘孝珍等学者的研究来衡量媒体关注,具体的做法是:首先,确定各省份的党报名称[①]。省级党报作为地方舆论监督的重要主体,具有影响力大、前瞻性强和权威性高的优点,在社会上树立了巨大的公信力(毕玮琳,2019),因此,选择省级党报作为数据来源更合理且更有说服力。然后,项目组选择"环境治理"作为关键词,在各省的省级党报全文进行检索,以出现该关键词的新闻报道次数作为媒体关注的衡量指标。通过数据库搜索后发现,山东和陕西的媒体关注数据缺失,西藏的媒体关注数据虽然未缺失,但其他变量数据缺失较多,因此为了保证研究数据的一致性,最终删除了这3个省份的数据。

第四,控制变量。

对于控制变量,参考多数学者的研究,最终选取了以下4个控制变量。

1)财政分权。高的财政分权度会促使地方政府盲目追求本级政府收入的增加,从而会以牺牲环境为代价换取经济增长,污染物的排放必定呈增长态势,因此,治理环境的投入也会增多(陈宝东等,2015;金殿臣等,2020)。

2)对外开放度。对外开放引进的环境友好型技术对减少环境污染起到了更积极的作用,因此环境治理的投入也会相应减少(邓晓兰等,2017;金殿臣等,2020)。

---

① 全国31个省份的省级党报名称除了上海的解放日报、江苏的新华日报、山东的大众日报和广东的南方日报,其余省份的党报名称都是"省份名称+日报",如北京日报、天津日报等。

3)产业结构。第二产业占比越大,高能耗高污染的工业行业给环境带来的污染物也越多,进而环境治理的投入也会越大(潘孝珍等,2019)。

4)人口规模。人口规模越大的地区对于地方政府环境治理投入的需求也越大(潘孝珍等,2019)。具体的变量类型、名称和定义见表5-3。

表5-3 变量定义表

变量类型	变量名称	变量符号	变量定义
被解释变量	环境治理	EGOV	环境治理投资总额的自然对数
解释变量	政府审计	AUWJ	审计查出主要问题金额的自然对数
		AUJY	被采纳的审计建议数的自然对数
	媒体关注	MEDIA	省级党报新闻报道数的自然对数
控制变量	财政分权	FD	财政收入/财政支出
	对外开放度	OPEN	进出口总额/GDP
	产业结构	IND	第二产业增加值/GDP
	人口规模	POP	年末常住人口的自然对数

5.2.3 模型构建和实证结果分析

(1)模型设定

根据前文的理论分析,为验证假设H1,项目组构建的模型如公式(5-4)所示:

$$EGOV_{it} = \alpha_0 + \alpha_1 AUDIT_{it-1} + CONTROLS_{it} + \varepsilon_{it} \qquad (5-4)$$

考虑到政府审计发挥环境治理作用具有滞后性的特点,亦即审计一般是针对正在发生或已经完成的项目,其审计结果对下一期的环境治理产生影响,因此,本书对政府审计相关变量滞后一期加入模型中,而这样的处理也能减轻模型的内生性问题。该模型中,主要观察α_1的符号与显著程度,如果α_1为正且显著,则表明政府审计对环境治理具有显著的促进作用,可得出假设H1成立。

为验证假设H2,项目组构建的模型如公式(5-5)所示:

$$EGOV_{it} = \beta_0 + \beta_1 MEDIA_{it} + CONTROLS_{it} + \varepsilon_{it} \qquad (5-5)$$

考虑到媒体报道一般具有即时性的特点,我们对媒体变量没有选择滞后处理。该模型中,主要观察 β_1 的符号与显著程度,如果 β_1 为正且显著,则表明媒体关注对环境治理具有显著的促进作用,可得出假设 H2 成立。

在验证假设 H3 的过程中,我们参考了仲杨梅等(2019)和喻开志等(2020)的做法,仍利用上文所构建的公式(5-4),但是我们以媒体关注作为分组变量,并以中位数分组进行分组检验,探究政府审计和媒体关注对环境治理的影响是否存在互补的关系。该模型中,主要分别观察两组 α_1 的符号与显著程度,如果媒体关注度高的一组显著性更强或显著性相同但系数更大,则表明媒体关注度越高,政府审计对环境治理的促进作用越强,进而可以得出假设 H3 成立。

(2)实证结果分析

各变量的描述性统计结果(见表 5-4)显示,环境治理(EGOV)的均值为 5.204,标准差为 0.845,最小值为 2.510,最大值为 7.256,说明环境治理在样本存续期间内变异性较大,不同省份之间环境治理的投入差异也较大。此外,审计查出主要问题金额(AUWJ)的均值为 16.331,标准差为 1.008,最小值为 13.685,最大值为 18.511;被采纳的审计建议数(AUJY)的均值为 8.376,标准差为 0.991,最小值为 5.844,最大值为 10.234,说明政府审计的相关数据在各省份之间存在较大不同。媒体关注(MEDIA)的均值为 3.657,标准差为 0.697,最小值为 1.386,最大值为 5.481,说明媒体关注度在不同省份之间也表现出较大的差异。综上所述,本节的主要研究变量存在充分的不同和差异,表明该研究是可行的。

表 5-4　变量的描述性统计

变量	样本量	均值	标准差	最小值	最大值
EGOV	252	5.204	0.845	2.510	7.256
AUWJ	252	16.331	1.008	13.685	18.511
AUJY	252	8.376	0.991	5.844	10.234
MEDIA	252	3.657	0.697	1.386	5.481
FD	252	0.506	0.197	0.148	0.931
OPEN	252	0.298	0.340	0.017	1.548
IND	252	0.455	0.084	0.190	0.590
POP	252	8.154	0.740	6.323	9.321

在回归分析之前,项目组进行了 F 检验和 Hausman 检验,最终选择了固定效应模型进行回归分析,政府审计和财政透明度分别对环境治理的影响见表 5-5。

表 5-5 政府审计和财政透明度分别对环境治理的影响

变量	环境治理		
回归	模型 1		模型 2
审计查出主要问题金额	0.168*** (3.88)	/	/
被采纳的审计建议数	/	0.203* (1.79)	/
媒体关注	/	/	0.102** (2.07)
财政分权	3.927*** (5.48)	4.232*** (5.76)	5.435*** (7.57)
对外开放度	−0.893*** (−3.21)	−0.915*** (−3.17)	−0.806*** (−2.61)
产业结构	0.107 (0.13)	−1.065 (−1.44)	−1.445* (−1.92)
人口规模	1.509 (1.13)	2.559* (1.89)	2.931*** (2.66)
常数项	−10.182 (−0.93)	−17.047 (−1.53)	−20.925** (−2.33)
样本数量	252	252	252
F 值	18.700	15.420	22.880
R^2	0.329	0.288	0.343
Hausman test [p 值]	12.180 (0.032)	11.070 (0.086)	18.680 (0.005)
模型设定	FE	FE	FE

注:括号里的数据表示 t 值,***、**、* 分别表明显著性水平达到了 1%、5%、10%;下同。

由表 5-5 得出:一是审计查出主要问题金额的回归系数为 0.168,且显著性水平达到 1%,说明审计查出的主要问题金额越多,环境治理的效果越好;二是被采纳的审计建议数的回归系数为 0.203,且显著性水平达到 10%,说明被采纳的审计建议数越多,环境治理的投入也越多,假设 H1 得到了验证。结合现实,一方面,审计机关通过对环保专项资金进行审计,可以对资金的管理和使用情况更客观和公正地进行反映,查处和揭示资金管理和使用环节中的违规分配、截留挪用、擅自改变用途、损失浪费和管理不规范的行为,并促使环保部门及时进行整改和落实,确保环保资金使用的真实性、合法性和效益性,进而持续推进环境治理。另一方面,审计机关通过对环境污染行为开展专项审计调查,从资金分配、建设管理和项目效益等方面有针对性地提出合理的审计建议,引起地方政府的高度重视和肯定并积极采纳相关的审计建议,进而及时整改和落实审计过程中发现的问题,最终推进环境治理取得实效。

结合现实,媒体具有号召力强、影响力大、受众多且广的优势,对舆论可以形成很强的导向作用。具体来说,媒体加大了环境污染的曝光力度,实事求是、真实客观地反映了环境污染问题,引起了社会各界的广泛关注,增强了公众的参与度和监督意识,形成了强大的外部监督力量,进而促使地方政府出台政策法规以及制定相应措施来治理环境污染。

项目组按照媒体关注的中位数将总样本分为两部分,即媒体关注度高的一组和媒体关注度低的一组。不同媒体关注度水平下政府审计对环境治理的影响见表5-6。

表5-6　不同媒体关注度水平下政府审计对环境治理的影响

变量	环境治理			
回归	模型3			
	媒体关注度低	媒体关注度高	媒体关注度低	媒体关注度高
审计查出主要问题金额	0.111**	0.191**	/	/
	(2.14)	(2.39)		
被采纳的审计建议数	/	/	−0.067	0.403*
			(−0.79)	(1.83)
财政分权	3.199***	4.089***	3.338***	4.361***
	(3.69)	(3.09)	(3.76)	(3.22)
对外开放度	−0.800**	−1.310***	−0.697*	−1.309***
	(−2.13)	(−2.84)	(−1.79)	(−2.74)
产业结构	0.207	−0.275	−0.411	−1.844
	(0.24)	(−0.18)	(−0.49)	(−1.42)
人口规模	5.897***	−1.936	8.265***	−1.762
	(3.38)	(−0.90)	(5.15)	(−0.80)
常数项	−45.185***	16.842	−61.566***	15.682
	(−3.33)	(0.93)	(−4.83)	(0.86)
样本数量	135	117	135	117
F值	17.050	12.440	15.650	13.360
R^2	0.460	0.386	0.439	0.403
Hausman test [p值]	14.430 (0.025)	13.960 (0.016)	25.510 (0.000)	27.590 (0.000)
模型设定	FE	FE	FE	FE

由表 5－6 得出：一是审计查出主要问题金额在两组的回归结果中显著性水平都达到了5％，但媒体关注度高的一组的回归系数 0.191 大于媒体关注度低的一组的回归系数 0.111，说明媒体关注度越高，审计查出主要问题金额对环境治理的促进作用越强；二是被采纳的审计建议数在媒体关注度高的一组回归系数为 0.403，且显著性水平达到 10％，而在媒体关注度低的一组统计上是不显著的，说明媒体关注度越高，被采纳的审计建议数对环境治理的促进作用越强，假设 H3 得到了验证。结合现实，媒体关注具有很强的舆论监督作用，可以对环保专项资金使用过程中出现的违法违规和损失浪费问题进行真实的揭露和曝光，进而审计机关在信息更加全面和准确的基础上更有效和更有针对性地查处环保资金使用过程中的违规、损失浪费和管理不规范行为，提出可行有效的审计建议，并促进相关部门积极采纳审计建议，整改落实违法违规行为，加大环境治理的力度。因此，政府审计和媒体关注起到了"硬监督"和"软监督"的合力作用，二者相辅相成，共同推进环境治理。

对于本节所选择的控制变量，其符号与显著性也与项目组的预期基本相符合。

1）财政分权的回归系数为正，这可能是因为财政分权度越高，越会促使地方政府盲目追求本级政府收入的增加，从而会以牺牲环境为代价换取经济增长，进而污染物的排放越多，治理环境的投入也会增多。

2）对外开放度的回归系数为负，说明对外开放度越高，其引进的环境友好型技术对减少环境污染起到的积极作用更大，因此，环境治理的投入也会相应减少。

3）在大部分的回归结果中，产业结构的回归系数是不显著的，这不符合预期，可能是因为环境治理投资主要在城市环境污染投资方面而不在工业环境污染投资方面[①]，因此，产业结构并不是影响环境治理的主要因素。

4）人口规模的回归系数为正，说明人口规模越大，其对于地方政府环境治理投入的需求也越大。

（3）稳健性检验

为验证结果的可靠性，项目组进行了稳健性检验。用审计查出的主要问题金额与被审计单位数的比值代替审计查出的主要问题金额，用被采纳的审计建议数与被审计单位数的比值代替被采纳的审计建议数再次进行回归（见表 5－7、表 5－8）。政府审计的各变量回归系数为正，控制变量回归系数的符号也与前文保持一致，分样本中媒体关注度高的一组政府审计对环境治理的促进作用依然更强，所以本次回归的结果与前文保持一致，通过了稳健性检验。

---

① 根据《中国环境统计年鉴》的数据计算可得：2015—2017 年城市环境污染治理投资占环境治理投资总额的比重分别为 57.71％、58.88％和 63.82％，而工业污染治理投资占环境治理投资总额的比重分别为9.03％、8.91％和 7.15％，其中工业污染治理投资所占比重较小，且这 3 年来处于下降的态势。

表 5－7　全样本稳健性检验结果

变量	环境治理	
回归	模型 1	
审计查出主要问题金额/被审计单位数	0.036* (1.65)	/
被采纳的审计建议数/被审计单位数	/	0.025* (1.85)
财政分权	4.318*** (5.91)	4.235*** (5.77)
对外开放度	−0.907*** (−3.12)	−1.010*** (−3.54)
产业结构	−0.984 (−1.29)	−1.291* (−1.81)
人口规模	2.880** (2.18)	2.837** (2.15)
常数项	−19.762* (−1.82)	−19.292* (−1.78)
样本数量	252	252
F 值	15.290	15.480
R^2	0.286	0.288
Hausman test ［p 值］	17.180 (0.004)	15.290 (0.009)
模型设定	FE	FE

表 5－8　分样本稳健性检验结果

变量	环境治理			
回归	模型 3			
	媒体关注度低	媒体关注度高	媒体关注度低	媒体关注度高
审计查出主要问题金额/被审计单位数	0.120** (2.53)	0.187** (2.44)	/	/
被采纳的审计建议数/被审计单位数	/	/	0.017 (0.16)	0.654** (2.62)

续表

变量	环境治理			
回归	模型 3			
	媒体关注度低	媒体关注度高	媒体关注度低	媒体关注度高
财政分权	3.181***	4.318***	3.245***	4.345***
	(3.70)	(3.37)	(3.63)	(3.45)
对外开放度	−0.738**	−1.298***	−0.761*	−1.070**
	(−1.99)	(−2.81)	(−1.98)	(−2.20)
产业结构	0.452	−0.199	−0.328	−0.947
	(0.51)	(−0.13)	(−0.37)	(−0.69)
人口规模	6.177***	−2.048	7.800***	−2.683
	(3.83)	(−0.95)	(5.05)	(−1.21)
常数项	−46.716***	19.214	−58.389***	26.151
	(−3.65)	(1.06)	(−4.69)	(1.41)
样本数量	135	117	135	117
F 值	17.700	13.420	15.440	14.130
R^2	0.470	0.404	0.436	0.417
Hausman test [p 值]	16.020 (0.014)	19.130 (0.002)	24.460 (0.000)	32.880 (0.000)
模型设定	FE	FE	FE	FE

（4）研究结论

项目组选取我国 2009—2017 年省级政府层面的面板数据作为研究样本，基于"软硬监督"的独特视角，综合探讨政府审计的"硬监督"和媒体关注的"软监督"对环境治理的影响机理和作用路径，最终得出以下主要结论。

第一，"硬监督"政府审计与环境治理正相关。其中，审计查出主要问题金额与被采纳的审计建议数的回归系数分别为 0.168 与 0.203，且显著性水平分别达到 1% 和 10%，结合显著性考察，审计查出主要问题金额在促进环境治理中的作用效果更显著。

第二，"软监督"媒体关注与环境治理亦存在正相关关系。其回归系数为 0.102，且显著性水平达到 5%，说明媒体关注度越高，环境治理的效果越好。

第三，政府审计和媒体关注对环境治理的影响存在互补效应，即政府审计和媒体关注起到了"硬监督"和"软监督"的合力配合作用，二者相辅相成，共同促进环境治理。分组回归结果表明，审计查出主要问题金额对环境治理的效果，媒体关注度高的省份比关注度低的省份的回归系数要高 0.08，而被采纳的审计建议数对环境治理的效果在媒体关注度高的省份的回归系数为 0.403,但在媒体关注度低的省份统计上不显著。媒体关注在审计查出主要问题金额对环境治理的效果中发挥的促进作用更强。

因此,对于环境治理资金使用的外部约束制度,我们研究了政府审计和媒体关注对其的约束效果,作为正式制度的政府审计能有效监督环境治理资金的使用,尤其是对财政治理资金的审计影响更甚,而媒体关注呼吁的其实是广大民众对财政环保资金使用的关注,其亦能发挥外部督查作用,而且两类外部监督可以起到协同的作用。

5.3 能源资源地"能源—经济—环境"的协调度分析

分析和评价现行的环境财政制度,还要考虑地方政府的行为选择,即考核目标导向。在当前的生态文明建设理念下,不论是碳达峰、碳中和,还是对各种水域、污染物的治理,其最终目的都是服务于经济的高质量发展和人民的美好生活愿望,也就指明了一个方向,多种公共政策的实施,最终都需要实现经济的平稳发展、环境的有效保护和能源的合理开采。而通过评估能源资源地的 3E 协调发展程度,观察在"能源—经济—环境"系统中政府的决策及其影响,将有助于此问题的解答。

3E(Energy‐Economy‐Environment)系统是能源、环境和经济子系统在互相作用、互相渗透、互相联系下形成的结构和功能相统一的动态复杂系统(兰天阳,2016)。从现有文献来看,3E 系统协调度测算采用两种基本方法:一种是计算 3E 系统发展水平,以此为基础通过模糊评价法或者灰色评价法等方法测算 3E 协调度(李建辉、韩二东、刘鑫,2021);另一种是使用 DEA 方法测算三个系统之间的协调度(石亚男,2020;罗福周、张诺楠,2020;刘华军、乔列成、郭立祥,2022)。本节拟采取前一种方法测算 3E 协调度,原因是关于协调发展的界定,很难以单纯的协调或者不协调来进行是非判别。

服务于本节研究的主题,考虑到数据的可得性和完整性,项目组选择乌海市、赤峰市、鄂尔多斯市、六盘水市、铜川市、延安市、榆林市、酒泉市、克拉玛依市 9 个能源型城市作为研究样本。选择这些城市的理由也很简单,资源型城市面临的环境问题更为直接和严峻,可以通过测算这些城市的 3E 发展水平,并以此为基础计算两系统和三系统间的发展水平与协调度。

5.3.1 3E 系统综合发展水平的指标体系与数据

本节构建了包含能源、环境和经济等三个子系统的指标体系结构。在每一个子系统中,分别从总量、结构与质量等三个维度上对子系统进行具体化。考虑到城市数据的可得性,我们在每一个维度上选择 2～3 个指标作为基础测量指标,最后构建成 3E 系统综合发展水平指标体系(见表 5－9)。

表 5－9　3E 系统综合发展水平指标体系

	总量指标	结构指标	质量指标
A 能源综合 发展水平	A1 全社会用电量 A2 供水总量	A3 采掘业人员比重(逆) A4 电力、燃气及水行业 从业人员比重	A5 单位 GDP 电耗(逆) A6 单位工业总产值电耗(逆) A7 单位工业总产值用水量(逆)
B 环境综合 发展水平	B1 工业 SO_2 排放总量(逆) B2 工业废水排放总量(逆) B3 工业烟尘排放总量(逆)	B4 环境行业从业人员比重	B5 城市人均公共绿地面积 B6 城镇生活污水处理率 B7 生活垃圾无害化处理率
C 经济综合 发展水平	C1 地区生产总值 C2 工业总产值 C3 全社会固定资产投资额	C4 外商直接投资占 GDP 比重 C5 第三产业占 GDP 比重	C6 人均地区生产总值 C7 职工平均工资 C8 财政科教支出比重

近些年,我国经济增长迅速,能源需求稳步上升,从而带来了能源资源型城市经济的快速发展。与此同时,能源资源型城市本身的能源浪费和环境污染等问题也愈发严重地影响城市的可持续发展能力。因此,我们拟选择 2014—2020 年作为实证研究的时间范围[①]。在此期间内,本节中使用的所有指标,其数据均来源于历年的《中国城市统计年鉴》。需要注意的是,地区生产总值、工业总产值和全社会固定资产投资总额分别使用了 GDP 平减指数、工业出厂品价格指数和固定资产投资价格指数进行平减处理。GDP 平减指数的基础数据,以及其他平减指数均来源于相应年份的《中国统计年鉴》。在协调度测算之前,利用标准化处理方法,以消除量纲对数据结果的影响。另外,将逆向指标转化为正向指标,以方便数据分析。

5.3.2　两系统协调度分析

根据表 5－9 中的指标数据,分别在每一年对每一个子系统进行因子分析。以各个因子的方差贡献率为权重对因子得分值进行加权平均,从而计算得到子系统在每一年的发展水平值(即 x',具体数值在此处忽略)。再计算两个系统间的协调度,还需要根据回归分析得到不同子系统之间相互要求达到的发展水平值。将三个子系统的发展水平值(真实值)进行两两回归,采取一次函数、二次函数、三次函数等不同的回归模型,寻找相对最优拟合情况的回归模型,以此得到不同情况下各个子系统发展水平的预测值,计算得到两个系统间的协

---

① 在此需要说明两点:第一,最新的城市统计年鉴只能查找到 2020 年的数据,因此,本书的时间终点选定为 2020 年;第二,由于个别数据存在统计口径上的差异,我们利用一定的比例换算为统一口径。

调度。

9 个能源资源型城市在 2014—2020 年间两系统协调度的均值,见表 5 - 10。根据曾珍香和顾培亮(2000)给出的定义,当协调度小于 0.5 时,表明系统之间为极不协调状态;当协调度介于 0.5～0.85 之间时,为不协调状态;当协调度介于 0.85～0.95 之间时,为基本协调状态;当协调度大于 0.95 时,为协调状态。

表 5 - 10 9 个能源资源型城市在 2014—2020 年间两系统协调度均值[①]

城市	年份		
	U(A,B)	U(A,C)	U(B,C)
乌海	0.421	0.475	0.596
赤峰	0.732	0.827	0.938
鄂尔多斯	0.576	0.371	0.379
六盘水	0.371	0.886	0.511
铜川	0.378	0.386	0.417
延安	0.753	0.836	0.716
榆林	0.598	0.775	0.723
酒泉	0.365	0.835	0.376
克拉玛依	0.494	0.564	0.656
全部平均	0.521	0.662	0.590

如表 5 - 10 所示,近几年,从全部样本城市的平均值看,"能源—环境""能源—经济"和"环境—经济"之间的两系统协调度分别为 0.521、0.662 和 0.600,3E 系统中的任意两个子系统均处于不协调状态。选取的几个重要的能源资源产地几乎没有能够在"能源—环境""能源—经济"和"环境—经济"等两系统协调度上同时达到协调或者基本协调状态,说明能源资源的开采和使用带来了生态环境的巨大负外部性,并不符合能源可持续开采的要求。

但值得注意的是,"能源—经济"协调发展水平要高于"能源—环境"和"环境—经济"的协调发展水平,说明了在能源驱动的经济增长模式中,能源与经济的协调程度相对较高,这也说明了地方政府在制定发展战略时更加注重的是利用能源挖掘和消费服务于地方经济发展,而忽略了能源消费与环境保护,以及环境保护与经济发展的协调关系,这与现阶段提出的高质量发展理念是相背的。反观现实,我们面临的正是环保财政支出资金一直未能满足环境治理的需要。结合前文的实证结论,一方面,与地方政府的财政支出导向有关,更偏爱

---

① U(A,B)是指能源系统和环境系统的协调度。U(A,C)和 U(B,C)的含义类似。

短时间内可以带来 GDP 增长的一些项目投入,如大型的基建项目;另一方面,也可能与当前的环境治理资金不足或分配不均有关,导致基层政府难以参与环境治理。

5.3.3　三系统协调度分析

按照类似的计算步骤,我们进一步测算了 9 个能源资源型城市的 3E 系统协调度函数值(见表 5 - 11)。

表 5 - 11　2014—2020 年 9 个能源资源型城市的 3E 协调度

城市	2014 年	2015 年	2016 年	2017 年	2018 年	2019 年	2020 年	2014—2020 年平均 3E 协调度
乌海	0.575	0.588	0.606	0.617	0.635	0.652	0.673	0.621
赤峰	0.831	0.836	0.849	0.897	0.901	0.908	0.938	0.880
鄂尔多斯	0.532	0.546	0.558	0.567	0.579	0.586	0.608	0.568
六盘水	0.497	0.551	0.585	0.662	0.689	0.735	0.887	0.658
铜川	0.476	0.494	0.524	0.546	0.556	0.567	0.596	0.537
延安	0.789	0.805	0.817	0.826	0.849	0.856	0.917	0.837
榆林	0.719	0.734	0.748	0.767	0.795	0.836	0.875	0.782
酒泉	0.497	0.515	0.548	0.596	0.648	0.664	0.746	0.602
克拉玛依	0.622	0.627	0.646	0.668	0.693	0.711	0.821	0.684
全部平均	0.615	0.633	0.653	0.683	0.705	0.724	0.785	0.686

从整体上看,在研究期间内,能源资源型城市的平均 3E 协调度介于 0.615～0.785 之间,均属于不协调状态,仅有个别年份的数据为基本协调状态,协调值大于 0.95 的协调状态并不存在。从能源资源型城市的 3E 协调度测算结果可以看出,近几年,能源资源型城市的 3E 系统在整体上虽然协调度有所提升,但仍然处于不协调发展的状态。而且,在能源经济驱动明显的地区,"能源—经济"子系统的协调发展水平要高于"能源—环境"和"经济—环境"的协调水平,这与地区的发展理念和模式都是密不可分的。

结合前面财政分权制度与环境污染的实证关系,以及本节对"能源—经济—环境"的测度,当前的环境财政制度设计对于生态文明的建设存在一定的障碍,既有制度本身的设计问题,也与财政制度关联的一些制度设计有关,如晋升锦标赛制度等。具体的问题我们将在第六章详细论述。

结合前文的研究,我国环境财政制度的设计包含事前管理(租税费收入)、事中管理(财政支出)、事后管理(监督保障)。当前主要的问题在于事前和事中管理,环境收入无法体现生态价值,环境支出的力度不够。至于事后管理,从已有的结果来看,发挥了其有效的制约和监督作用。

5.4 本 章 小 结

本章主要对当前的环境财政制度进行了评价。从理论出发,财政分权制度本身的设计可以减少污染物的排放,但由于晋升锦标赛制度的存在,地方政府的行为选择造成了污染程度加深。虽然在财政收入方面的"政企合谋"作用已经不再明显,但财政支出结构安排仍然是生态环境治理的一大难题,环境治理财政资金不能完成生态环境治理的重任。事后监督管理制度评价方面,政府审计和媒体关注可以保证环境治理的有效开展,尤其是审计金额方面。而能源资源型城市"能源—经济—环境"的测度结果告诉我们,能源资源型城市的3E系统虽然在整体上协调度有所提升,但仍然处于不协调发展的状态,"能源—经济"子系统的协调发展水平要高于"能源—环境"和"经济—环境"的协调水平,这与地区的发展理念和模式都是密不可分的。地方政府将更多注意力放在能源开采和经济发展上,而容易忽略环境污染的治理,这同样印证了地方政府的行为选择影响地区的生态文明水平。

6 我国生态文明建设环境财政制度体系存在的主要问题

6.1 租税费制度存在的问题

6.1.1 矿业权收益难以发挥生态环境保育功能

第一,矿业权产权市场不完善。时至今日,我国资源开采的生态"公地悲剧"问题一直都未解决。正是因为一直以来的矿业权相关产权安排并没有界定清楚环境、地表土地、地表建筑、地下土地属于谁,从而导致了相关主体在利益受到侵害时,并没有合理的依据对破坏者实施制裁或者索取补偿。尽管我国已经建立起矿业权市场,但是矿业权市场在出让与转让规定、中介机构培育以及全国市场发展等方面均处于初始建设阶段,市场的不完善导致自由的矿业权交易难以实现,所产生的矿业权价格或者价款难以真实地体现矿业权的价值,难以体现出矿业权的保有、投资和相关生态资源维护的成本。既然保护矿地和生态保育无法对矿业权本身的价格带来增值,那么,矿业权所有者就不会期望通过环境保育和合理开采,有机会在矿业权流转市场上赚取增值收益,直接导致了不顾生态环境和地质环境的过度开采行为。

第二,矿业权价款的设计未考虑生态补偿。根据《矿业权价款评估应用指南》,矿业权价款用于前期国家勘测投入的补偿和体现部分矿产资源所有权收益。国家作为人民的代表享有矿产资源的所有权。矿业权的取得是矿产资源开采的首要环节,也是重要的一环。由于矿山企业取得矿业权是开采资源的先决条件,而开采资源不可避免地对环境造成破坏,因此企业在取得矿业权时理应为生态环境"付费",这也是矿区居民实现矿产资源所有权的一种体现。矿产资源包含生态价值在内,市场价格机制应该体现其中的生态价值。因此,在矿业权人获得开采资源权的同时,应该对资源包含的生产价值、生态价值等综合考虑,进而全面定价。在矿业权价款的缴纳标准上,各省份充分考虑了矿山企业的生产规模、矿石品位、地理区位、开采条件等因素,以分矿种、分品级累进计价的方式确定价款缴纳标准,仍是从资源本身的角度出发,未将环境因素考虑在内。因此,矿业权价款的设计应该充分考虑资源开采造成的环境破坏问题,为生态环境付费。

第三,矿业权使用费、矿产资源补偿费征收比例过低。我国的矿业权使用费征收标准于1998年确定。根据现行的计算标准,一个占地100平方千米的矿区按最高标准计算缴纳的使用费仅为15万元/年,这与矿山企业的巨额利润相比,使用费征收标准太低成为不争的事实。矿产的开采能够带来巨额的利润,而矿业权使用费的征收标准过低造成了抢注矿业权、圈而不探的局面,妨碍了矿业权市场的健康发展。依照规定,矿产资源补偿费主要用于矿产资源勘查支出、矿产资源保护支出及矿产资源补偿费征收管理部门经费补助。矿产资源补偿费费率1%～4%,与国外发达国家近10%的征收率相比,补偿费的征收比率过低,难以反映国家对矿产资源的所有权。一方面,资源性产品价格中本应作为地租归国家和地方所有的份额变成了开发商利润;另一方面,由于矿产资源补偿费过低又导致资源的过度开采。

第四,矿业权收益的分成比例不合理。在现行的制度下,我国大多数省份都将矿业权价款收益按一定比例分配于中央、省、市、县等四级政府。尽管具体的分配比例因各省而异(见表6-1),但是在整体上仍然存在共同点:价款资金被相对均等地分散到各级财政账户中,这种分配模式兼具优缺点。其优点是每一级政府都能享受到矿产资源禀赋所带来的级差地租,并充实了各级财政财力。其缺点在于价款收益被分散化后,不能给某一级政府带来显著的财力增长,亦难以引起明显的财政支出效应;此外,价款收益分散管理,无疑会增加管理成本,加上价款收益的使用管理制度并不十分严格,分散化管理下的资金使用效率并不乐观。与其他省份相比,陕西省在省、市、县分成上分别为36%、12%和12%,而其他省份的矿业权价款将更多的价款留在了县级政府层面,这也更加合理。因为矿产资源的开发过程中,资源地当地是直接承受环境破坏的一方,理应获得更多的价款分成。而且,其他省份矿业权价款的分成还更加细化,而陕西省的分成比例相对概括。同时,根据我们的调研,实际上县级政府难以获得价款的收益,甚至还无法获得足额的分成,存在价款到账滞后、截留等现象。

表6-1　我国主要矿产省份的矿业权价款分享政策

省份	规定名称	具体条文
内蒙古	内财非税规〔2017〕24号	矿业权出让收益,由中央、自治区和盟市按照4∶3∶3分成;盟市与旗县的分成比例由盟行政公署、市人民政府或财政部门制定
山西	晋财综〔2018〕25号	依据矿业权出让合同或分期缴款批复,若该期矿业权出让收益应在2017年6月30日前缴纳,则中央与地方仍按2∶8分成;若在2017年7月1日后缴纳,则中央与地方按4∶6比例分成。 1)以行政审批、协议出让等方式出让,除上缴中央外,其余部分全部留同级财政; 2)由国土资源部发证委托省级征收的,除上缴中央外,其余部分全部留省级财政; 3)其他方式出让,除上缴中央外,省、市、县按照3∶2∶5的比例分成; 4)对矿业权范围跨行政区域的地方分成部分,涉及省、市、县分成的,原则上按矿区面积的占比多少,进行测算分成

续表

省份	规定名称	具体条文
陕西	陕财办综〔2017〕68 号	按中央 40%、省级 36%、市级 12%、县级 12%的比例分成
河南	豫财环〔2018〕5 号	出让收益按照中央与地方 4∶6 分成;地方分成的出让收益按照省、市、县 6∶2∶2 分成,省级与省直管县按照 8∶2 分成
贵州	黔自然资规〔2019〕2 号	矿业权出让收益分成比例为中央 40%、省级 30%、市级 6%、县级 24%,其中贵安新区、双龙航空港经济区矿业权出让收益分成比例为中央 40%、省级 30%、市级 30%
山东	鲁财综〔2018〕27 号	中央、省、市、县(市、区)四级分成比例调整为 4∶2∶2∶2;对省财政直接管理县(市)执收的出让收益,市级不参与分成

注:以我国主要煤矿生产省份为例。

第五,矿业权价款的使用制度尚不完善(见表 6-2)。

表 6-2 我国几个主要矿产省份的矿业权价款使用政策

省份	矿业权价款收益的使用管理
内蒙古	1)盟市、旗县所得部分,可用于建设围绕矿产资源勘查开发利用和与之相关的基础设施; 2)建立自治区地质勘查基金,并将自治区所得的探矿权、采矿权价款划入
陕西	1)省级分成价款中用于管理和成本支出的比例控制在 0.5%~1%; 2)市县所得的价款主要用于:中央和省级安排的矿产资源勘查、保护、治理项目资金配套、管理费用支出,以及因采矿引起的其他相关支出(不得高于市县可使用价款的 40%)
河南	矿业权价款的 30%~40%转入省地质勘查基金
贵州	1)省级分成收入用于:建立省级地质灾害治理资金、地质勘查基金,全省探矿权、采矿权管理信息系统建设等; 2)市、县分成收入用于:地质灾害治理应由市县分担部分,矿山督查,探矿权、采矿权纠纷调处,矿产资源法律法规宣传等
山东	出让矿业权前期发生的地质勘查补充工作,勘查和开采可行性研究及探矿权、采矿权地质资料整理、评估、公告、咨询、场地租金以及其他原因出让所必需的成本费用等支出

注:各个省(市)的管理办法均以中央规定为基础,重合度较高;出于篇幅限制,仅列出了有异于中央政府价款使用政策的地方规定。

首先,矿业权使用比例不明确。尽管上述各省规定了矿业权价款使用的大致范围,但是不难发现大部分省份均未准确规定具体的使用比例。一方面,使用比例不明确,使用范围模糊且存在诸多功能重合的用途,容易造成实际工作中互打擦边球,不利于政府部门履行公共收入管理职责;另一方面,没有明确的使用比例,价款收益管理过程中的随意性较大,容易造成财政支出的缺位或者越位现象。其次,矿业权价款的使用重心不合理。矿业权价款收益经过近几年的改革已经逐步成为资源地政府非税收入的新增长点,但矿业权价款的主要用途仍然是弥补政府地质勘测投入。在以私人投资为矿产勘探主要模式的当下,巨额的价款收益用于弥补政府勘探投入既显得多余又不完全合理。笔者整理了陕西省近几年的矿业权价款数据,通过粗略估算,发现地方政府在勘测和矿山环境治理上的投入远低于当年收取的价款总额,即使考虑中央政府的矿业权收入分成,比例也低于3%。资源地政府积攒了大量的地质勘探周转金,却较少用于实际的勘探投入和环境治理。与采矿活动引发巨大生态补偿资金缺口的现实相比,这种配置矿业权价款的方式并不完全合理。

6.1.2 税费制度设计难以满足基层政府生态环境建设的资金需要

(1)政府间税费收入分享机制不合理

在目前的资源相关税费中,各级政府的分成比例不同。陕西省资源相关税费在各级政府的分享比例,见表6-3。总体来说,基层政府享有的财政收入较少。由于资源行业带来的税收主要偏向于增值税、消费税和所得税等税种,在现行分配格局之下,上述三大税种较多流向中央、省级政府,即使是除此之外的其他税费,也较多地流向了中央、省级政府,因此,形成了"中省拿大头、市县留小头"的收入分配格局。由于资源的持续开采会加重对生态环境的破坏,在对当地生态环境治理过程中,不仅要考虑进行中的资源开采造成的生态破坏,还要考虑历史遗留下来的生态问题。对应于市、县级政府巨大的事权,现有分享机制在一定程度上不利于基层政府履行事权,更不利于调动基层税收系统的征税努力程度。

表6-3 陕西省资源相关税费在各级政府的分享比例

单位:%

名称	中央占比	省占比	市占比	县占比
增值税	75	7.5	7.5	10
所得税	60	20	10	10
消费税	100	/	/	/
环境保护税	/	30	70	
资源税	/	30	30	40
城镇土地使用税				
矿业权价款	20	40	14	16

能源化工基地建设、资源开发带来的生态恢复与环境保护支出压力很大,治理任务艰巨,除了需要对"三废"和塌陷区等进行治理,还需要用于矿区居民的饮水、修路等支出,矿区群众的生产、生活条件亟待改善,民生支出压力很大,地方政府力不从心。再加上国家对GDP考核的重视,经济发展往往放在第一位,对环境治理的投入严重不足,已影响到资源地城市的可持续发展。据测算,每采1吨煤就会破坏地表水2.84吨,破坏和消耗与煤炭伴生

的矿产资源 8 吨,生态环境成本总价值 66.1 元;每采 1 吨原油造成的生态环境成本 260元①。以榆林市 2021 年产煤 5.5 亿吨、原油 1094.66 万吨测算,仅煤炭和石油两项的环境代价就达到 392 亿元,占全年地方财政收入的三分之二,可见生态环境建设需要的资金量之大。而如果按照《中国石油消费总量控制方案和政策研究执行报告》中的数据,每吨石油的环境外部成本,包括环境生态成本 280.6 元/吨、气候变化成本 160.7 元/吨,生态环境建设需要的资金量将更大。

(2)环境保护税征收标准偏低且征收不规范

环境保护税作为我国改善生态环境和维护生态平衡的重要税制改革举措,已于 2018 年正式开征。作为我国第一项真正的"绿色税",本来应该在环境保护方面发挥至关重要的调节作用,但由于环境保护税在征管方面还缺乏有效经验,在实际征管过程中存在着一些亟须解决的问题,直接影响了环境保护税对治理环境污染的预期效果。早在 2003 年,我国颁布了《排污费征收使用管理条例》,改变了只是对排污者超标排放的污染物进行征收,而忽略了污染物的总量排放的排污费征收办法。新的排污收费制度在许多方面有了很大的改进,使我国的排污收费制度走上了法制化和规范化的道路。2018 年,《中华人民共和国环境保护税法》开始实施,原由环保部门征收排污费改为由税务部门征收环保税。然而,不论是排污费制度还是环保税制度,在制度设计和执行过程中都存在一些问题。

第一,征收标准仍然偏低,欠缺灵活性。我国目前环保税的征收标准较低,2020 年全国的环境保护税收入仅有 207 亿元,有的仅为污染治理设施运转成本的 50%,某些项目甚至不到污染治理成本的 10%,环保税作为对环境损害的补偿只能算作"欠量补偿"。2021 年,陕西环境保护税 3.8 亿元,仅占陕西省 2021 年全年税收收入的 0.17%。长期以来,我国的排污费都在比较低的水平。对于企业尤其是国有大型企业来说,难以实行现行的排污标准,造成环保税征收困难。现行的环保税标准没有充分考虑沿海与内地、东部与中西部地区之间的差异,灵活性较差。在实际中,企业转向原材料丰富、市场前景好,但是生态比较脆弱的地区,形成地区生态环境越脆弱,环境污染越严重的恶性循环。

第二,环保税征收不规范。环境保护税的征收是一项专业性较强、技术难度较大的工作。环境保护税是由原来的排污费改革而来,征收环境保护税实现"税费平移"之后,负责征收的主体发生了变化,排污费是由环保部门征收的,环境保护税则根据"企业申报、税务征收、环保监测、信息共享"的要求征管,征收税款的主要工作职责由税务机关承担,环保部门负责进行排污数据监测。"环保部门—税务机关"这种双重征税主体的制度设计是基于两个部门各自的职能优势,通过部门间的合作与协调来实现征管工作的有效衔接。

以环境保护税为主的绿色税收收入,具有零星分散、难征管、税收收入占比小的特点,特别是环境保护税,其计税依据确认和应纳税额的计算复杂,与纳税人财务数据没有直接关

---

① 以上数据引自榆林市"十二五"规划纲要。

系,专业性强,对环保知识要求高,需大量依赖生态环保部门的数据储备和技术,除采用监测数据的重点污染企业外,大部分纳税人都采用排污系数、物料衡算或抽样测算确定计税依据并计算应纳税额,具有应纳税额小、计算复杂、征收精力投入大且税收效应不高的特点,导致征收成本投入与税收收入不成正比,容易影响基层税务机关的征收积极性,征收力度相对较弱。

第三,从环境保护税征收工作的专业性来看,环保部门集监测、管理、治理等多重职能于一身,具备税务机关所没有的工作优势。税务机关作为环境保护税的征收主体,其面临的现实困难是不言而喻的,在技术、经验以及人员上都还存在很多难题,征收工作的成效基于环保部门的配合度。税务机关只能依靠环保部门监测和传递的数据来开展工作,配合部门的"不作为、不合作"或者由于客观条件制约,以及纳税企业寻租等情况,都会影响环境保护税的有效实施。税收财权的变更和转移必然会涉及各个部门之间的利益分配以及职权分工问题,加之目前尚未明确纳税企业、税务机关和环境部门各自的权利、义务分配,以及缺乏关于弄虚作假、推诿扯皮等行为的法律责任规定,导致征收部门之间协调性不足。这种协调性不足直接影响环境保护税的征收管理无法调节企业排污行为,影响环境保护的实际效果。结果就是,我国现行税制虽然存在真正的绿色税种、低碳税种,却不能真正有效发挥税收对降污减排的调节作用。

(3)税收征管制度不合理

我国的资源除了少量用于当地,大部分会向能源使用地输出,这样就面临税收与税源背离的问题。中省企业和外来资本大多占有面积大、禀赋好的资源,而地方企业则相形见绌,资源开发产生的巨大利润绝大部分流向市外。能源企业投资主体主要为中央企业和省内外大型企业,机构注册地多数在外地,属跨区域经营,企业按汇总缴纳和注册地缴纳税收,造成税收大量转移和流失。以榆林为例,多年来,煤炭等资源因税收与税源的背离,这种现象一直持续至今。

6.1.3　税费制度等经济激励手段效果不及行政命令手段

具体而言,环境管制中的命令控制主要是采用总量控制、限期治理和排污许可等;对于市场的环境管制手段,一般有排污费、排污权交易以及环境税等方式。已有的环境经济学文献显示,虽然经济学家一直强调经济激励管制手段的优势,但在实际的环境管制过程中,命令控制仍是政府所依赖的主要环境管制手段。在我国的环境管制中,命令控制工具主要以法律法规的形式出现,占据着我国环境政策工具的主导地位。自1973年提出"三同时"原则以来,我国的命令控制型环境管制政策不断地丰富和完善,已经形成了以"三大政策,八项制度"、环境标准体系为主体的完整体系。自党的十八大提出加强生态文明建设以来,相关环境法律法规不断修订和制定,基本上覆盖了所有的环境保护领域。

我国环境管制的三项基本政策包括"预防为主,防治结合""谁污染,谁治理"和"强化环境管理"。"预防为主,防治结合"的基本思想是把消除污染、保护生态环境的措施实施在经济开发和建设过程之前或之中,坚持预防和治理相结合,从根本上消除环境问题得以产生的根源,从而减轻事后治理所付出的代价。"谁污染,谁治理"的基本思想是指污染产生的损害以及治理污染所需要的费用,都必须由污染者负担和补偿,从而使外部性费用内化到企业的生产中去。这项政策明确了环境责任,开辟了环境治理资金的来源。"强化环境管理"的基本思想是通过强化政府和企业的环境治理责任,在各级政府和企业间实行环境目标责任制,对环境综合整治进行定量考核,控制和减少由于管理不善带来的环境污染和破坏。

在三项基本原则的基础上,我国制定了八项制度。一是"三同时"制度,该制度具有明显的计划经济色彩,是指一切新建、改建和扩建的基本建设项目(包括小型建设项目)、技术改造项目、自然开发项目,以及可能对环境造成影响的其他工程项目,其中防治污染和其他公害的设施及其他环境保护设施,必须与主体工程同时设计、同时施工、同时投产,简称为"三同时"制度。二是"排污收费"制度,对于向环境排放污染或超过国家排放标准排放污染物的排污者,按照污染物的种类、数量和浓度,根据规定征收一定的费用。三是"环境影响评价"制度,该制度要求建设项目开工前要对项目可能给环境造成的影响进行科学的论证,提交环境影响报告。四是"环境保护目标责任制"制度,规定各级政府的官员要对当地的环境质量负责,企业对本企业的污染防治负责,规定他们的任务目标,并将结果列入政绩进行考核。五是"限期治理"制度,对严重污染环境的企业、事业单位及特殊保护的区域内超标排污的已有设施,由有关管理机构依法命令其在一定期限内完成治理任务,达到治理目标的法律规定。六是"城市环境综合整治定量考核"制度,对城市各项环境建设和管理的总体水平、综合整治成效、城市环境质量等项目制定定量指标进行考核,每年评定一次。七是"排污许可证"制度,以改善环境质量为目标,以污染物总量控制为标准,规定排污单位许可排放什么污染物,许可污染物排放量,许可污染物排放去向。八是"污染集中控制"制度,是指创造一定的条件,形成一定的规模,实行集中生产或处理,使分散污染源得到集中控制的一项环境管理制度。

从我国环境管理的历史来看,命令控制型环境政策工具在环境问题尤其是对紧急事件的处理上功不可没。但命令控制方法借助于自身行政权力和法律法规的威慑力来实现对环境的规制,短期效果是很明显的。随着市场经济的发展和完善,在各地环境治理的实践中,其逐渐暴露出以下四个方面的缺陷。

第一,政府角色定位不准确,环境治理成本高昂。命令控制方法的主要思想就是强调政府在环境规制中的主导作用,单方面强调政府行为,强调自上而下的决策制定方式,导致政策缺乏一定的灵活性。我国的环境保护投资大部分都属于政府或公共投入,环境保护的成本(包括组建机构、增加人员、购买装备、召开会议、执行制度、检查工作、上下联络、左右协调、开展监测、往来交涉、法律诉讼等费用等)主要由政府来负担。当处理大量违反环境保护法律的事件时,往往力不从心,使规制政策不能得到充分的落实。相对于不断增加的环境规制的职能和任务,机构运行的经费明显不足,甚至有些地方都不能满足开展正常工作的最低需要,导致了环境保护成为政府的包袱。环境保护投资主体的缺乏造成了西部化石能源产地环境治理经费的严重不足,影响了规制政策的落实。在这种规制政策下,由于缺乏有效的监督和监察,政府角色定位的中立性有限,形成环境规制中的"政府失灵"。

第二,治理方法单一,不适应社会发展的需要。由于命令控制方法大多是在计划经济条件下建立的,该政策中的"三个政策,八项制度"具有较多的行政色彩。该政策注重点源治理,忽视全过程控制;重视自上而下的、行政的强制管理,忽视引导企业建立自我规划、自我控制、自我完善的机制;对下级部门要求多,提供支持少。同时,有法不依、执法不严的情况影响了环境规制的效果。随着社会主义市场经济的发展,原先在计划经济体制下制定的一些规制政策已经不能解决现实问题。例如"三同时"制度的主旨是要从源头上解决污染问题,但随着企业经营机制的转变,行政命令这种硬约束缺乏对企业投资于污染治理设施、进行污染技术研发的激励,再加上政府与企业之间信息的不对称,使该项制度缺少足够的监督手段,这样会使企业在实际中采取机会主义行为,只注重短期利益,减少对污染治理的投资,使"三同时"制度失去应有的效力。

第三,缺乏社会公众广泛而深入的参与。由于政府在命令控制方法下占有绝对的主导地位,再加上环境管理体制的不健全,导致对社会公众的环境教育宣传滞后,信息沟通渠道不畅,使公众参与环境保护的积极性不高,产生事不关己的思想。例如《环境影响评价法》在实施过程中存在许多问题,主要有信息公开不充分、不及时,公众参与范围不全面,参与对象的代表性不强,缺乏必要的信息反馈等。产生问题的原因是多方面的,其中包括环境规制部门、规划编制单位、环境影响评价单位对公众参与的认识不足,忽视对社会专业技术的利用,评价结果的公示制度不完善等。由于缺少社会公众的参与,环境保护缺乏社会力量,使命令控制型环境规制政策缺少必要的监督、支持和促进。

第四,缺乏进行污染治理和技术开发的激励。命令控制方法由于是以政府行政命令为主导的规制手段,导致环境规制有重行政管理、轻技术落实的倾向,在环境科研队伍的功能定向、环境技术开发的资金投入、环境技术开发项目的责任制、环境技术认证制度、技术成果的享用等方面缺乏有效的政策支持。环境污染治理设备和技术大多依靠从国外进口,自主研发和创新的动力严重不足。由于缺乏有效的激励,企业对污染治理的重视不够,也不会愿意加大对污染治理技术研发的投入,甚至有的排污企业根本就没有削减污染的技术部门,导致环境污染控制与治理技术整体落后。

6.1.4　现行税制的绿色程度不足

我国税制体系一直在不断地优化与完善,尤其是 2018 年 1 月 1 日环境保护税的正式开征,标志着我国出现了真正以保护生态环境为目的的税种。但从目前看,我国绿色税收制度处于初步阶段,大部分税种处于立法初期,部分政策还不完善,削减了调控生态环境保护的力度。

我国现行税制中,具有低碳性质的税种涉及环境保护税、消费税、增值税、企业所得税、车辆购置税、资源税等。环境保护税作为我国真正意义上的绿色税种,可以通过调节企业生产方式,减少污染物的排放,起到降污减排的作用。资源税则是对我国应税资源在开采环节征收的一种税,尽管资源税开征的目的是调节资源开采者之间的级差收益,但由于资源税直接针对能源矿产资源开采进行征收,资源税的征收可以减少能源矿产资源的开采数量,进而减少能源矿产资源的使用数量,最终达到减少二氧化碳等温室气体排放量的目的。开征消费税的目的中包含了消费过程中对生态环境造成不利影响的消费品,如汽油、柴油以及成品油主要互补品小汽车、摩托车等,通过对这些消费品征收消费税可以减少消费者的消费数量,从而减少二氧化碳等温室气体的排放。车辆购置税是消费者购买应税车辆、摩托车时征收的,车辆购置税可以增加消费者的购车成本,减少消费者对车辆、摩托车的购买需求,也可以减少车辆等使用过程中的碳排放量。车船税同样具有这样的减碳作用,因为车船税是对居民持有的车船征收的一种财产税,会增加车船购买后的持有成本,进而减少居民购买车船的需求。增值税与企业所得税对降污减碳的影响则主要体现在税收优惠的相关规定方面,通过对纳税主体降污减碳行为给予相应的税收优惠,鼓励纳税主体更多从事减少碳排放量的生产经营行为,同样可以达到降污减碳的目的。绿色税收制度存在以下问题。

第一,征税范围偏窄。以环境保护税和资源税为例,环境保护税的征税范围为大气污染物、水污染物、噪声和固体废物,且噪声只针对工业噪声征税,征税对象未涵盖全部污染行为。现行环境保护税列举征税对象不包含汽车尾气、建筑噪声、挥发性有机物污染、碳、烟火、鞭炮等环境影响较大和群众感受强烈的污染品目,而且这些税种筹集的收入水平也比较低,占税收收入总额的比重不高;资源税的征税范围主要包括矿产品和盐,水资源税正在试点阶段,并没有在全国范围内推开,滩涂、草场、森林等资源没有纳入征税范围,遏制滥采滥伐资源没有做到全覆盖,无法通过征收资源税达到积极有效保护生态环境和资源的目的。

第二,没有遏制严重破坏环境的惩戒性税收政策。各税种的税收优惠政策规定纳税人达到享受条件即可享受,均为正向激励,没有规定惩罚性条款。如环境保护税法规定,使用监测数据申报缴纳环境保护税的纳税人,排放污染物浓度值低于国家和地方标准的30%和50%,分别减按75%和50%征收环境保护税。若纳税人严重超标排放污染物,是否要加成征收环保税,环境保护税法及相关配套政策并没有明确规定。又如资源税法有减征和免征条款,但没有违规开采、乱采、严重超采是否加倍征收的条款。税收优惠侧重于企业资源开采利用率的提高,而忽视对企业破坏生态环境、浪费资源等行为的经济惩罚。

第三,部分政策不够明确。环境保护税开征已有 5 年,但需省政府明确的其他固体废物征税范围还没有明确,对采用抽样测算环境保护税的范围还停留在原排污费的规定上,并没有进一步细化和扩大,加大了基层税务机关的征收难度;耕地占用税法有批准占地和未经批准占地征税条款,但税法和相关政策没有明确税务机关对未经批准占地且无法取得自然资源主管部门的相关资料,以及违规占地、非法占地等非正常占用耕地的处理原则。在没有明确政策规定的情况下,税务机关征与不征都面临被追责的执法风险。

第四,税类结构失衡。从环境税类收入在一般公共预算收入中的占比情况(见表6-4)可见,我国环境财政收入中环境税类收入总体规模在不断增加,但是在一般公共预算收入总额中所占比重总体偏低且波动较为频繁。2010—2021年环境税类收入及其占一般公共预算收入比重的变动情况如图6-1所示,可以看到环境税类收入总体规模在不断增加,2021年环境税类收入规模为21407.80亿元,而2010年环境税类收入规模为9496.40亿元,2021年环境税类收入是2010年环境税类收入的2.25倍,表明我国环境税类收入总体规模在不断增加且保持稳定的增长速度。但环境税类收入在一般公共预算收入中的占比较低,且总体呈现下降趋势。从变动趋势看,这一比值大体稳定在10%~12%之间,最高值出现在2012年,环境税类占比为11.62%,最低值则出现在2018年,环境税类占比为10.54%,其间变动幅度并不大。不过,与货物劳务税类收入及所得税类收入在一般公共预算收入中的占比[①]相比,环境税类收入的比重就显得有些太低了。因此,通过环境税类收入在一般公共预算收入中的占比,反映出我国环境财政收入的环境保护功能在不断加强,但这一占比却远远低于货物与劳务税类和所得税类在一般公共预算收入中的占比,表明我国财政收入的绿化功能远远不足。

表6-4 环境税类收入在一般公共预算收入中的占比情况

年份	环境税类收入/亿元	一般公共预算收入总额/亿元	环境税类占比/%
2010	9 496.40	83 101.51	11.43
2011	11 494.70	103 874.43	11.07
2012	13 624.46	117 253.52	11.62
2013	14 859.65	129 209.64	11.50
2014	16 157.00	140 370.03	11.51
2015	17 639.56	152 269.23	11.58
2016	17 493.58	159 604.97	10.96
2017	18 708.60	172 592.77	10.84
2018	19 335.13	183 359.84	10.54
2019	20 317.76	190 390.08	10.67
2020	19 542.85	182 913.88	10.68
2021	21 407.80	202 554.64	10.57

资料来源:根据历年《中国统计年鉴》统计整理。

---

① 这里的占比都是对现行税制重新分类以后计算得出的。

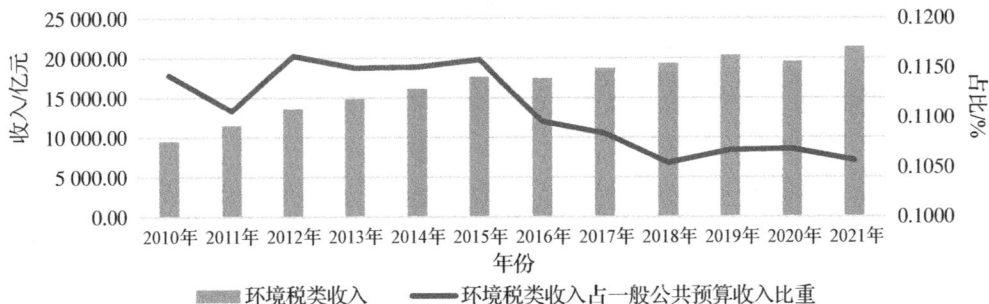

图 6-1　2010—2021 年环境税类收入及其占一般公共预算收入比重的变动情况

注：图 6-1 中左侧表示历年环境税类收入的绝对规模，单位亿元；右侧表示环境税类在一般公共预算收入中的比值。

2010—2021 年间我国环境税类内部税种结构没有发生太大的变化，各税种的占比排序几乎没有发生变化，大致体现为以下两个特点：一是真正具有能源资源节约与生态环境保护功能的资源税与环境保护税在环境税类中的占比太低。环境保护税一直位于环境税类所有税种的最后一位，资源税则长期位于倒数第三位，只是从 2018 年开始，资源税在环境税类中的占比排序才逐步上升，2021 年资源税已经超过了城镇土地使用税排在第四位。二是消费税类中占比最大的税种主要是消费税相关税目、城市维护建设税与车辆购置税。尽管消费税相关税目占比较高但其绿化功能具有间接性。现有消费税的绿化功能主要表现在成品油加工和交通运输设备制造两个税目，这主要是对能源资源使用及其互补品征收的，并没有直接针对污染环境的行为征收消费税，绿化功能具有间接性。占比较大且比较稳定的城市维护建设税的绿化功能主要体现在事后治理。城市维护建设税是对增值税和消费税附加征收的，其规模比较稳定，主要是由于我国货物与劳务税是稳定增长的。而城市维护建设税之所以具有环境保护功能，是由于该税种收入专款专用于污染物的收集与处理系统，对于改善城市环境质量具有非常重要的意义。这属于环境污染产生以后的一种事后治理支出，对排污行为的事前约束作用不足。而且该税种只针对城市建设中出现的环境污染行为进行投资治理，对日益严重的农村环境污染基本没有影响。车辆购置税占比较大但对环境污染的调节不具有持续性。因其属于交易环节征收的一次性税种，对环境保护的调节作用是一次性的，而不具有持续性。

因此，我国环境税类内部结构严重失衡，真正具有能源资源节约与生态环境保护的税种占比太低，而占比较高的又不对生态环境保护具有直接调节作用，这势必弱化环境税类的绿化功能。

第五，绿色评价机制和财税制度配合还欠缺。一方面，绿色发展指标评价体系尚未形成。对市场主体生产经营行为是否绿色以及绿色程度，缺乏一套科学、全面、具体的指标评价体系、标准和规范。另一方面，差别化财税引导机制还不够健全。按照市场主体绿色发展指数，差别化实施财税激励措施的政策设计还不足，未能充分体现市场主体环保等级和绿色梯级,一定程度影响了政策引导作用发挥。

综上,将我国现行税制中可以减少碳排放量的税种归于具有低碳性质的税类中,发现这些税种散见于现行税制的各个税类中,既有商品税类、所得税类、财产税类,也有资源税类、行为税类。而且这些具有低碳性质的税种,开征目的没有一个是为了减少二氧化碳等温室气体的排放,即使资源税与环境保护税这两个真正意义上的绿色税种也没有例外,只是这些税种的征收过程可能会导致纳税主体减少碳排放量。2020 年,我国资源税全年收入 1755 亿元,环境保护税收入只有 207 亿元,即使消费税收入达到 12028 亿元,但由于消费税收入占主体的是烟酒税目,成品油等税目收入也并不高。这就表明我国现行税制中其实没有真正意义上的降污减排税费体系,真正的低碳税种——"碳税"在我国还没有开征,导致我国现行税制低碳程度不足。

6.1.5 绿色税收优惠规定散乱、范围狭窄

总体上看,这些绿色税收优惠政策规定比较散,散见于现行税制中的各税种,而且有的税收优惠措施是出于保护落后产业等其他目的的规定的,直接影响了税收制度对降污减碳的效果。《中华人民共和国环境保护税法》规定船舶、航空器、机动车、铁路机车、非道路移动机械等工具向自然界排放污染物的免征环境税;依法设立的城乡污水集中处理、生活垃圾集中处理场所排放的污染物,只要在国家和地方设定的标准之内的免征环境税;纳税人综合利用的固体废物,符合国家和地方环境保护标准的免征环境税等。除了环境保护税法,我国现行税制其他税种也包含了涉及生态环境保护的相关免征内容,如增值税中就有对提供环保技术研发和环保服务业务的企业免征增值税的规定;对于国内企业引进国外处理废水、废气、各类污染物质的重要设备以及零部件、原材料的免征增值税和关税。对于环保企业环保技术创新、研发并通过技术转让收入在 500 万元以下部分免除所得税。对于企业购置并使用和环境保护相关的设备,如水污染防治设备、大气污染防治设备、土壤污染防治设备、固体废物处理设备,进行税额减免;当环保科研人员将环境保护研究成果转化为经济收益时,免征个人所得税;科研人员在环保领域取得重大进展并获得奖励的免征个人所得税。

另外,我国现行税制中税款返还的方式在促进企业自觉降低污染排放、实现绿色健康发展中发挥了重要的推动作用。增值税、企业所得税都规定,只要其符合节能减排、保护环境等前提条件,都可以享有相应不同程度税款返还的优惠政策。以垃圾和农林废弃物作为能量来源进行发电、供热等与民生有密切关系的企业,可以享受 100% 返还增值税;利用工业废渣、工业污泥、工业废气生产建筑材料、水泥、生物柴油等产品的企业,可以享受返还 70% 的增值税;提供垃圾处理、污水处理、污泥处理等劳务性环保服务的企业,可以享受 70% 的增值税返还;能够通过环保技术和设备对生产过程中产生的废物进行回收利用的企业,可以

享受 50％的增值税优惠；对电子产品进行废物拆解再次利用的，比如从事电镀废弃物的冶炼提纯等生产活动的企业，可享受返税 30％的优惠政策；对于环境保护、节能节水、公共污水处理、公共垃圾处理、沼气综合开发利用、节能减排技术改造、海水提取技术等项目都有各种不同程度的企业所得税优惠政策；以提供污染防治服务为主的第三方企业享受返还 15％的企业所得税，对于此行业中的小型微利企业则可以享受 20％返还的优惠政策。可以看出，我国低碳税制税收优惠措施，涉及增值税、消费税、企业所得税、车辆购置税、环境保护税、土地使用税等主要税种，已经相对比较完善；优惠措施类型涉及免税、减税、投资额抵免税额、减计应税收入、费用加计扣除、加速折旧等，也比较全面（丁丁、王云鹏，2020）。但是，现行税制的低碳税收优惠政策覆盖范围总体上看比较狭窄，涉及降污减碳属性的税收优惠在整个税制中所占比例较低，在征收过程中刺激和鼓励纳税主体积极节能减排，以及促进开发新能源、升级新技术的作用十分有限。此外，现行税制低碳税收优惠政策形式单一、数量有限、规定笼统、标准模糊，还存在系统性不强、协调性不够、操作性不强、优惠力不够的问题，在税收征管过程中可能会出现能否适用、适用哪种优惠政策的现实难题。

此外，我国现有的绿色税收优惠措施普遍以两年为期，而发展绿色经济是一个长期的经济变迁过程，推动低碳经济发展的技术创新，都有投资金额大和盈利周期长的特点，短期内很难形成有效产能，难以享受以实际产品的销售收入为课税对象的减免税优惠。

6.1.6　税收部门与其他部门协作不畅

一方面，部分税收政策与关联法律法规规定不一致。纳税人在实际生产经营过程中，需同时遵从税收法律法规和其他法律法规的规定，基层税务机关日常税收征管会遇到部分税收政策的规定与有关法律法规的规定相悖，导致征收税款符合合法性但缺乏合理性。如财政部、税务总局、生态环境部发布的《关于明确环境保护税应税污染物适用等有关问题的通知》（财税〔2018〕117 号）规定，纳税人采用委托监测方法，在规定监测时限内当月无监测数据，可以沿用最近一次的监测数据计算缴纳环境保护税，但不能跨季度沿用，且当月无监测数据不予减免环境保护税。但环保监测规范规定，纳税人在符合监测规范的要求下，可以按季、半年、年进行监测，纳税人提供符合监测时限和频次的监测数据但不符合环境保护税政策时，将无法沿用跨季度监测数据申报环境保护税，有季度数据但当月无检测数据的不能享受环保税减免，这无疑要求纳税人至少按季监测，在环境保护税税额或是税收优惠税额小于监测费用的情况下，无疑是增加纳税人负担，打击纳税人节能减排的积极性。又如车船税政策规定，以载运人员或货物为主要目的的专用汽车，不属于专用作业车，交警部门为车辆办理登记时，不会管车辆用途，会按车辆登记规范和技术要求确定车辆类型，存在登记的车辆类型与税收规定不一致，造成车船税的适用税额与实际不符，加大了基层税务机关的执法风险。

另一方面,部门之间的配合力度不够深入。为了强化税收的征收管理,税务机关加强与政府相关部门协作、做好税收征管是绿色税收法律制度的组成部分。目前,各级税务机关与同级相关部门联合发文建立了环境保护税、耕地占用税、资源税等税种征管协作机制,明确联系人和协作方式。但运行过程中,由于个别部门认为税收征管是税务部门的工作,收多收少与自身无关,加之本部门数据较分散,收集难度较大,各部门的信息化建设有差异,认为向税务机关传递涉税信息,配合税务机关做好税收征管是额外增加的工作,存在协作主动性不高、信息传递不及时、数据不完整、质量较差等问题,对税务机关主动发起的复核事项不予回复,不主动配合税务机关追缴税款的情况时有发生,使部门协作停留在机制搭建上,存在不能有效运行的现象。

6.2　转移支付制度存在的问题

6.2.1　生态补偿纵向转移支付资金不足

第一,生态补偿纵向转移支付资金的金额较低。生态环境建设方面的财政支出主要以地方财政支出为主,中央和省级财政转移支付较少,各地区尤其是市、县级地方政府纵向转移支付资金严重不足。世界银行研究报告表明,治理生态环境污染的投资占GDP比例达到1%~1.5%左右时,可以控制生态环境污染恶化的趋势;当比例达到2%~3%时,环境质量有所改善。虽然目前我国环境建设方面总体的财政支出占比有所提高,但对于实际承担较大环境责任的基层政府,其投入比例仍然较低,而且这方面资金主要依靠纵向转移支付。以陕西省西安市为例,2010年开始享受中省重点生态功能区转移支付补助,补助规模从2010年的2066万元增加到2019年的9848万元,获得补助的区县范围也由2010年的一个区县(周至县)扩大到四个区县(长安区、蓝田县、周至县、鄠邑区)。西安市从2016年建立生态功能区转移支付制度,每年3000万元,该项转移支付制度的实施,有效缓解了其环境保护方面的压力,在一定程度上遏制了生态环境恶化的势头,生态环境得到明显改善,生态保护和环境治理取得可喜成效。但是目前来看,该市下达的生态保护转移支付资金规模对财政困难地区财力补偿程度还较有限,稳定的投入机制和增长机制尚未建立,与生态环境保护资金需求仍差距很大,无法满足新时代推进生态环保工作的需要[①]。

---

① 数据来源于西安市财政局预算处。

第二,专项转移支付缺乏稳定性。现行生态环境建设方面的纵向转移支付一般是以专项资金的形式,形式不够规范,属于非均等化转移支付。我国一般性转移支付根据财政收支差额计算,有一定的稳定性和持续性。专项转移支付主要依托于生态环境项目,往往缺乏长期稳定性。专项转移支付的不确定性体现在补偿标准、补偿范围往往根据不同的项目有所变动,同时资金的到位与否也存在较大的不确定性。以"三北防护林工程"为例,陕西省"三北防护林工程"第一阶段资金到位 1.67 亿元,仅占规划的 20%。投入的不稳定性使地方政府难以对生态保育工作做出长远规划,容易使这项工作缺乏系统性、可控性,在人员安排、物资购买方面效率低下。因而,需要建立规范化、常态性的纵向转移支付制度。

第三,转移支付制度缺少生态因子。地方政府投入生态补偿的转移支付资金可以分为两类,一类是有使用用途要求的资金,例如中央政府专项转移支付资金,一类是无固定使用用途规定的资金,包括中央政府一般性转移支付以及地方政府获得的税收收入。由于只有具有固定用途的转移支付资金才有纠正外部性的作用,且一般性转移支付缺少生态因子,因此,目前我国真正意义上的生态补偿转移支付仅包含专项转移支付。

6.2.2　缺少资源开发相关的横向转移支付制度

《国务院办公厅关于健全生态保护补偿机制的意见》明确指出,生态保护实行权责统一、合理补偿、谁受益、谁补偿的基本原则,要科学界定保护者与受益者权利义务,推进生态保护补偿标准体系和沟通协调平台建设,加快形成受益者付费、保护者得到合理补偿的运行机制。由于生态保护的成果受益者通常是一定地域范围的大多数居民,因此,政府有责任代表全民建立和实施生态保护补偿制度。多地现行的重点生态功能区转移支付办法并未考虑此项内容,这在一定程度上也是生态发展区财力紧张、财政投入积极性不高的原因。

生态补偿转移支付仅包含中央转移支付,既缺乏公平,也缺乏效率。部分生态补偿公共服务属于"俱乐部商品",由中央政府提供缺乏公平性,而中央政府提供地方性产品也缺乏效率,因此,横向转移支付是生态补偿转移支付体制必要的组成项目。目前我国生态补偿横向转移支付在水流域范围有所实践,但矿产资源地生态补偿转移支付领域却是完全空白,有部分省份的财政部门,尤其是资源富足的省份虽然关注到了这一制度,并呼吁建立相关的制度实践,但到目前为止,仍旧未有实践。以陕西省为例,亟须建立横向转移支付,原因主要有两个方面。一是石油、天然气方面,榆林市西气东输的陕宁管线、陕京管线等管线企业的营业税纳税地均在输入地省市,因而,可以协商由输入地省市按照输入天然气量给予横向转移支付;二是水资源方面,作为陕西省最大的内陆湖,红碱淖上游位于内蒙古境内,内蒙古资源开采导致地下水渗漏,汇入红碱淖的河流断流,导致红碱淖面积不断缩小,陕西省也应该与上游的内蒙古自治区讨论建立横向生态转移项目。

当前的横向转移支付制度主要集中在流域上下游的横向转移支付,更多的是对产品生产加工环节产生污染物的后治理和约束,而忽略了在资源开采,也就是生产活动开始之前的能源准备环节对资源地当地生态造成的环境污染问题。我们再从污染物的性质来考虑,由于水资源的污染存在上下游的关系,下游的水质遭到破坏会存在上游排污的责任。固体污染物多为固定非移动的,基本在区域内造成污染,不适宜使用转移支付制度。而对大气污染物而言,由于受到风等自然条件的影响比较大,很难界定上下游关系,横向转移支付制度很难建立。而对于资源开采而言,有固定的资源输出地和使用地,且存在资源开采地生态环境污染的事实,满足建立横向转移支付的条件,因此,有必要建立资源开采相关的横向转移支付制度试点。

6.2.3　针对生态转移支付资金的考核指标体系不明确

生态转移支付具有生态环保和民生改善的双重目标。当前,很多地方现行的重点生态功能区转移支付办法虽然明确要求区县加强生态环境保护,对资金分配、资金使用要体现出生态环保和民生改善的双重目标,但是对于重点生态功能区转移支付资金在生态环境保护和基本公共服务之间的分配比例缺乏明确要求,对生态保护绩效考核未建立明确的考核指标体系。加之生态环境保护周期长、难度大、见效慢,重点生态功能区转移支付资金使用更易倾向民生改善,一定程度上制约了财政资金在推进生态文明建设中应发挥的作用。

6.3　环境财政投入(支出)制度存在的问题

6.3.1　环境事权划分不清晰

整体来看,当前环境事权主要由地方政府,尤其是基层地方政府承担,这样就面临财权与事权不对应的结果,地方政府承担了过多的环境事权责任,且存在事权划分不清晰的问题。下文,我们就以西安市的调研结果为例说明现实存在的问题。

(1)事权划分不清晰,支出责任不匹配

调研中,我们发现区县各分局的工作事项主要由西安市生态环境局委派,区县政府几乎不介入或很少介入生态环境领域的管理工作。事实上,过去历年各区县分局除日常人员经费和公用经费由市级财政承担外,许多污染治理工作的经费也来自市级财政。财政事权与支出责任的不匹配有时会导致承担项目具体工作的区县分局得不到应有的财政支持,但许多同类市级项目又存在钱支不出去的现象,不仅造成了资源的浪费,也耽误了相关工作的开展。

例如调研过程中注意到的土壤防治问题。西安市近年来在生态环境领域的投入力度不断加大,但土壤防治相关项目的立项却一直较少。这是由于土壤防治工作的统筹规划在市局,但具体执行的主体是各区县分局。在当前事权和支出责任划分不清晰的状况下,市局机关很少提出具体的防治项目,但区县的具体项目又很难得到市级财政的支持。支出责任的不匹配导致了目前相关工作开展困难。

(2)事权划分不清晰,责任主体缺位

生态环境领域的事权划分不清晰,也会造成某些工作责任主体缺位的问题,特别是当该项工作需要区县政府跨部门协调完成时。

农村生活污水处理设施的投建和运维是其中的典型代表。当前农村污水处理设施的投建大都由市财政承担,但设施建设完成后,该设施的产权归当地区县政府,由于事权划分不清晰,存在区县政府无部门接收的现象,该设施的后期运营维护工作自然无法得到保障。

(3)事权划分不清晰,新生事权难以落实

2021年5月,中央召开碳达峰碳中和工作领导小组第一次全体会议,强调地方及重点领域行业要完善绿色低碳政策体系,为生态环境领域的工作提出了更为紧迫的任务,如加强制定西安市应对气候变化及温室气体减排规划,控制全市温室气体排放,排放权的有偿使用及交易等事权亟待落实。

由于当前西安市生态环境领域无政策直接指导,市与区县财政事权与支出责任划分原则不明确,使得诸如此类的新生事权,很难得到快速划分和落实。

6.3.2　环境财政支出规模总体偏低

我们将环境污染治理投资额与一般公共预算支出中节能环保支出的总和作为衡量环境财政支出水平的指标。根据《中国统计年鉴》相关数据,2010—2021年我国环境财政支出规模见表6-5。可以看出,2010—2021年间我国环境财政支出总量从10 054.18亿元增加到15 016.94亿元,环境财政支出规模总体上呈现增长趋势,12年间环境财政支出总量增加了4 962.76亿元,平均每年增加413.56亿元。但从表6-5也应该看到,环境财政支出增长率与环境财政支出占GDP的比重尽管在2010—2021年间有所波动,但总体上却呈现下降态势。我国环境财政支出增长率在2010—2021年间呈现不稳定的波动状态,其中有3年为负增长,即使在正增长年份中,环境财政支出增长速度也并不快。环境财政支出自身增长速度不高,导致环境财政支出在GDP中的比重也呈现出不断下降的趋势,我国环境财政支出在GDP中的比重在2010—2021年间几乎是一路下行,从2010年最高的2.44%一直下降到2021年1.31%,下降了1.13%,反映了我国在治理环境污染方面缺乏持久性。

表 6 - 5 2011—2021 年我国环境财政支出规模

年份	环境财政支出/亿元	环境财政支出占 GDP 的比重/%	环境财政支出增长率/%
2010	10 054.18	2.44	/
2011	9 754.98	2.00	−2.98
2012	11 216.96	2.08	14.99
2013	12 472.35	02.10	11.19
2014	13 391.14	02.08	7.37
2015	13 609.19	1.98	1.63
2016	13 954.62	1.87	2.54
2017	15 156.33	1.82	8.61
2018	15 085.21	1.64	−0.47
2019	16 542.10	1.68	9.66
2020	16 972.30	1.67	1.51
2021	15 016.94	1.31	−11.52

综上,我国环境财政支出规模尽管总量在增加,但其增加速度以及占 GDP 的比重仍然不高且持续下行,不仅远低于发达国家 20 世纪 70 年代的政府投入水平,而且与我国教育、医疗卫生、社会保障和就业等民生性财政支出占比也相差较大。根据 2022 年《中国统计年鉴》整理计算,2021 年一般公共预算支出中的教育支出、卫生健康支出、社会保障和就业支出总额分别为 37 468.85 亿元、19 142.68 亿元和 33 788.26 亿元,占 GDP 的比重分别为 3.28%、1.67% 和 2.95%,远高于环境财政支出占 GDP 比重(1.31%)[①]。因此,我国环境财政支出规模从总体上看很难有效保障能源资源节约与生态环境保护目标的实现。

6.3.3 环境财政投入不能满足生态治理需求

当前,环境财政支出在发挥地方生态环境建设功能时,主要面临环保投入不足和环保资金使用效率较低的问题,而其中最主要的问题在于环保投入的不足。一方面,环保支出的规

---

① 这里环境财政支出的比重是指环境污染治理投资与一般公共预算中节能环保支出的总和与 GDP 的比值,如果与其他支出口径相同,只论一般公共预算中的节能环保支出,那这一比值将更小。2021 年一般公共预算中的节能环保支出为 5 525.14 亿元,占 GDP 的比重仅为 0.48%,远远低于教育、医疗以及社会保障等民生性支出在 GDP 中的比重。

模、比例较低。虽然整体来看,全国范围内的环保支出投资额在增加,但在发展相对落后、生态环境恶劣的西部地区,环保支出的增加速度缓慢,甚至规模减小。2021 年,陕西省财政支出中节能环保支出为 190.34 亿元,占比仅为 3.2%,远远不能满足生态环境保护的需求,本身的财政收入肯定难以满足实际的环境治理资金需要,需要争取更多的转移支付资金。

另一方面,财政资金的使用效率较低。第一,多数环保企业的规模较小,很多企业达不到财政补贴的标准,或者审核手续较为繁杂,使环保企业难以获得或者难以及时获得财政资金,财政资金的使用效率低下。第二,财政资金分配不合理,如个别地区将部分大气污染防治资金投向能力建设,影响了大气约束性指标的完成,还有个别地方开展的环保项目过多,资金投向分散、效果不佳。

6.3.4 环境污染防治重末端治理、轻过程管理

环境污染防治的"末端治理"是指在生产过程的末端,针对生产过程中排放的污染物实施有效的治理,可以减轻环境污染程度,也能减缓生产活动对环境造成污染和破坏的趋势,但"末端治理"是针对生产过程中已经产生的污染物进行的环境规制手段,很少会涉及能源资源的有效利用,对环境污染的治理并不彻底,并且会产生巨大的成本费用。"源头控制"是指在生产过程中提前采取预防和控制污染物排放数量的方式,对生产过程综合治理,尽量把环境污染消灭在污染源头。长期以来,由于对环境污染的"源头控制"可能造成地方辖区内企业竞争力下降,当地居民收入水平与社会福利水平的降低,而"末端治理"是通过增加处理排放污染物的费用方式来减少环境污染排放数量,导致各地方政府对环境污染历来是重"末端治理"而轻"源头控制",一直在走"先污染后治理"的传统老路。在环境污染"末端治理"的常用手段中,环境污染治理投资是非常重要的一种方式,通过增加对已经产生的废气、废水等污染物的治理费用,减少污染物对生产、生活的影响。而一般公共预算支出中节能环保支出主要包括的内容,有反映能源资源节约利用的支出,具体包括能源节约利用、可再生能源和资源综合利用三个方面,都是环境污染防治中典型的"源头控制";有反映生态建设与保护支出的退耕还林、退牧还草、天然林保护、自然生态保护、风沙荒漠治理等,也都是在生产生活的源头对环境污染进行预防和控制;即使反映环境污染治理支出的环境保护管理事务、环境监测与监察、污染减排与防治等,也主要是在环境污染产生的过程中,对可能排放的环境污染活动增加其成本费用,减少污染物的排放。因此,在环境财政支出中,环境污染治理投资属于典型的环境污染"末端治理"方式,一般公共预算支出中的节能环保支出则属于环境污染防治中的"过程监管"与"源头控制"方式。2010—2021 年我国环境污染治理投资与节能环保支出的详细情况(见表 6 - 6)。2010 年环境污染治理投资占环境财政支出比重为 75.71%,2019 年这一比重下降到 55.32%,10 年间下降了 20.39%。尽管近两年这一比重又出

现了上升,2021 年为 63.21%,但与 2010 年相比仍然下降了不少。由此可见,目前我国环境财政支出仍然是以环境污染防治的"末端治理"方式为主,但是正在向"源头控制"为主逐步转变。这表明政府治理环境污染的思路在发生转变,正在逐步放弃过去"先污染后治理"的传统思路,而是通过技术创新、产业升级等新型方式在环境污染产生的源头对其进行防治。

表 6-6　2010—2021 年我国环境污染治理投资与节能环保支出情况

年份	环境污染治理投资总额/亿元	一般公共预算中节能环保支出/亿元	环境财政支出/亿元	环境污染治理投资占环境财政支出比重/%	节能环保支出占环境财政支出比重/%
2010	7 612.20	2 441.98	10 054.2	75.71	24.29
2011	7 114.00	2 640.98	9 755.0	72.93	27.07
2012	8 253.50	2 963.46	11 217.0	73.58	26.42
2013	9 037.20	3 435.15	12 472.4	72.46	27.54
2014	9 575.50	3 815.64	13 391.1	71.51	28.49
2015	8 806.30	4 802.89	13 609.2	64.71	35.29
2016	9 219.80	4 734.82	13 954.6	66.07	33.93
2017	9 539.00	5 617.33	15 156.3	62.94	37.06
2018	8 787.60	6 297.61	15 085.2	58.25	41.75
2019	9 151.90	7 390.20	16 542.1	55.32	44.68
2020	10 638.90	6 333.40	16 972.3	62.68	37.32
2021	9 491.80	5 525.14	15 016.9	63.21	36.79

数据来源:根据历年《中国统计年鉴》整理。

6.3.5　环境治理的社会资本参与不足

当前,环境的治理资金主要是由政府的财政资金进行支持,当然还会配以企业自身的自有资金,社会资金的参与度还不够。环境治理的资金来源中,财政资金能够发挥多大的作用,要定位于让其发挥基础作用还是主要作用,还需要进一步探究或者作出政策导向上的调整。当前,绿色金融的政策理念得到了广泛的讨论和试行,虽然在理论分析层面,环境治理的负外部性要求财政有所为,财政的资金支持理所当然,但当环境治理上升到国家发展战略,环境污染对宏观经济系统的影响越来越大,环保产业的规模不断扩大,单单依靠财政资金也许并不能取得很好的治理效果,而金融资源、社会资本的注入,也许能形成互补作用,因此,环境治理需要多元化的资金投入来参与。

社会资本参与不足,环保产业规模较小。从投资主体看,生态环境治理资金主要由财政专项资金投入和排污企业自有资金构成,社会资本、金融投资参与生态环境保护和污染治理相对不足,投资主体还不够多元化。从投融资形式看,多数城市尚未建成绿色环保专门融资平台,未成功推出绿色基金、绿色债券、绿色信贷、绿色保险等绿色金融专门产品,金融支持生态文明建设作用发挥不足,污染治理、环境修复资金保障机制还不够健全。

我们以四川省绵阳市为例,从投资主体看,绵阳生态环境治理资金主要由财政专项资金投入和排污企业自有资金构成,社会资本、金融投资参与生态环境保护和污染治理相对不足,投资主体还不够多元化。从投融资形式看,绵阳市尚未建成绿色环保专门融资平台,未成功推出绿色基金、绿色债券、绿色信贷、绿色保险等绿色金融专门产品,金融支持生态文明建设作用发挥不足,污染治理、环境修复资金保障机制还不够健全。而这些问题,在全国的很多城市,都是普遍存在的。

当然,除了考虑资金参与的热情度,还有一个重要原因在于,环保产业的规模还较小,这使社会资金无法广泛参与到环境治理工作中。2020年全国环境治理营业收入总额与国内生产总值(GDP)的比值为1.9%,从业人员约320万人,占全国就业人员总数的0.43%。此外,当前我国环保企业仍以小、微型企业为主,产业集中度较低,2020年小微型环保企业占比为72.9%,而大型企业贡献了超过行业80%的营业收入和营业利润[①]。以四川省绵阳市为例,从税务登记信息看,该市登记环境保护和生态治理纳税人户数,2018年为53户,仅占当年全部市场主体的3.75‰;2019年为74户,仅占当年全部市场主体的4.75‰;2020年为83户,仅占当年全部市场主体的4.76‰,专门从事环境保护和生态治理的市场主体相对较少,环保产业规模相对较小。

6.4 本章小结

本章主要分析了生态文明建设环境财政制度体系存在的问题。在租税费方面,主要问题表现在矿业权收益难以发挥生态环境保育功能,税费制度设计难以满足基层政府生态环境建设的资金需要,现行税制的绿色程度不足,绿色税收优惠规定散乱、范围狭窄以及税收部门与其他部门协作不畅;转移支付制度存在的问题则表现为生态补偿纵向转移支付资金不足、缺少资源开发相关的横向转移支付制度、针对生态转移支付资金的考核指标体系不明确三个主要问题;环境财政投入(支出)制度存在的问题主要表现为环境事权划分不清晰,环境财政支出规模总体偏低,环境财政投入不能满足生态治理需求,环境污染防治重末端治理、轻过程管理以及环境治理的社会资本参与不足五个问题。

---

① 数据引自《中国环保产业发展状况报告(2021)》。

7 我国生态文明建设环境财政的数据测算——以能源资源地陕西省为例

本章将以能源资源地陕西省为例,从能源消耗的角度出发,通过能源消耗的预测及对应的环境成本,比照当前的环境财政收入和投入(支出)情况,发现存在的财政缺口,为地方政府制定相关财税政策提供参考。考虑如何保障环境财政收入才能支撑生态文明建设、平衡财政支出资金结构时有的放矢,我们需要在多大程度上调整收入的收取标准和支出的刚性需求。因此,本章首先利用长期能源替代规划模型(LEAP模型)预测陕西的能耗指标,进而观察其环境指标,通过历史数据测算相关的环境财政指标。

7.1 测 算 思 路

地方政府曾经出现为了完成阶段性的能耗指标而"拉闸限电"等现象,对当地经济发展产生不利影响,也反映了政策实施的不连贯和缺少对现实情况的考量。考虑到在制定中期"五年"规划甚至更长时间的发展规划时,需要对一段时期的能源消耗情况进行预测,提出关键的一系列指标,而指标任务的完成需要配套的财政资金、金融资金以及社会资本支持。

首先,本章对陕西省当前的能源消耗基本数据进行收集和整理;其次,综合考虑历史发展趋势和国家的政策规划导向,对LEAP模型的基本参数进行设定;再次,通过LEAP模型进行基准情景和节能情景的数据预测;然后,根据环境相关的财政收入和支出情况对环境财政的缺口情况进行计算;最后,做总结分析。

7.2 陕西能耗指标的预测

7.2.1 LEAP模型介绍

为应对日益严峻的气候变化及能源危机,探索高效的节能减排政策,完成相关政策的定量评价,我们选择建立 LEAP 模型。LEAP 模型是由瑞典斯德哥尔摩环境研究所及美国波士顿 Tellus 研究所共同研发,是一个基于情景分析的"能源—环境—经济"模型,可以进行中长期能源供需平衡分析、能源流通和消费过程中大气污染物及温室气体的排放及成本效益分析,可以用来追踪一个经济体中所有部门之间的资源开采、能源生产和消费行为。目前该模型已被广泛应用于全球、国家和城市的能源消费研究及温室气体减排评价。LEAP 模型包括能源供给、能源加工转换和终端能源需求 3 个环节,可根据项目的要求自由调整模型的结构和数据框架,几乎涵盖了所有的能源需求、转换、传输、分配和终端使用,能够模拟已存在的和即将应用的终端用能技术。LEAP 模型的应用过程首先是进行发展历史的回顾性分析,然后对未来的趋势做出一系列假定,接着对政策措施、经济状况和技术水平等因素进行有目的的设定,在此基础上建立起数据模型,输入相关参数,最后得出相应的预测结果。

目前,有关 LEAP 模型的应用多集中于城市或国家层面的能源需求与排放预测,已有学者开展了相关的研究(李新等,2019;吴晓珍、景晓玮、赵庆建,2019;吴唯等,2019;许绩辉、王克,2022)。由于省级层面以下社会、经济发展等宏观影响因素的不确定性和差异性较大,目前相关研究多局限于单一部门的讨论,对所有产业部门进行节能减排分析的研究较少。

7.2.2 陕西省能耗预测

陕西省矿产资源丰富,煤、石油、天然气的保有储量均列全国前茅,是我国的能源大省之一,是我国西煤东运、西气东输、西电东送的主要基地。同时,陕西省的经济增长对能源消费的依赖程度还较高,还面临"稳增长"和"防风险"的重要任务,因此,对其能源消费进行预测分析,探索高效节能的减排政策很有必要。本节基于陕西省统计年鉴,结合陕西省实际情况,在对陕西省未来人口、经济发展情况进行预测的基础上,应用 LEAP 模型预测陕西省未来 15 年的能源消费情况。

(1)LEAP 模型 GREAT 框架下的构建

绿色资源与能源分析工具(简称"GREAT")是由劳伦斯伯克利国家实验室中国能源研究室设计的一个基于 LEAP 软件的应用框架。与多数 LEAP 应用一样,GREAT 采用树状结构,分为主要的假设条件、需求、转换和资源 4 大部分(分支),提供了一个基于层次分析和终端应用建模的省市级能源消费和碳排放分析的应用框架。同时,考虑到城市区和农业区的能源消费特点差别较大,需要分开建模。

项目组在不考虑能源进出口的情况下,以 2019 年为基期,以 2020—2035 年为预测期建立 LEAP 模型,利用该模型来计算陕西省能源消耗量。本书以陕西省为例,开展大量的数据搜集工作,全面梳理了陕西省能源发展历程及相关规划类文件,通过建立 LEAP 模型,终端能源需求模块主要基于陕西省人口、经济等核心参数假设,计算各能源消费部门所需的各能源数量,结合政策因素影响,分部门分析预测能源消费趋势,描绘出陕西省能源消费走势。

其中,在"主要的假设条件"部分,包括输入变量、导出变量和控制变量。输入变量主要包括各种基础数据,如国内生产总值、人口数量等重要社会经济指标以及生活、商业、交通、工业、农业、能源等各行业的基础数据。导出变量为通过输入变量推导和计算出的变量。控制变量则主要用于预测和情景分析中,控制能源消费、能源强度、排放等各种关键量的变化。

"需求"部分主要对各种终端应用的能源需求进行建模和分析。根据陕西省的能源消费特点,项目组将陕西省能源需求模块分为生活用能、商业用能、交通用能、工业用能和农业用能 5 大终端能源消费部门。依据各需求部门的活动水平及对应的能源强度,可得能源的需求总量,如公式(7-1、7-2)所示:

$$能源需求 = \Sigma 各部门能源消费量 \qquad (7-1)$$
$$各部门能源需求量 = 活动水平 \times 单耗 \qquad (7-2)$$

活动水平指标主要有存量(保有量)、产品产量、周转量、增加值等,单耗指标相应有单位存量单耗、单位产量单耗、单位周转量单耗及单位增加值单耗等。

其中,生活用能我们对城市区和农业区分别建模,然后按照能源类型进行分类,再按照终端应用分类。对于生活用能建模来说,电力消耗通常是重点,其他种类的能源一般根据用户掌握的数据情况而定。商业用能主要按照商业用地面积进行计算。交通用能则分为货运和客运分别计算。工业用能在陕西能源消耗总量中占据很大一部分,工业节能也一直是陕西非常关心的问题,更合理的方法是以细分行业的产值和能耗水平为基础进行预测,但由于细分行业的产值数据的收集难度较大,因此,我们利用陕西省能源平衡表的数据按照整体工业的能耗进行预测。

(2)情景设置

我们在进行情景设置时要充分考虑到如下的假设:首先,随着城镇化进程,农村居民消费的一些非常用能源(如秸秆)将会被其他商品能源替代,农村消费的煤炭比例也将降低;其次,未来电气化和燃气率提高,电力、城市煤气、天然气等优质能源比例提高,能源利用效率提高。

由于 GDP、城市和农村人口、城市和农村居住面积、城市和农村户数之类宏观的经济变量会受到城市发展规划的影响,同时还会受到经济发展规律的影响,因此,我们对其变化的预测,一方面要考虑到《陕西省人口发展规划(2016—2030 年)》《陕西"十四五"发展规划基本思路》等规划性文件中设定的指标;另一方面,考虑到经济新常态的影响以及多数发达国家经济增长的经验,2020—2025 年会参照 2015—2019 年的平均增长速度,而在 2026—2035 年保持更低的发展速度。而对于具体的建筑面积、各类能源消耗总量、工业增加值、汽车数量等变量,同样参照 2015—2019 年的平均增长速度。而城市和农村家电拥有量,项目组使用的是《陕西省统计年鉴》中提供的 2019 年数据。

1)基准情景。

我们主要通过调整控制变量中的能耗水平设定情景参数。对于控制变量,我们分别控制了生活电、燃料消耗强度指数,商业电、燃料消耗强度指数,工业电、燃料消耗强度指数,交通电、燃料消耗强度指数以及农业电、燃料消耗强度指数,设定其从2019年开始到2035年逐步下降,考虑到农业行业的能耗水平降低难度较大,我们将对其降低率设定较小,而根据国务院2014年发布的《能源发展战略行动计划(2014—2020年)》,未来我国将坚持节能优先,以工业、建筑和交通领域为重点,创新发展方式,形成节能型生产和消费模式,因此,对其降低率设定较大。

2)节能情景。

考虑到国家对节能减排工作的重视,以及新的能源清洁技术的研发和使用,我们进一步降低能耗指数水平,主要是调低了生活用能、商业用能、工业用能和交通用能,在基础情景的基础上,各系数将进一步降低,其中工业部门和交通部门由于受政策重视,设定降低率为1%,具体的情况说明见表7-1。

表7-1 部门能耗系数设定及说明

部门	基础情景下具体方案	节能情景下具体方案	情况说明
农业部门	能耗强度以年均变化率0.5%下降	能耗强度以年均变化率0.5%下降	农业部门能耗强度降低的空间较小
工业部门	能耗强度以年均变化率0.8%下降	能耗强度以年均变化率1%下降	工业部门为重点节能部门。调整工业用能结构,降低单位增加值的能耗,加大对重点用能单位的监管力度,推进节能技术进步
商业部门	能耗强度以年均变化率0.8%下降	能耗强度以年均变化率1%下降	商业建筑得益于高能耗建筑节能改造、节能设计实施率提高和用电设备效率提高
生活部门	能耗强度以年均变化率0.8%下降	能耗强度以年均变化率1%下降	家电能耗节约水平提高,节能电器占比增加
交通部门	能耗强度以年均变化率0.8%下降	能耗强度以年均变化率1%下降	交通部门亦为重点节能部门。考虑到机动车能源技术的进步、新能源汽车的推广以及城市公共交通服务实施的完善,能耗水平降低较快

(3)情景结果与分析

1)基础情景的能源需求预测结果。

在基础情景下,2020—2035年陕西省能源需求的预测情况,如表7-2和图7-1所示。在此情景下,陕西省能源消费仍然呈逐年递增的趋势,2035年的能源需求量为2020年需求量的1.39倍。从分部门情况来看,工业用能和生活用能占比较大且增长速度也较快。

表 7-2 2020—2035 年陕西省能源需求预测值(基础情景)

单位:百万吨标准煤

年份	2020	2021	2022	2023	2024	2025	2026	2027
生活用能	31.3	32.6	34	35.5	37	38.7	39.7	40.8
商业用能	9.2	9	8.8	8.6	8.4	8.3	8.1	7.9
交通用能	6.8	7.1	7.4	7.7	8	8.3	8.4	8.5
工业用能	82.6	86.1	89.6	93.3	97.2	101.2	103.3	105.5
农业用能	2	2	1.9	1.9	1.9	1.9	1.9	1.9
总和	131.9	136.7	141.7	147	152.6	158.4	161.5	164.6
年份	2028	2029	2030	2031	2032	2033	2034	2035
生活用能	41.9	43.1	44.2	44.4	44.5	44.6	44.8	44.9
商业用能	7.7	7.5	7.4	7.2	7	6.9	6.7	6.6
交通用能	8.6	8.8	8.9	8.9	8.9	8.9	8.9	9
工业用能	107.7	110	112.3	114.1	115.9	117.7	119.6	121.5
农业用能	1.9	1.9	1.8	1.8	1.8	1.8	1.8	1.8
总和	167.9	171.2	174.7	176.4	178.2	180	181.8	183.7

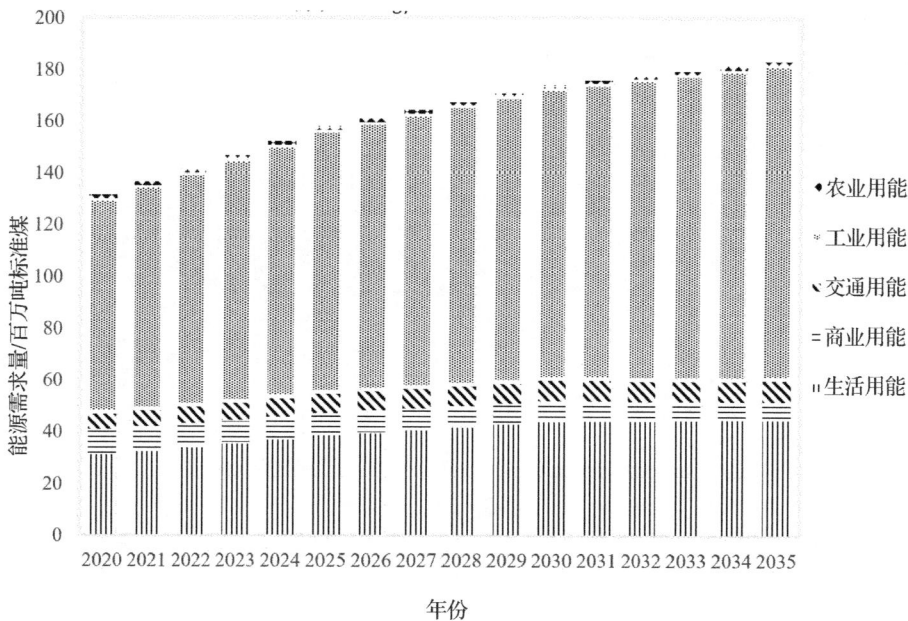

图 7-1 2020—2035 年陕西省能源需求预测图(基础情景)

2)节能情景下能源需求预测结果。

在节能情景下,2020—2035 年陕西省能源需求的预测情况,如表 7-3 和图 7-2 所示。在此情景下,陕西省能源消费呈逐年递增的趋势,2035 年的能源需求量为 2020 年的需求量的 1.34 倍。从分部门情况来看,工业用能和生活用能依旧占比较大且增长速度也较快。

表 7-3　2020—2035 年陕西省能源需求预测值(节能情景)

单位:百万吨标准煤

年份	2020 年	2021 年	2022 年	2023 年	2024 年	2025 年	2026 年	2027 年
生活用能	31.2	32.4	33.7	35.1	36.6	38.2	39.1	40.0
商业用能	9.2	9.0	8.7	8.5	8.3	8.1	7.9	7.7
交通用能	6.8	7.0	7.3	7.6	7.9	8.2	8.3	8.4
工业用能	82.3	85.5	88.9	92.4	96.0	99.7	101.6	103.5
农业用能	2.0	2.0	1.9	1.9	1.9	1.9	1.9	1.9
总和	131.4	135.9	140.6	145.5	150.7	156.1	158.7	161.5
年份	2028 年	2029 年	2030 年	2031 年	2032 年	2033 年	2034 年	2035 年
生活用能	41.0	42.0	43.1	43.1	43.1	43.1	43.1	43.1
商业用能	7.6	7.4	7.2	7.0	6.8	6.6	6.5	6.3
交通用能	8.5	8.5	8.6	8.6	8.6	8.6	8.6	8.6
工业用能	105.4	107.4	109.3	110.8	112.3	113.7	115.2	116.7
农业用能	1.9	1.9	1.8	1.8	1.8	1.8	1.8	1.8
总和	164.3	167.1	170.1	171.3	172.6	173.9	175.2	176.5

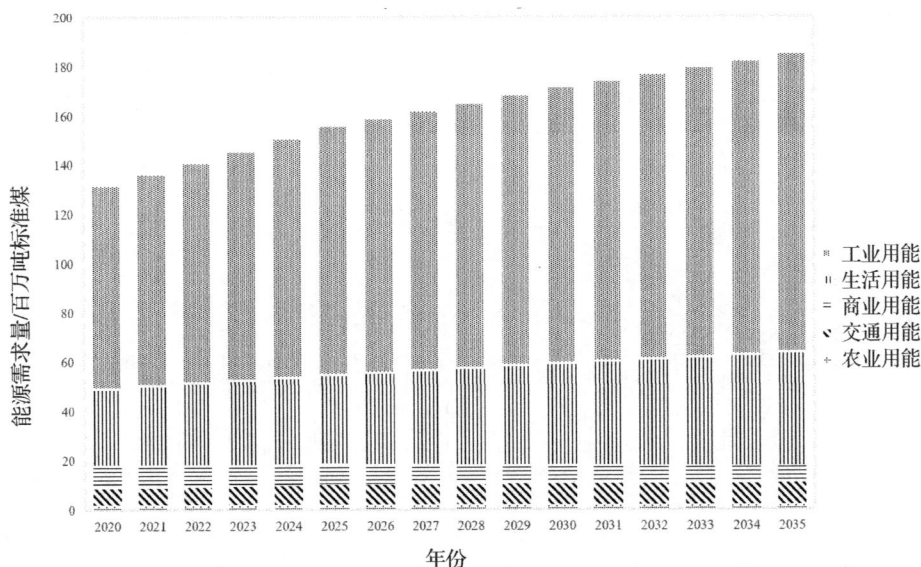

图 7-2　2020—2035 年陕西省能源需求预测图(节能情景)

节能情景与基础情景下,2020—2035 年陕西省能源需求比较如图 7-3 所示。

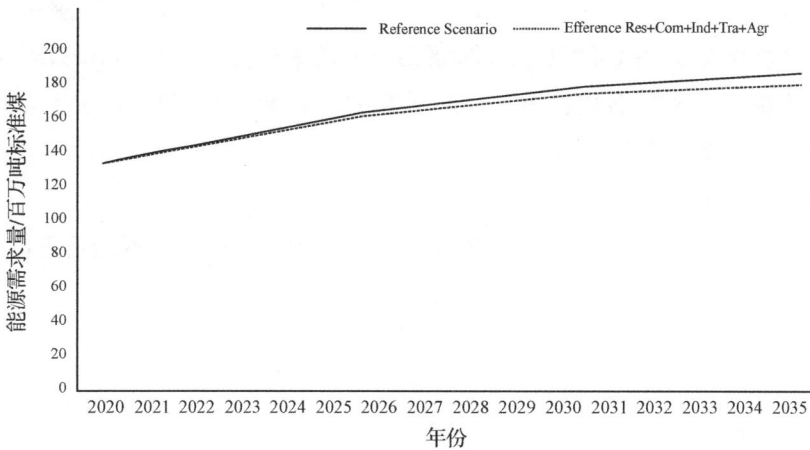

图 7-3 节能情景与基础情景下,2020—2035 年陕西省能源需求比较图

与基础场景相比,节能场景下的陕西省能源需求到 2035 年可以节省约 31.2 百万吨标准煤。

从前面的回归结果来看,虽然我们考虑到未来的技术进步和国家的经济政策调整等因素,但能源需求依旧旺盛,未来能源的需求量仍然会持续增长,工业和生活部门仍然是能源消耗最大的部门,这也将对环境保护提出更高的要求。同时,模拟数据显示,在基础情景下,能源消费量明显高于节能情景下的能源消费量,表明提高能源效率、降低能耗水平对于陕西省降低能源需求具有重要影响,这同时也意味着,提高生态环境水平,我们需要在清洁能源技术、优化能源结构、降低工业部分的污染水平等方面制定相关的政策。

由于工业的发展对于陕西省的经济增长意义重大,工业部门的能源需求量较大,陕西省应该一方面大力发展第三产业,促进现代制造业、现代服务业创新发展和高端发展,服务业领域要实施智慧照明应用,建设大型公共建筑中央空调系统等节能工程,降低整体的能耗水平;另一方面要继续淘汰落后产能,强化清洁生产审核,推动节能产业的发展,大力发展公共交通系统,推广新能源汽车,继续推进能源惠民建设,推广高能效和节能生活器具,进一步增强居民节能意识等。

7.3 陕西环境财政指标的预测

项目组在上一节对陕西未来的能源需求做出了预测,在本节将对相应的环境指标做一个大致的预测,这里我们需要用到前文的结论,开采每吨煤的环境代价为 260 元,其中分配在生产、运输和消费三个环节分别是 66 元、28 元和 166 元。其实,按照其环境代价核算成本来倒推需要多大规模的财政环境支出,已经是较低层次地满足地区发展需要。

项目组对基础情景下的环境财政缺口进行测算,在测算前,需要做一些设定:按照 2020 年实际的陕西省节能环保支出为 190.34 亿元,我们计算了 2015—2020 年陕西省节能环保支出的平均增速约为 7.5%,考虑到经济发展的一般规律和新冠疫情的影响,环保支出不可能保持持续的高增长态势,我们将 2021—2025 年的节能环保支出增速设定为 6.5%,2026—2030 年的增速设定为 4.5%,2031—2035 年的增速设定为 2.5%。基础情景下,2021—2035 年陕西省环保资金缺口预测结果见表 7-4。

表 7-4 2021—2035 年陕西省环保资金缺口预测结果(基础情景)

单位:亿元

年份	2021	2022	2023	2024	2025
环保资金需求预测	355.42	368.42	382.20	396.76	411.84
环保资金支出预测	204.61	217.91	232.07	247.16	263.22
环保资金差额预测	−150.81	−150.51	−150.13	−149.60	−148.62
年份	2026	2027	2028	2029	2030
环保资金需求预测	419.90	427.96	436.54	445.12	454.22
环保资金支出预测	275.07	287.45	300.38	313.90	328.02
环保资金差额预测	−144.83	−140.51	−136.16	−131.22	−126.20
年份	2031	2032	2033	2034	2035
环保资金需求预测	458.64	463.32	468.00	472.68	477.62
环保资金支出预测	336.23	344.63	353.25	362.08	371.13
环保资金差额预测	−122.41	−118.69	−114.75	−110.60	−106.49

项目组对节能情景下的环境财政缺口进行测算,同样需要做一些设定:第一,由于国家下大力气要实现碳达峰、碳中和,高质量经济增长也对环境提出了较高的要求,再结合陕西省委省政府出台的一系列环保政策,我们利用上一节节能情景下的能耗数据;第二,2020 年实际的陕西省节能环保支出为 190.34 亿元,2015—2020 年陕西省节能环保支出的平均增速约为 7.5%,考虑到国家的绿色低碳政策导向以及新冠疫情的影响,项目组将 2021—2025 年的节能环保支出增速设定为 7%,同时,考虑到经济发展的一般规律,环保支出不可能保持持续的高增长态势,2026—2030 年的增速设定为 5%,2031—2035 年的增速设定为 3%。节能情景下,2021—2035 年陕西省环保资金缺口预测结果,见表 7-5。

表 7 - 5 2021—2035 年陕西省环保资金缺口预测结果(节能情景)

单位:亿元

年份	2021	2022	2023	2024	2025
环保资金需求预测	353.34	365.56	378.30	391.82	405.86
环保资金支出预测	204.61	218.93	234.26	250.66	268.20
环保资金差额预测	−148.73	−146.63	−144.04	−141.16	−137.66
年份	2026	2027	2028	2029	2030
环保资金需求预测	412.62	419.90	427.18	434.46	442.26
环保资金支出预测	281.61	295.69	310.48	326.00	342.30
环保资金差额预测	−131.01	−124.21	−116.70	−108.46	−99.96
年份	2031	2032	2033	2034	2035
环保资金需求预测	445.38	448.76	452.14	455.52	458.90
环保资金支出预测	352.57	363.15	374.04	385.26	396.82
环保资金差额预测	−92.81	−85.61	−78.10	−70.26	−62.08

不难发现,按照项目组的预测,不论是基础情景还是节能情景,从能耗角度预测的环保资金需求一直高于实际的环保资金财政支出额,即使预测到2035年,缺口依然存在。在基础情景下,2035年的环境财政资金缺口为106.49亿元,而在节能情景下,这一数字为62.08亿元,践行节能理念能够有效缓解环保资金需求的压力,这也肯定了绿色转型的生态文明实践。

上述数据说明要想实现陕西生态环境的高质量建设,在资金需求上面临较大的缺口,这也就意味着当前陕西省财政收入制度(租税费、转移支付)和财政支出制度都需要作出相应的调整,以满足生态环境建设的需要。一方面,环境财政收入需要考虑到环境治理因子,提高征收标准;另一方面,环境支出结构的调整需要增加环境治理的支出。而这些建议不仅是针对陕西省,在全国范围来看,财政治理的投入资金都应有所提高。尤其是陕西省层面,虽然在制定租税费制度上面只有建议权、没有决定权,但是可以考虑争取更多的纵向转移支付和建立横向转移支付制度,并进一步提高节能环保财政支出金额,平衡经济发展与环境保护之间的协调关系。

当然,项目组的预测仅作为参考,可能有未考虑到的因素在内,例如国家或陕西省政府对现行政策的调整,环境财政制度定位的调整,更多资本介入环保产业的发展等。如果将财政资金在推进生态环境保护中定位为基础引导作用可能更为合适,而相关的金融资本、社会资金可以更多地参与进来,发挥其补充作用,这样既可以缓解财政资金在环境治理上的困境,又能提高环保资金的使用效率。

7.4　本　章　小　结

本章通过预测陕西省的能源消费量,进一步核算资源开采的环境成本,再预测环境财政支出的规模,观察财政环境支出缺口情况。具体地,基于《陕西省统计年鉴》,结合陕西省实际情况,建立了 LEAP 模型,在对陕西省未来人口、经济发展情况进行预测的基础上,利用该模型对不同政策情景下未来陕西省的能源消耗情况做出了预测,进而结合政策导向预测环境财政支出的增速,对比后发现未来 15 年的环境财政缺口情况,并进一步提出了对环保财政资金使用定位的思考。

8 推进我国生态文明建设的环境财政制度体系完善

8.1 完 善 思 路

推进生态文明建设的环境财政制度体系构建将从环境财政框架出发,明确各级政府(省、市、县)在环境保护与生态文明建设中的责任划分,核算能源资源地各级政府需要承担的环境保护成本、实际可获得的来自资源开采的财力以及两者之间的差距,在考虑横向生态补偿转移支付制度补充资源地财力的条件下,各级政府如何将其拥有的财力进行合理的支出,如何调整现行财政体制政策,支持能源资源地政府建立财权与环境事权相匹配的环境财政体制,通过推进财政体制的改革,形成更加高效、合理的财政投入机制,进而为推进生态文明建设而服务。

"环境保护"科目已纳入预算收支体系中,但是环境保护相关的收入、支出却仍在预算收支体系中分散存在,这样既不利于环境保护相关收支的核算,也不利于环境保护相关资金的管理使用。建立环境财政体制,一是可以保证能源资源地环境相关收支专款专用,加强环境资金管理,对于很多能源资源地来说,并不缺乏生态环境建设的资金,而是无法做到资金专款专用和统一管理;二是可以明确各级政府的事权与财权,当下生态环境建设存在问题的一个主要原因就是各级政府事权与财权的不匹配,通过将环境财政纳入预算框架中,可以明确环境财政收入的分配与生态环境建设资金的来源。

因而,应当将环境财政纳入目前正在建立的公共财政体系框架中,强化政府的环境财政职能。国务院有关部门应该组织力量,启动政府环境事权划分的进一步研究工作,因为环境保护事权划分是环境保护财权划分的前提,也是建立国家环境财政体系的基础。在中央和地方财政支出预算科目中建立环保财政支出预算科目,稳定提高政府财政对环保的支出。环保财政支出内容应包括环境行政管理、环境监理、环境监测、环境规划、环境标准、环境信息、环境宣传和环境科学研究等。重新科学地核定环保投入占 GDP 的恰当比例,为环保目标的实现提供足够的资金保障。把各排污单位上缴的排污费当作预算内资金纳入国家所有的环保专项资金体系统一管理使用,取消原来的无偿返还政策,中央财政和地方财政要按事权来划出适当比例的管理资金。

我国环境财政制度体系应该主要包括环境财政收入制度、环境财政支出制度、环境财政转移支付制度,并配以环境财政资金监督制度。环境财政收入制度(租税费制度)应该包括权利金、资源税、环境税、碳税为主,消费税和企业所得税为辅,收费为必要补充的租税费体系。环境财政支出制度则主要包括环境治理资金直接支出、政府补贴支出、政府采购支出。环境财政转移支付制度则主要包括纵向转移支付制度和横向转移支付制度。同时,还需要考虑建立相应的外部监督和评价机制,保证环境财政资金的合理使用。

8.2 主要举措

8.2.1 完善矿业权收益的征收和分配制度

全面实行矿业权有偿取得制度后,矿业权的有偿取得主要由矿业权价款来体现。矿业权使用费因其名不副实,应该还原其地面租金的本来面目。同时,由于现行的矿业权使用费收费标准过低,应予以适当提高,将其作为矿业主管部门的一个行政性收费项目,防止企业圈地而不进行勘查和开发的现象。矿业权收益是一项地方财政收入,它具有很强的地域性。对于资源富有地区来说,它的作用要明显强于资源匮乏地区。政府应该重视这种收益分享的合理性及其使用效率,明确地方政府在各项支出之间的比例关系,避免这种数额可观的收入被浪费在低效、不规范的使用途径中。

(1)改革矿业权价款

矿业权收益分享制度的改革应该在矿业权价款性质明晰的前提下进行。其中,矿业权价款的改革从以下两个方面展开。一是全面征收矿业权价款。凡是申请登记采矿权、探矿权,无论是国家出资勘查探明的可供开采的矿产地、自行出资勘查探明的可供开采的矿产地,还是原有矿业权灭失的矿产地或主管部门规定无需勘查即可直接开采的矿产地,都需要缴纳矿业权价款,避免资源所有权收益的流失。二是将生态补偿纳入矿业权价款的征收标准。现有矿业权价款制度设计忽视了对环境的补偿,在矿业权价款的计算公式中需要纳入环境因素,可以考虑将生态环境作为调整系数。在原有价款的基础上,依据矿区资源开采可能造成的生态问题设定调整系数,调整系数的调整可由环保部门设定,主要考虑环境污染的种类、范围和治理难度等。

(2)改革各级政府间的矿业权价款分成比例

建议由省级或者县级政府掌握绝大部分的价款收益,防止在多级政府间分配产生的不必要浪费。一种方案是由省级政府完全管理价款的收益分配,它适用于将价款收益配置于区域性的公共产品,如环境保育和道路建设。另一种方案是由县级政府管理大部分的价款收益,数额可观的价款收益可以作为能源资源地县级政府的重要财政收入来源。但由于县级政府预算执行能力有限,且缺乏规范使用财政资金的制度约束,该方案需要其他的制度作为配套。

(3)调整矿业权价款的使用方向

取之于矿、用之于矿,作为一项专款专用的非税收入,矿业权价款收益理应被用于环境保育和提供其他相关的公共产品,对其使用一定要考虑到对资源地的环境、经济和社会影响。可以调整现有矿业权价款的使用方向,将省级留成的部分主要用于生态环境的修复,县级政府以环境治理项目申报的形式获得省级留成的这部分资金,再加上县本级的留成,用于生态环境的治理。

(4)建立高效运作的矿业权永续基金

由于矿业权价款来源于级差地租,且不可永久持续获得,因此当代人和后代人均拥有对其支配和使用的权利。建议适时建立矿业权永续基金,将一部分价款收益存入其中,通过专业化的投资运作寻求增值保值,并将该基金用于环境保育和教育等促进可持续发展的公共产品项目。

8.2.2　进一步推进资源税费制度改革

生态环境破坏的形成原因主要是在资源的生产、使用环节没有考虑其产生的外部成本。政府可以通过对环境污染征税或收费,增加企业生产成本与消费者的使用成本,将污染的外部成本内化到企业的生产成本与消费者的使用成本中,以减少对资源的开采与使用数量,减轻对生态环境的破坏程度,实现经济的可持续发展。通过绿色税费制度改革,限制高耗能、高耗水、高耗材产业的发展。总之,通过税费制度改革,鼓励与限制并重,发挥税收对产业经济发展的调节作用,在完善生态环境建设的同时,促进能源资源地经济的可持续发展。

(1)改革完善资源税制度

改革资源税将生产与消费过程中出现的污染成本内化到企业与消费者的成本中,提高资源使用价格,改变企业和消费者的行为选择,减轻生态环境的破坏程度。

首先,改革资源税的性质和功能定位。一是要解决资源税的定性问题,使其从作为资源有偿使用组成回归到税收的身份,实现合理开发资源、节约使用资源的立法精神;二是要强化资源税节约资源、保护环境的基本功能,将资源开采所带来的外部性成本内在化。

其次,改革征收办法,提高矿产资源税在地方财政收入中的比重。一是考虑将现行资源税按应税资源产品销售量计税改为按实际产量计税,提高单位计税税额;二是向矿产资源的初级产品消费者征税,让他们作为矿产资源利用受益者来承担部分矿产资源开发的生态补偿责任。

最后,完善资源税的分配管理体制。改革现行地方所得的资源税按税收登记管理权分配的方式,将地方所得的资源税按一定比例进行分配,大部分留给资源开发地的地方政府。

(2)进一步完善环境保护税收制度

环境保护税税收制度 2018 年才开始实施,从近几年的实施情况来看,还需要在征收标准、征管等方面做出改进,即要提高征收标准,加大对超标排放的处罚力度。

完善环境保护税,首先需要适当调高环境保护税税率。我国环境保护税由排污费平移而来,税率基本保持排污费原有费率标准。随着经济的发展,原来较低的税率水平不利于减少企业碳排放量。因此,适当调高环境保护税中应税污染物税率,可以更好地发挥税收的降污减碳效应。从环境保护税或者原来的排污收费制度的经济学含义可以看到,如果企业的污染治理边际成本低于或等于环境保护税(排污费),企业在费用最小化或利润最大化的原则下,会主动进行污染削减,节省费用增加利润,否则企业宁愿缴纳税费也不愿意进行污染治理。因此,环境保护税的征收标准至少应该等于企业的边际治理成本。在实际中,很难确切知道企业真正的边际治理成本,因此,国家或地区的环境规制部门可以会同相关的专家和学者,根据统计资料计算出平均的边际治理成本,作为制定环境保护税的征收标准依据。

(3)完善环境保护税的征管工作

目前,地方政府和上级税务机关对基层税务机关侧重于税收收入任务完成情况的考核,因各绿色税种收入在税收收入中占比小,不能快速体现税收收入效率,难以调动基层税务机关强化绿色税收征管的主观能动性。建议税务总局、各省税务局和地方政府修订和完善对税务机关的考核办法,根据税收征管实际完善征管质效考核指标。特别是对环境保护税,应借助生态环保部门的力量,摸索相关行业能耗指标与污染指标的指数关系,建立环境保护税征管质效分析指标,结合大数据检验基层税务机关的征管质效,将考核重心倾向于征管质效评价,促进基层税务机关注重基础事务和税收风险管理,均衡各税种的征管力量,充分发挥绿色税收调控职能。明确征管机关的法律责任,加强环保部门的经费保障,各级政府必须将财政按照一定的比例转移到环境规制部门,用于购买环境监测设备、环境执法设备、办公设备等,要将购买纳入政府采购范围中进行公开招投标,节约资金,提高公正性。此外,还需要加大征管技术的研发投入,引入大数据分析进行监测;坚持税收征管的价值导向,环境规制部门、财政部门要加强对资金在事前、事中和事后三个阶段以及污染治理项目资金审核、拨付、使用等各环节的监管,提高资金的利用效率,确保专项资金能专款专用。环境规制部门还要会同有关专家和相关部门对资金的使用进行绩效评价,加强对污染治理项目的管理,确保资金的效率和使用安全。

8.2.3 提高现行税制的绿色程度

(1)将碳税纳入环境保护税税目

碳税的理论基础是"庇古税",即将因二氧化碳排放带来的环境成本转化为生产经营成本。由于"庇古税"在发达国家的广泛推广对减轻工业化以来环境污染起到了非常明显的作用,当气候变化这一议题被普遍重视之后,用"庇古税"来解决二氧化碳排放便成为一个自然而然的选择,碳税很快成为解决温室气体排放的主流思路。与其他工具相比,碳税的实施具有明显的优势:一是见效快,可直接增加温室气体排放成本,快速挤压资源密集型企业利润空间,倒逼其采取节能减排措施,在短时间内实现大幅减排;二是实施成本低,主要依托现有税政体系实施,无须设置新机构,也无需考虑配套基础设施等问题;三是税率稳定,能形成稳定的碳价格预期指引,企业可安排中长期减排计划;四是可实现收入再分配,政府可将碳税收入用于绿色项目建设或新能源技术研发,支持低碳转型。但是,在我国已经开征资源税、消费税与环境保护税的情形下再开征独立碳税的可能性并不大,可行的方法是将碳税作为一个税目纳入环境保护税中。具体来讲,应该将二氧化碳等温室气体纳入环境保护税的应税污染物,对碳排放企业按照二氧化碳排放量征收环境保护税。这主要是因为二氧化碳等温室气体已被《大气污染防治法》纳入调控范围,可以将二氧化碳作为环境保护税中大气污染物这一税目征税。

(2)继续改革消费税

由于能源消费尤其是煤炭能源消费过程中产生大量的二氧化碳等温室气体,所以针对能源消费征收能源税以减少碳排放量是各国的通行做法。但我国现行税制中没有独立的能源税,而是在消费税的税目中对能源消费品规定征收消费税。为了减少二氧化碳等温室气体的排放量,需要继续改革我国现行消费税。一是"扩围"。推动消费税立法,将低碳理念作为未来消费税改革的重要依据,将消耗化石能源、增加环境污染的消费品纳入消费税征税范围。尤其是煤炭资源,作为我国最主要的能源组成部分,在消费的过程中将排放大量的二氧化碳,应该尽快纳入消费税的征收范围。二是"提率"。提高现行消费税中产生碳排放量税目的适用税率,继续提高成品油的税率水平,针对小汽车、摩托车及豪华游艇,可以设置差异税率,对排放量大的商品使用高税率,对低排放量、零排放量以及"碳中和"产品使用低税率或零税率。通过实行差异化税率,改变消费者行为选择,增加低碳排放消费品的消费数量,减少高碳排放消费品的消费数量。

(3)加快税法改革进度

建议修订环境保护税法,将建筑噪声、汽车尾气、挥发性有机物污染物等污染大、危害大、排放量大的污染物全部纳入环境保护税征收范围。在充分调研的基础上,根据实际情况制定计税依据,扩展环境保护税征收覆盖范围,构建全方位、全覆盖的环境保护税收调节体系。充分发挥环境保护税"多排多征、少排少征、不排不征"的正向激励作用;加快水资源税改革试点进度,在总结试点省份经验的基础上,在全国范围内推行,并将滩涂、草场、森林等纳入资源税征管范围,利用税收杠杆作用实现对各类资源的保护。

(4)完善现行税制的优惠政策

绿色税收优惠政策作为税式支出,相当于政府在减碳、降污方面的公共资金投资,同样能够引导社会资本投资低碳环保领域。完善绿色税收优惠政策,首先应该加大低碳税制优惠政策的覆盖范围。环境保护税法对涉及民生的污染行业的税收减免优惠比较多,如农业生产、铁路机车、船舶航空器等。但是,我国已经成为世界第一大新车消费市场,绝大多数机动车都使用传统能源,产生了大量的尾气排放,对公众的生产生活环境以及健康生存权造成了严重的威胁。因此,对机动车减免税收并不恰当,应当在向机动车排放污染征税的同时,大力扶持新能源汽车产业,加大对新能源汽车产业税收政策的优惠力度,从根源上减少由机动车排放尾气所造成的大气污染。

建议在环境保护税现有税收优惠政策的基础上,增设加成征收条款,对那些污染严重或是严重超标排放污染物的企业,在基础税率的基础上加成征收,让不注重生态环境保护的企业受到严厉惩罚;因《中华人民共和国资源税法》赋予国务院对有利于促进资源节约集约利用、保护环境的情形制订免征或减征资源税政策的权力,建议国务院尽快出台相关优惠政策,同时,对违规开采、乱采、严重超采的行为加倍征收资源税,促使企业主动关心排放、环保和资源保护问题,从源头上减少污染物排放,推动资源有序开采利用,提高企业生态环境和资源保护的主观能动性。

另外,低碳税收优惠政策应适当延长实施期限,特别是对研发周期较长的能源开发技术,可以考虑以5年为期,以适应低碳企业的研发周期,同时建立专业和中立的常态化低碳税收优惠实施效应评估机制,根据评估结果调整和改进税收优惠措施。落实环境保护、节能节水、技术改造等相关财政和税收优惠政策,引导企业实施清洁生产改造,推进废物综合利用、能量梯级利用、资源循环利用,培育绿色低碳产业新动能,促进传统产业绿色低碳转型,加快形成资源消耗少、环境影响小、科技含量高、产出效益好、发展可持续的绿色低碳产业集群。

8.2.4 争取生态补偿纵向转移支付资金,设计横向转移支付制度

地方政府治理生态环境的资金除了其固有的收入外,上级政府的纵向转移支付是至关重要的。除了纵向转移支付外,区域间横向转移支付也应该积极探索,例如矿产资源的输出地与输入地之间的收益分享机制等。加大对资源地生态保护的转移支付力度,确保对资源地生态保护的转移支付额,同该区域经济发展水平、税负高低、城市化程度、人口、教育状况和对财政支出的需求等因素相联系。

(1)争取更多的生态补偿纵向转移支付资金

在向中央政府争取纵向转移支付资金时,可以加强因子法在一般转移支付计算中的应用。一是引入环境因子。引入环境因子主要针对过去开发矿产资源遗留下来的环境问题,引入因子应当包含森林面积、待复垦面积等。二是引入矿产资源开采因子。矿产资源开采业具有的特殊性质,很容易形成资源诅咒。针对不同的矿产资源类型应当设立不同的转移支付因子。此外,在专项转移支付金额计算中,应当详细测算生态补偿投入的外部效应,以此为基础设定合理的转移支付配套系数。当然,这些也需要国家层面上的政策调整,但作为资源地,应该积极争取和建议。

(2)建立健全生态转移支付资金的评价和约束机制

一是明确考核奖惩指标,建议暂按照污染物排放水平情况等作为奖励考核依据,具体是:对完成任务的给予定额奖励,对超任务完成的给予定额奖励;对未完成任务的,按照标准予以定额扣减;对发生重大环境污染事件和纳入生态环境负面指标清单的,按标准给予扣罚。通过建立奖惩机制,进一步体现"注重激励、强化效益"的基本原则,激励各地增加生态环境保护力度,提高资金使用效益。二是强化区县生态保护转移支付资金约束机制。对享受转移支付的各地区,进一步增强其生态环境保护意识和主体责任意识,强化其对转移支付资金的管理和使用,明确将上级生态保护转移支付资金的60%用于改善生态环境,并统筹编制本级生态环境保护资金预算,重点加强生态要素日常管护、生态经济发展、生态修复、生态工程建设等,同步做好生态环境保护转移支付资金的绩效管理工作。

(3)设计横向转移支付制度

完善的转移支付应该是纵横交错的制度体系。纵向转移支付奠定了生态补偿的基础,将始终在生态效益享有方数量较多或者难以确定的情况下起到关键作用。而且,由于横向转移支付制度涉及两个地方政府之间的利益问题和谈判效力,横向转移支付制度适合作为纵向转移支付制度的补充。具体来说,能源资源地需要讨论如何开展资源使用地与资源开采地之间的横向转移支付,尤其是通过管道运输的石油、天然气等。

完善的生态补偿转移支付体制见表8-1。

表8-1 完善的生态补偿转移支付体制

转移支付形式	历史遗留矿产开发引起的生态环境问题	现实开发过程中产生的环境问题
纵向转移支付	引入环境因子的一般转移支付;有规划的环境项目专项转移支付	引入矿产资源开采因子的一般性转移支付
横向转移支付	不适用于横向转移支付	矿产资源使用地政府,资源加工企业,资源出口税收共同建立的生态补偿横向转移支付资金

8.2.5 合理划分环境财政事权与支出责任

根据前期调研和相关文件整理,参考公共产品理论和可持续发展理论及其他财政事权与支出责任划分经验,结合当前各地生态环境保护领域的实际状况,对生态环境领域省(市)与区县财政事权与支出责任划分提供初步建议。

(1)相关部门日常运转

相关部门的日常运转事权包括省市生态环境局及区县各分局的日常运转支出,涵盖人员经费和公用经费等,划分为省(市)级事权,由省(市)级承担支出责任。

(2)生态环境相关政策、规划、制度的制定

制定全省(市)生态环境政策和总体规划并组织实施;编制并监督实施省(市)内重点区域、流域、饮用水水源地生态保护规划;全省(市)应对气候变化规划以及温室气体清单编制、全省(市)水功能区划;制定全省(市)生态环境标准和技术规范等,划分为省(市)级事权,由省(市)级承担支出责任。

制定区县生态环境规划制度并组织实施为区县级事权,由县级承担支出责任。

(3)生态环境监测、执法、督察整改工作

规划建设全省(市)生态环境质量监测网点的建设和维护;组织实施全省(市)生态环境质量监测、污染源监督性监测、温室气体减排监测、应急监测和各类专项监测;组织对全省(市)生态环境质量状况进行调查评价、预警预测;开展全省(市)生态环境保护执法检查活动,查处全省(市)重大生态环境违法行为;负责省(市)级生态环境领域主导工程项目的安全生产监督管理工作;负责全省(市)生态环境保护综合执法队伍建设和业务工作;联系协调省委生态环境保护督察工作,协调督办中央和省委生态环境保护督察及后督察反馈意见的整改落实;承接中省生态环境综合督察和专项督察;承担省(市)生态环境保护督察工作领导小组办公室、省(市)生态环境保护督察整改工作领导小组办公室的日常工作等,为省(市)级事权,由省(市)级承担支出责任。

(4)生态环境管理事务与能力建设工作

对全省(市)重大经济和技术政策、发展规划以及重大经济开发计划进行环境影响评价、技术评估及事中、事后监管;审批或审查全省(市)重大开发建设区域、规划、项目环境影响评价文件;拟订并组织实施全市生态环境准入清单;协调承担全省(市)重大环境污染事故、生态破坏事件和违反环境保护法规行为的调查处理;制定省(市)级突发环境事件应急预案;指导协调各区县、开发区突发环境事件应急预案的拟订及处置相关工作;指导实施全省(市)生态环境损害赔偿工作。市级和区县级财政事权包括全省(市)范围内重点区域、流域生态环境保护工作。解决跨区域、流域环境污染纠纷;组织制定并落实全省(市)污染物排放总量控

制、排污许可证制度并监督实施;确定全省(市)大气、水等纳污能力;提出实施总量控制的污染物名称和控制指标;监督检查各区县、开发区污染物减排任务完成情况;监督管理排放权有偿使用及交易;省(市)级重点企业的清洁生产评估和验收,包括指导和监督对生态环境有影响的自然资源开发利用活动、重要生态环境建设和生态破坏恢复工作;协调落实全省(市)各类自然保护地生态环境监管制度并监督执法;监督全省(市)野生动植物保护、湿地生态环境保护工作;监督生物技术环境安全,牵头生物物种(含遗传资源)工作;组织协调生物多样性保护工作;参与生态保护的补偿工作;制定省(市)级地方性辐射安全法规和政府规章草案并组织实施;根据权限监督管理全省(市)核设施和放射源安全;监督管理核设施、核技术应用、电磁辐射、伴有放射性矿产资源开发利用中的污染防治;负责生产、销售、使用放射性同位素与射线装置单位的安全防护和统一监督管理;监督管理全省(市)核材料的管制和民用核安全设备的设计、制造、安装和无损检验活动;组织建设和管理全省(市)生态环境信息网;建立生态环境大数据平台;建立实行生态环境质量公告制度;统一发布全省(市)环境综合性报告和重大生态环境信息;制定并组织实施生态环境保护宣传教育纲要;开展全省(市)生态环境科技工作,组织生态环境科学研究和技术工程示范;建设全省(市)生态环境技术体系;组织环境科技成果的推广交流;制定全省(市)应对气候变化及温室气体减排规划,控制全省(市)温室气体排放等为省(市)级事权,由省(市)级承担支出责任。

按权限审批建设项目环境影响评价文件;落实环境准入制度;协调辖区环境污染事故和违反环境保护法规行为的调查处理;制定辖区突发环境事件应急预案,落实应急处置工作;配合属地政府执行生态环境损害赔偿制度;落实污染物排放总量控制指标和排污许可证制度;落实辖区各类自然资源保护地生态环境监管制度;指导镇、村(社区)生态示范创建;指导协调和监督农村生态环境保护工作;按权限监督管理辖区核与辐射安全和核技术利用单位;配合建设辖区生态环境信息网;执行辖区应对气候变化及温室气体减排战略、规划和政策,为区县级事权,由区县级承担支出责任。

(5)环境污染防治工作

放射性和电磁辐射污染防治、辐射事故应急监测与救援;影响较大的重点区域大气污染防治;主要支流以及影响较大的重点区域水污染防治;重要生态功能区域的污染防治和生态保护事项为省市级和区县级共同事权,由省市级和区县级共同承担支出责任,省市级财政给予补助。辖区内土壤、固体废物、化学品、地下水、区县区域性大气和水、噪声和恶臭等的污染防治;监督指导农业农村污染治理工作为区县级事权,由区县级承担支出责任。

(6)生态环境领域其他事项

研究制定全省(市)生态环境领域地方性政策为省(市)级事权,由省(市)级承担支出责任。研究制定区县区域内生态环境领域地方性政策为区县级事权,由区县级承担支出责任。

8.2.6 引导更多资金参与生态环境建设

(1)明确中央与地方环保责任,完善环境财政机制

矿产资源开采过程中一个不可回避的问题就是生态环境的保护,需要清晰界定中央政府与地方政府以及地方政府间在行使所有权过程中的权责利关系。政府的环境保护责任,应当遵循"一级政府、一级事权、一级财权、一级权益"的原则。对于地方性的环境污染,应该由地方政府负责治理工作,对于区域性的污染治理,则需要地方政府和中央政府共同完成,并且可能需要地方政府之间的通力合作。对于全国范围内的污染,则需由中央政府治理。但考虑到能源资源地面临更为严重的环境污染问题,因此中央与地方应在财权上达成协调一致,资源的收益上应该更多向地方政府倾斜。生态环境的保护是一个庞大而复杂的工程,需要中央政府、地方政府、企业和居民的共同维护,而治理资金则是其中的关键,因此,在深化财税体制改革的过程中,应该更多地将环境治理的事权上移,而地方政府的财权应该适当下移。

(2)切实提高环保支出比例,解决生态环境问题

生态环境破坏的主要原因是企业不考虑外部成本而单纯追求利润最大化,这是市场经济发展的结果,市场对生态环境破坏也无能为力。而且治理环境污染会产生收益的外溢效应,所需资金庞大,市场主体也不愿意从事。这就决定了在完善资源地生态环境建设的过程中政府必须有所为,对生态环境建设进行公共财政投资。明确国家、地方各级政府以及企业的环境保护事权财权,强化政府环保投入的基础地位。各级政府要把环保投入作为公共财政支出的重点之一,并根据经济发展状况,不断加大环保投入,创新投入机制,充分发挥财政资金的引导作用,吸引社会资金,形成政府、企业、社会等多元化投入机制。要加强排污费等环保专项资金的管理和使用,加大对饮水安全、生态与农村保护、环保试点示范、环保监管能力建设的投入。严格执行产业政策和国家下达的落后产能关停计划,对提前主动淘汰落后产能的企业给予一定奖励。加大"以奖促防""以奖促治""以奖代补"资金支持力度,以确保重点环境问题的解决。前文的分析表明当前我国节能环保支出比例还较低,无法满足生态环境保育的需要,更谈不上生态文明的高质量建设。当然,在国家碳达峰、碳中和的号召下,相信会有更多的环保资金投入,为此,各省要建立环保支出的稳定增长机制,同时优化环保支出的结构,更加突出生态环境建设。

(3)发挥财政资金"杠杆"作用,引导更多资金参与生态环境建设

公共财政投入生态环境建设是必需的,但公共财政资金也是十分有限的,尤其是对地方政府而言,财权与事权不相匹配导致地方政府经常在治理环境污染时力不从心,这就需要发挥有限财政资金的"杠杆"作用,充分发挥政府投资补助、贷款贴息、政府参股等有效措施在

资源地生态保护中的积极引导作用,充分利用地方政府专项债券开展环境治理工程,积极引导政府实施的政策性投融资与民间金融的相互配合、补充,以期达到"四两拨千斤"的效果。

一是可以通过财政引导,借助专项债市场的快速建设,争取环保项目利用专项债进行融资,采取"生态保护修复＋产业导入"方式,鼓励和支持社会资本通过自主投资、与政府合作、公益参与等模式参与生态保护修复项目投资、设计、修复、管护等全过程,围绕生态保护修复开展生态产品开发、产业发展、科技创新、技术服务等活动,对区域生态保护修复进行全生命周期运营管护。具体地,一是按照有进有退及产品新、质量优、成本低、污染小,附加值高等要求,制定、完善财税优惠政策,辅以财政资金支持,加快发展市场前景较好和科技含量高的产业和产品,压缩淘汰落后和过剩的生产能力,支持改造提升传统优势工业,支持发展特色优势工业产业,支持做大做强高新技术产业。

二是组织并建立银企洽谈对接机制,探索并逐步设立中小企业发展专项资金、企业风险投资基金、小企业担保机构风险补偿金、重点企业资金链应急保障周转金,用于扶持中小企业技术改造和技术创新贷款贴息,以及扶持高科技、创新型企业产业化。

三是大力推动企业上市工作,通过召开企业上市培训会、组织企业参加资本市场论坛等多种形式,增强企业上市意愿和责任意识;探索建立推进上市融资服务平台,积极为拟上市企业在项目申报等方面开启绿色通道;加强财政、工商、地税、国土等相关部门和各类中介机构的协作,建立信息共享、沟通便捷、职责明确的协调机制,支持企业上市工作。

四是支持发展地方金融机构,整合地方金融资源,增加地方金融能力,把增加地方金融能力作为解决生态环境建设融资渠道的重要途径,组建绿色发展融资平台,加大绿色低碳项目直接融资比例,简化绿色基金、绿色债券、绿色保险等绿色金融产品上市审批手续,引导金融机构为低碳主体、绿色项目提供更多期限长、成本低的金融产品支持,以发挥财政资金的"杠杆"作用,引导和带动更多资金积极参与生态环境建设。

8.2.7　完善部门协作机制,提升绿色税收共治水平

(1)进一步深化部门合作,加强信息共享,充分利用三方信息强化绿色税收征管

一是建议各省利用政府云平台,加快涉税信息平台搭建速度,实现金税四期系统在政府云平台上自动抓取数据、部门配合事项通过平台传递,做到部门协作有痕迹可查,部门考核、责任追究有据可依;二是建议各级税务机关在建立部门协作机制时,建立信息共享监督机制和奖惩制度,加强监督考核。设置相关指标,对各部门协作税务机关强化绿色税收征管情况进行客观评价,避免在部门协作工作中做与不做一个样,激发相关部门的主动性、积极性,保证协作机制有效运行,形成各司其职、协同共治格局,共同推进税收在生态环境保护和绿色发展上发挥更大政策效应。

（2）健全税收征管考核制度，提高绿色税收征管质效

目前，地方政府和上级税务机关对基层税务机关侧重于税收收入任务完成情况的考核，因各绿色税种收入在税收收入中占比小，不能快速体现税收收入效率，难以调动基层税务机关强化绿色税收征管的主观能动性。建议国家税务总局、省局和地方政府修订和完善对税务机关的考核办法，根据税收征管实际完善征管质效考核指标，特别是对环境保护税，应借助生态环保部门的力量，探索相关行业能耗指标与污染指标的指数关系，建立环境保护税征管质效分析指标，结合大数据检验基层税务机关的征管质效，将考核重心倾向于征管质效评价，促进基层税务机关注重基础事务和税收风险管理，均衡各税种的征管力量，充分发挥绿色税收调控职能。

（3）推广"绿色智慧矿山"，加强资源开发环境共同治理

一是推广"绿色智慧矿山"试点管理经验，运用现代信息技术，构建以"物联网整合、互联网传输、数字化集成、可视化保障、程序化操作"为核心，集"安全生产监控、厂区环境监测、进出车辆抓拍、地磅数据集成、物流运输监管"五大功能于一体的矿山智慧管理平台，全面采集矿产资源开采、加工、销售、运输全量数据，深化数据分析运用，实施全环节多部门联动跟踪管理，实现对矿产资源行业生产经营全流程、全链条、无死角监管。二是运用市场、财税、行政等手段，引导、督导矿产资源行业相关纳税人加大技术研发力度，改进生产工艺，提高矿产资源综合开发利用水平和综合利用率，降低尾矿、废水、粉尘等污染物排放率，加快环境治理、土地复垦和生态修复，打造高资源利用效能、低环境损害影响的绿色智慧矿山。

（4）出资引入第三方机构，规范环保监测

针对纳税人不能跨季度沿用手工监测数据申报缴纳环境保护税，以及当月无手工监测数据不予享受环保税减免的规定与环保监测规范规定不一致的，导致增加纳税人负担和打击节能减排积极性的问题，建议各级政府加大对环保资金投资力度，集中购买污染物自动监测设备，免费为纳税人安装，出资引入第三方机构负责对自动监测设备运行进行维护和监管，并对自动监测数据向政府负责，承担监测数据真实性的法律责任。这样，既避免纳税人因利益驱动篡改监测数据，又减轻了纳税人监测成本，保证了环境保护税计税依据的真实性和准确性，有利于环境保护税征收管理，让"污染者付费"原则真正纳入税收轨道，达到降低税务机关的执法风险、纳税人负担，正向引导企业节能减排的目标。

9 研究结论与展望

9.1 研究结论

第一,我国为推进生态文明建设做出了诸多努力,取得了长足的进步。自生态文明建设的理念被提出以来,我国始终将生态文明建设作为工作的重中之重,每年都投入大量的财政支出,出台相关的法律法规,引导企业与人民共同参与,使得我国生态文明建设取得了丰硕的成果,不仅在废水处理、大气污染治理、自然生态景观、节能减排、绿色技术创新等方面全面改善,并且在生态环境保护方面也有着不小的提升。但是,我们在看到这些成果的同时,也不应忽视我国生态文明建设工作存在的问题,如资源开采给生态环境造成持续破坏、废水排放蕴含化学污染物、生活垃圾清运量较大、森林病虫害发生面积较大、低碳减排缺乏可持续性、各地区能源消耗情况差距较大、绿色技术创新水平仍然较低等问题仍然存在,这仅仅是依据表面数据上发现的问题,而在生态环境保护的实际过程中,用于治理环境的资金就是摆在地方政府面前的一道难关,仅仅依靠地方政府的财政资金进行环境治理是远远不够的,还需要社会资金的参与以及企业的配合。

第二,我国生态文明建设的环境财政制度体系包含了租税费制度、转移支付制度和财政投入制度。在环境财政收入方面,我们主要阐述了矿业权收益、税费收入以及横向和纵向生态补偿转移支付政策,而在环境财政支出方面,我们主要介绍了环境财政投入政策、生态环境领域财权事权和支出责任的划分情况以及环境财政投入(支出)的主要措施。随后,我们对当前的环境财政制度进行了评价。从理论出发,财政分权制度本身的设计可以减少污染物的排放,但由于晋升锦标赛制度的存在,地方政府的行为选择造成了污染水平的提高,虽然在财政收入方面的"政企合谋"作用已经不再明显,但财政支出结构安排仍然是生态环境治理的一大难题,环境治理财政资金不能完成生态环境治理的重任;在事后监督管理制度评价方面,政府审计和媒体关注可以保证环境治理的有效开展,尤其是审计金额方面;此外,能源城市的 3E 系统虽然在整体协调度上有所提升,但仍然处于不协调发展的状态,"能源—经济"子系统的协调发展水平要高于"能源—环境"和"经济—环境"的协调水平,这与地区的发展理念和模式都是密不可分的,地方政府将更多注意力放在能源开采和经济发展上,而容易忽略环境污染的治理,这同样印证了地方政府的行为选择如何影响了地区的生态文明水平。

第三,我国生态文明建设环境财政制度还存在如下的问题。在租税费方面,主要问题表现在矿业权收益难以发挥生态环境保育功能,税费制度设计难以满足基层政府生态环境建设的资金需要,税费制度等经济激励手段效果不及行政命令手段,现行税制的绿色程度不足,绿色税收优惠规定散乱、范围狭窄以及税收部门与其他部门协作不畅;转移支付制度存在的问题则表现为生态补偿纵向转移支付资金不足,缺少资源开发相关的横向转移支付制度,针对生态转移支付资金的考核指标体系不明确三个主要问题;环境财政投入(支出)制度存在的问题主要表现为环境事权划分不清晰,环境财政支出规模总体偏低,环境财政投入不能满足生态治理需求,环境污染防治重末端治理、轻过程管理以及环境治理的社会资本参与不足等问题。

第四,以陕西省为例,借助 LEAP 模型对陕西省未来 15 年的关键能耗指标进行预测,我们粗略测算了生态环境建设的环境财政缺口情况。具体地,基于陕西省统计年鉴,结合陕西省实际情况,建立了 LEAP 模型,在对陕西省未来人口、经济发展情况进行预测的基础上,利用该模型对不同政策情景下未来 15 年陕西省的能源消耗情况做出了预测,进一步核算资源开采的环境成本,再预测环境财政支出的规模,观察财政环境支出缺口情况,陕西省都会面临较大的环保资金需求缺口,而这些情况在其他省份都是普遍存在的。

第五,推进我国生态文明建设的环境财政制度改革思路。主要有完善矿业权收益的征收和分配制度,进一步推进资源税费制度改革,提高现行税制的绿色程度,争取生态补偿纵向转移支付资金,设计横向转移支付制度,合理划分环境领域财权事权与支出责任,引导多方力量参与生态环境建设资金,例如利用地方政府专项债的环保项目,完善部门协作机制,提升绿色税收共治水平。

9.2　研究展望

生态文明建设是千秋大计,我国已经出台了多项政策持续推进,也取得了应有的效果,但生态文明建设重任的实现仍然需要多方力量共同发力,其外部性决定了财政端应该发挥更重要的作用,这也是本书研究的一个重要出发点。虽然本书梳理了现行的环境财政制度体系,对现行的环境财政制度进行了多维度的评价,并指出了环境财政制度存在的问题和完善思路。但仍有一部分问题尚未得到充分的研究,一方面,立足于本书已经得到的研究结论,另一方面,综合考虑财政部在 2022 年 5 月 25 日发布的《财政支持做好碳达峰碳中和工作的意见》,后续的研究可以进一步开展。

第一,对于环境财政在环境治理中的角色定位问题。在前期的发展中,我们更多地考虑环境污染的外部性,企业对环境治理参与的积极性不高,因此更多地将希望寄托于财政资金的支持,诸多研究分析了财政分权制度、财政支出安排对环境治理的影响,多数结论都认为在当前的制度安排下,财政的环保支出不足以实现生态环境的治理。陈少强、李默洁的研究指出,部分能源领域财政政策存在重投资、轻运营的倾向,财政政策支持能源绿色转型存在一定的阶段性和过渡性,在政策执行中也难以考虑政策的全生命周期等特征,进而导致产业发展缺乏可持续性。那么,如果我们换个思路,将财政资金更多地定位为"引导"作用,而更多的资金需求缺口由社会资本或者金融资本来完成,当然,这需要一个已经初具规模的环保产业发展来提供支撑,有了环保产业的基础,资本更容易找到着力点。因此,在未来的研究中,我们可以通过理论和实证研究,探究财政资金、金融资金在环境治理方面如何实现共治。

第二,环境财政支持碳达峰碳中和的实现。本书的研究更多地站在了资源地生态环境保护的视角,一方面,考虑到资源地面临的生态环境更为严重,另一方面,综合考虑资源开采到运输再到利用多个环节,有利于环境财政体系的完善。但随着国家提出"双碳"战略,环境财政制度要更多地考虑碳减排的需要,也就是有了进一步完善的空间,本书未过多提及政府绿色采购、政府绿色补贴,可进一步研究。

第三,环保财政资金的事后评价和监督机制。当前环境财政体制尚未完全构建起来,且我国的环保事业刚刚迈入新的发展阶段,虽然我们的实证研究结果认为政府审计的硬监督和媒体关注的软监督对环境治理起到了积极作用,但当前环保资金投入的体量还较小。随着国家对生态环境保护的重视,后续将会有更多的资本介入其中,不仅包括财政资金、地方债券资金以及一些金融资本、社会资本。金融资本和社会资本多以盈利为目的,对项目的收益较为看重,但对于财政资金和地方债券资金(尤其是专项债券)来讲,财政压力巨大的地方政府必须考虑成本收益,要对环保财政资金的使用效率进行评估,还要加强对环保资金的审计。

参 考 文 献

[1] 龚维斌.以习近平生态文明思想引领新时代生态文明建设[EB/OL].(2022－08－26) [2023－03－30].https://www.ccps.gov.cn/dxsy/202208/t20220826_154775.shtml.

[2] BANNIE J,MECAY,JAMES M,et al. The Question of the Commons：The Culture and Ecology of Communal Resources[M]. Tucson：University of Arizona Press，1987.

[3] OSTROM，ELINOR. Understanding Institutional Diversity [M]. Princeton：Princeton University Press,2005.

[4] OSTROM，ELINOR. Governing the Commons：The Evolution of Institutions for Collective Action[M].New York：Cambridge University Press，1990.

[5] BALAND J M，PLATEAU J P. Halting Degradation of Natural Resources：Is There a Role for Rural Communities[M].Oxford：Clarendon Press,1996.

[6] ARTHUR C P. The Economics of Welfare[M].London：Macmillan and Co,1920.

[7] GRAFTON R Q，SQUIRES D，FOX K J. Private Property and Economic Efficiency：A Study of a Common－Pool Resource [J].Journal of Law and Economics,2000(43)：679－713.

[8] BASURTO X，OSTROM E. Beyond the Tragedy of the Commons[J]. Economics and Policy of Energy and the Environment ,2009(1)：35－60.

[9] OTTO J，ANDREWS C,CAWOOD F，et al. Mining royalties：a global study of their impact on investors，government，and civil society[M].Washington D C：The World Bank，2006.

[10] OTTO B，RANSEL K，TODD J,et al. Paving Our Way to Water Shortages：How Sprawl Aggravates the Effect of Drought.[EB/OL]. [2024－07－01] https://www.csu.edu/cerc/researchreports/documents/PavingOurWayToWaterShortagesUrbanSprawl2002.pdf.

[11] CAWOOD F T. The South African mineral and petroleum resources royalty act - Background and fundamental principles[J].Resource Policy,2010,35(3):199 - 209.

[12] 李国平,李恒炜.基于矿产资源租的国内外矿产资源有偿使用制度比较[J].中国人口·资源与环境,2011,21(2):153 - 159.

[13] 蔡鑫磊.我国矿业权市场管理研究[J].经济纵横,2010(4):40 - 42.

[14] 邓晓兰,鄢哲明,陈宝东.公共财政视角下矿业权价款收益分配制度的比较借鉴[J].公共经济与政策研究,2014(1):24 - 36.

[15] 刘尚希,樊轶侠.公共资源产权收益形成与分配机制研究[J].中央财经大学学报,2015(3):3 - 10.

[16] PEARCE D. The role of carbon taxes in adjusting to global warming[J]. The economic journal,1991,101(407):938.

[17] KOLSTAD C D. Learning and Stock Effects in Environmental Regulation:The Case of Greenhouse Gas Emission[J]. Journal of environmental economics and management,1996,31 (1):1 - 18.

[18] MARCONI,DANIELA. Trade,Technical Progress and the Environment:The Role of A Unilateral Green Tax on Consumption[J]. Asia - Pacific Journal of Accounting & Economics,2009,16(3):297 - 316.

[19] WISSEMA W,AGE. Analysis of the Impact of a Carbon Energy Tax on the Irish Economy[J]. Ecological Economics,2007,(4):671 - 683.

[20] BOR Y J,HUANG Y. Energy Taxation and the Double Dividend Effect in Taiwan's Energy Conservation Policy:An Empirical Study Using a Computable General Equilibrium Model[J].Energy Policy,2010,38(5):2086 - 2100.

[21] MORI K. Modeling the Impact of a Carbon Tax:A Trail Analysis for Washington State[J].Energy Policy,2012(48):627 - 639.

[22] LESLIE G W. Tax induced emissions? Estimating short - run emission impacts from carbon taxation under different market structures[J]. Journal of Public Economics,2018(167):220 - 239.

[23] SHI X H,JIANG Z Y,BAI D B,et al. Assessing the impact of green tax reforms on corporate environmental performance and economic growth:do green reforms promote the environmental performance in heavily polluted enterprises[J]. Environmental Science and Pollution Research,2023,30(12):56054 - 56072.

[24] XIAO B,FAN Y,GUO X,et al. Re - evaluating environmental tax:An intergenerational

perspective on health，education and retirement[J]. Energy Economics，2022，110
(3)：1－13.

[25] 宋晓明.我国现阶段资源税费制度改革研究[D].北京：财政部财政科学研究所,2015.

[26] 李胜,李春根.资源税改革研析[J].税务研究,2017(8):38－42.

[27] 赵术高,周兵.资源税改革：职能理念、分配关系与税制税权[J].地方财政研究,2020
(1):65－71.

[28] 李春根,计敏.完善我国生态税收政策的若干建议[J].税务研究,2009(4):54－55.

[29] 薛钢,潘孝珍.财政分权对中国环境污染影响程度的实证分析[J].中国人口资源与环
境,2012,22(1)：77－83.

[30] 潘楠,蒋金法.OECD 成员国环境税收发展趋势及经验借鉴[J].税务研究,2022(8):
82－87.

[31] 李香菊,杜伟.生态文明建设视角下我国税制绿化改革路径研究[J].经济问题探索,
2015(11):28－34.

[32] 卢洪友,朱耘婵.我国环境税费政策效应分析:基于三重红利假设的检验[J].中国地质
大学学报(社会科学版),2017,17(4):9－26.

[33] 朗威.中国绿色税收制度及其效应研究[D].长春:吉林大学,2020.

[34] 史明霞,刘娜.税制绿化能够降低碳排放吗:基于我国省级面板数据的实证分析[J].财
政科学,2022(10):98－112.

[35] 陈工,邓逸群.我国环境税的政策效应:基于个体异质性 OLG 模型[J].当代财经,
2015(8):26－36.

[36] 张玉.财税政策的环境治理效应研究[D].济南:山东大学,2014.

[37] 朱小会,陆远权.环境财税政策的治污效应研究:基于区域和门槛效应视角[J].中国人
口·资源与环境,2017,27(1):83－90.

[38] 周波,于金多.我国自然资源资产收益分配的突出问题及改革路径[J].辽宁大学学报
(哲学社会科学版),2020,48(4):39－46.

[39] 王中庆.我国矿产资源利益分配研究[D].太原:山西大学,2020.

[40] 曹晓蓉.资源税对能源矿产资源利用效率的影响分析[D].成都:西南财经大学,2019.

[41] 陈璐.环境保护税费的异质性影响研究[D].成都:西南财经大学,2019.

[42] 童锦治,温馨,邱荣富.环境保护税的开征能有效治理空气污染吗[J].税务研究,2022
(8):94－100.

[43] 黄依婷,陈和,杨永聪.环境保护费改税与污染企业转型:环境权变抑或金融逐利[J].
环境经济研究,2022,7(2):106－124.

[44]　冯俏彬,白雪苑,李贺.支持碳达峰、碳中和的财税理论创新与政策体系构建[J].改革,
　　　　2022(7):106－116.

[45]　BIN S，DOWLATABADI H. Consumer lifestyle approach to US energy use and
　　　　the related CO_2 emissions[J]. Energy Policy,2005(2):197－208.

[46]　BASTIANONI S. The problem of assigning responsibility for greenhouse gas
　　　　emissions[J].Ecological Economics,2004(3):253－257.

[47]　MAYRAND K，PAQUIN M. Payment for environmental services：a survey and
　　　　assessment of current schemes[J]. Journal of Helminthology, 2004，1(2):77－80.

[48]　FAUZI A，ANNA Z. The complexity of the institution of payment for
　　　　environmental services：A case study of two Indonesian PES schemes［J］.
　　　　Ecosystem Services，2013,6(C):54－63.

[49]　VATN A. An institutional analysis of payments for environmental services[J].
　　　　Ecological Economics，2010，69(6):1245－1252.

[50]　MANAGI S，KUMAR S. Compensation for Environmental Services and
　　　　Intergovernmental Fiscal Transfers in India[J]. Ecological Economics，2009，68
　　　　(12)：3052－3059.

[51]　葛察忠,任雅娟.促进我国低碳经济发展的财税政策选择[J].地方财政研究,2010(9):
　　　　25－28.

[52]　饶清华,颜梦佳,林秀珠,等.基于帕累托改进的闽江流域生态补偿标准研究[J].中国
　　　　环境科学,2016,36(4):1235－1241.

[53]　李国平,土奕淇,张义彬.区域分工视角下的生态补偿研究[J].华东经济管理,2016,30
　　　　(1):12－18.

[54]　王德凡.基于区域生态补偿机制的横向转移支付制度理论与对策研究[J].华东经济管
　　　　理,2018,32(1):62－68.

[55]　郑雪梅.生态补偿横向转移支付制度探讨[J].地方财政研究,2017(8):40－47.

[56]　孙开,孙琳.流域生态补偿机制的标准设计与转移支付安排:基于资金供给视角的分
　　　　析[J].财贸经济,2015(12):118－128.

[57]　李香菊,祝玉坤.西部地区矿产资源产权与收益分割机制研究[J].财贸经济,2011(8):
　　　　28－34.

[58]　段静锋."绿色发展理念下"的环境财政投入政策[J].法制与社会,2019(7):117－
　　　　118.

[59]　李淑瑞.我国生态转移支付制度优化研究[D].武汉:中南财经政法大学,2020.

［60］ 张化楠,葛颜祥,接玉梅.主体功能区流域生态补偿财政转移支付制度研究［J］.山东农业大学学报(社会科学版),2021,23(3):74－79.

［61］ 刘桂环,文一惠,谢婧,等.国家重点生态功能区转移支付政策演进及完善建议［J］.环境保护,2020,48(17):9－14.

［62］ 董战峰,璩爱玉,郝春旭,等.深化生态补偿制度改革的思路与重点任务［J］.环境保护,2021,49(21):48－52.

［63］ 樊存慧.生态补偿横向转移支付研究动态及文献评述［J］.财政科学,2020,58(10):136－142.

［64］ 宋丽颖,杨潭.转移支付对黄河流域环境治理的效果分析［J］.经济地理,2016,36(9):166－172.

［65］ 曹鸿杰,卢洪友,祁毓.分权对国家重点生态功能区转移支付政策效果的影响研究［J］.财经论丛,2020(5):21－31.

［66］ 朱艳,陈红华.重点生态功能区转移支付改善生态环境了吗:基于 PSM 的结果［J］.南方经济,2020(10):125－140.

［67］ 马捷.财政分权下生态补偿制度绩效的均衡分析［D］.杭州:浙江理工大学,2020.

［68］ 马军旗,乐章.黄河流域生态补偿的水环境治理效应:基于双重差分方法的检验［J］.资源科学,2021,43(11):2277－2288.

［69］ 谢慧明,马捷,沈满洪.环境税征收、转移支付偏向与政策组合效应［J］.浙江大学学报(人文社会科学版),2022,52(9):37－56.

［70］ 卢文秀,吴方卫.生态补偿横向转移支付能缩小城乡收入差距吗:基于 2000—2019 年中国典型流域生态补偿的经验证据［J］.财政研究,2022,473(7):35－51.

［71］ LOPEZ R, GALINATO G,ISLAM A,et al. Fiscal Spending and the Environment:Theory and Empirics［J］. Journal of Environmental Economics and Management,2011, 62(2): 180－198.

［72］ RAMON L, GALINATO G I, ISLAM A. Fiscal spending and the environment:Theory and empirics［J］. Journal of Environmental Economics and Management,2011, 62(2):180－198.

［73］ HALKOS, GEORGE E, PAIZANOS, et al. The effect of government expenditure on the environment:An empirical investigation［J］. Ecological Economics,2013,91(7):48－56.

［74］ KUNCE M, SHOGREN J. Destructive interjurisdictional competition:Firm, capital and labor mobility in a model of direct emission control［J］. Ecological

Economics，2007，60(3):543－549.

[75] FANG Y X, CAO H J, SUN J H. Impact of Artificial Intelligence on Regional Green Development under China's Environmental Decentralization System－Based on Spatial Durbin Model and Threshold Effect [J]. International Journal of Environmental Research and Public Health，2022，19 (22):1－27.

[76] 马中.关于循环经济的笔谈[J].中国地质大学学报(社会科学版),2006(3):6.

[77] 逯元堂,苏明,吴舜泽,等.加快构建环境保护财政制度体系[J].财政研究,2009(3):10－12.

[78] 卢洪友,田丹.中国财政支出对环境质量影响的实证分析[J].中国地质大学学报(社会科学版),2014,14(4):44－51.

[79] 刘婷婷.我国财政环保支出政策优化路径[D].北京:中国财政科学研究院,2022.

[80] 陈诗一,祁毓."双碳"目标约束下应对气候变化的中长期财政政策研究[J].中国工业经济,2022(5):5－23.

[81] 傅勇.财政分权、政府治理与非经济性公共物品供给[J].经济研究,2010,45(8):4－15.

[82] 邓晓兰,陈宝东.破解矿产资源地生态诅咒的财税政策研究[J].学术论坛,2015,38(2):38－42.

[83] 王东,李金叶.财政分权对环境污染的空间效应[J].中国人口•资源与环境,2021,31(2):44－51.

[84] 于长革.健全财政环保支出保障机制的思路和政策建议[J].西部财会,2020(9):7－9.

[85] 桯亮,陈鹏,徐顺青,等.生态环境保护财政支出绩效管理制度研究[J].生态经济,2020,36(12):131－134.

[86] 张凯强.环境财政支出与环境污染[J].城市与环境研究,2018(4):94－110.

[87] 许文立.中国财政支出的绿色发展效应研究[D].武汉:武汉大学,2017.

[88] 姜楠.环保财政支出有助于实现经济和环境双赢吗[J].中南财经政法大学学报,2018(1):95－103.

[89] 覃凤琴.中国财政支出的绿色效应研究[D].武汉:武汉大学,2019.

[90] 祁毓,赵韦翔.财政支出结构与绿色高质量发展:来自中国地级市的证据[J].环境经济研究,2020,5(4):93－115.

[91] 丁莹.节能环保支出政策效应研究[D].长春:吉林大学,2020.

[92] 田嘉莉,付书科,刘萧玮.财政支出政策能实现减污降碳协同效应吗[J].财政科学,2022(2):100－115.

[93] 薛飞,陈煦.绿色财政政策的碳减排效应:来自"节能减排财政政策综合示范城市"的证据[J].财经研究,2022(7):79-93.

[94] 李玥萤,黄丽君.财政环保支出对碳减排的空间溢出效应分析[J].统计与决策,2022(15):154-158.

[95] 赵哲,谭建立.中国地方财政支出的碳减排效应研究:基于新型城镇化调节效应的实证分析[J].财经论丛,2022(11):41-50.

[96] 胡丽娜,薛阳.财政环保支出、财政压力与绿色发展[J].软科学,2022(11):1-13.

[97] 颉茂华,刘向伟.环保投资效率实证与政策建议[J].中国人口资源与环境,2010(4):47-51.

[98] 何平林,刘建平.财政投资效率的数据包络分析:基于环境保护投资[J].财政研究,2011(5):25-29.

[99] 马彦瑞.我国环境保护财政支出效率及其影响因素研究[D].郑州:河南财经政法大学,2019.

[100] 施文泼,贾康.中国矿产资源税费制度的整体配套改革:国际比较视野[J].改革,2011(1):5-20.

[101] 傅勇,张晏.中国式分权与财政支出结构偏向:为增长而竞争的代价[J].管理世界,2007(3):4-12.

[102] 张蓉.绿色财政金融政策协同支持生态经济发展的有效性研究[D].武汉:武汉理工大学,2021.

[103] 李建华.资源型城市可持续发展研究[M].北京:社会科学文献出版社,2007.

[104] 李猛.财政分权与环境污染:对环境库兹涅茨假说的修正[J].经济评论,2009(5):54-59.

[105] 傅勇.财政分权、政府治理与非经济性公共物品供给[J].经济研究,2010(8):4-15.

[106] 蒲志仲.可持续发展视角下的矿产资源税费制度[J].西安石油大学学报(社会科学版),2010,19(3):5-14.

[107] COLE M, ELLIOTT R, FREDRIKSSON P G. Endogenous Pollution Havens: Does FDI Influence Environmental Regulations [J]. Scandinavian Journal of Economics,2006,108(1):157-178.

[108] 陈宝东,邓晓兰.财政分权体制下的城市环境污染问题研究:来自中国73个城市的经验数据[J].大连理工大学学报(社会科学版),2015,36(3):34-39.

[109] 林毅夫,刘志强.中国的财政分权与经济增长[J].北京大学学报(哲学社会科学版),2000,37(4):13.

[110] 张晏,龚六堂.分税制改革、财政分权与中国经济增长[J].经济学(季刊),2005,5(1):1-27.

[111] 陈刚,李树.中国式分权下的 FDI 竞争与环境规制[J].财经论丛,2009(4):1-7.

[112] 邓可斌,丁菊红.转型中的分权与公共品供给:基于中国经验的实证研究[J].财经研究,2009,35(3):80-90.

[113] 陈刚,李树,余劲松.援助之手还是攫取之手:关于中国式分权的一个假说及其验证[J].南方经济,2009(7):3-15.

[114] 龚锋,雷欣.中国式财政分权的数量测度[J].统计研究,2010,27(10):47-55.

[115] 周业安,赵晓男.地方政府竞争模式研究:构建地方政府间良性竞争秩序的理论和政策分析[J].管理世界,2002(12):52-61.

[116] 沈坤荣,付文林.税收竞争、地区博弈及其增长绩效[J].经济研究,2006(6):16-26.

[117] 冯海波,方元子.地方财政支出的环境效应分析:来自中国城市的经验考察[J].财贸经济,2014,35(2):30-43.

[118] 李胜文,李新春,杨学儒.中国的环境效率与环境管制:基于 1986—2007 年省级水平的估算[J].财经研究,2010,36(2):59-68.

[119] 吴玉鸣.环境规制与外商直接投资因果关系的实证分析[J].华东师范大学学报(哲学社会科学版),2006(1):107-111.

[120] 秦川,韩军山,张漫子.环境管制对中国外商直接投资影响的实证研究[J].商业时代,2010(9):49-51.

[121] 许士春,庄莹莹.经济开放对环境影响的实证研究:以江苏省为例[J].财贸经济,2009(3):107-112.

[122] WANG H, JIN Y H. Industrial Ownership and Environmental Performance:Evidence from China[J].Environmental and Resource Economics,2007,36(3):255-273.

[123] 陈妍,梅林,程叶青.环境规制、资源禀赋对东北地区产业转型的影响机制研究[J].资源与产业,2020(5):28-36.

[124] 赵云辉,张哲,冯泰文,等.大数据发展、制度环境与政府治理效率[J].管理世界,2019(11):119-132.

[125] LIAO X, SHI X R. Public appeal, environmental regulation and green investment:Evidence from China[J]. Energy Policy, 2018(5):554-562.

[126] SUN L, ZHU D, CHAN E H W . Public participation impact on environment nimby conflict and environmental conflict management:Comparative analysis in

Shanghai and Hong Kong[J]. Land Use Policy, 2016 (58):208 - 217.

[127] 刘春才.生态环境治理专项资金审计监督机制构建[J].财会通讯,2018(13):78 - 81.

[128] 谢柳芳,郑国洪,孙鹏阁.国家审计与环境污染治理[J].财会月刊,2020(4):85 - 92.

[129] 曾昌礼,李江涛.政府环境审计与环境绩效改善[J].审计研究,2018(4):44 - 52.

[130] 李丽,孙文远.国家审计促进环境绩效的作用机制研究:基于 2008—2014 年省级面板数据的分析[J].生态经济,2019(6):175 - 181.

[131] 喻开志,王小军,张楠楠.国家审计能提升大气污染治理效率吗[J].审计研究,2020(2):43 - 51.

[132] 黄德春,苗艺锦,张长征.政府治理行为对社会风险信息传播的影响:以工程项目社会风险治理为例[J].资源与产业,2020(4):71 - 79.

[133] JIA M, TONG L, VISWANATH P V, et al. Word Power：The Impact of Negative Media Coverage on Disciplining Corporate Pollution[J]. Journal of Business Ethics，2016(3):437 - 458.

[134] TANG Z, TANG J. Can the Media Discipline Chinese Firms' Pollution Behaviors? The Mediating Effects of the Public and Government[J]. Journal of Management，2016(6):1700 - 1722.

[135] 王云,李延喜,马壮,等.媒体关注、环境规制与企业环保投资[J].南开管理评论,2017(6):83 - 94.

[136] 刘德智,杨琨.新闻媒体环保监督视角下环境污染治理演化博弈[J].中国环境管理,2019(5):127 - 134.

[137] 潘孝珍,魏萍.媒体关注能否督促地方政府治理环境污染[J].中南财经政法大学学报,2019(6):103 - 112.

[138] 金殿臣,陈昕,陈旭.财政分权、环保投入与环境治理:基于中国省级面板的实证研究[J].宁夏社会科学,2020(4):77 - 85.

[139] 范亚西.信息公开、环境监管与环境治理绩效:来自中国城市的经验证据[J].生态经济,2020(4):193 - 199.

[140] 张彩云,苏丹妮,卢玲,等.政绩考核与环境治理:基于地方政府间策略互动的视角[J].财经研究,2018(5):4 - 22.

[141] 谢柳芳,郑国洪,孙鹏阁.国家审计与环境污染治理[J].财会月刊,2020(4):85 - 92.

[142] 李强,李新华.地方政府竞争与环境治理:环境分权的调节效应[J].贵州财经大学学报,2020(3):101 - 110.

[143] 张华.地区间环境规制的策略互动研究:对环境规制非完全执行普遍性的解释[J].中

国工业经济,2016(7):74-90.

[144] 马东山,韩亮亮,张胜强.政府审计能够抑制地方政府债务增长吗:财政分权的视角[J].审计与经济研究,2019(4):9-21.

[145] 陈艳娇,张兰兰.媒体关注、政府审计与财政安全研究[J].审计与经济研究,2019(1):1-13.

[146] 周开国,应千伟,钟畅.媒体监督能够起到外部治理的作用吗:来自中国上市公司违规的证据[J].金融研究,2016(6):193-206.

[147] 毕玮琳.主阵地意识不能丢:媒体融合背景下省级党报的社会责任[J].青年记者,2019(32):49-50.

[148] 陈宝东,邓晓兰.财政分权是否恶化了城市环境质量:基于长三角地区 26 个城市的经验数据[J].经济体制改革,2015(3):182-187.

[149] 金殿臣,陈昕,陈旭.财政分权,环保投入与环境治理:基于中国省级面板的实证研究[J].宁夏社会科学,2020(4):77-85.

[150] 仲杨梅,张龙平.国家审计降低地方政府债务风险了吗[J].南京审计大学学报,2019(3):1-10.

[151] 兰天阳.实证研究我国能源经济环境系统的协调性[J].中国管理信息化,2016,(24):132.

[152] 李建辉,韩二东,刘鑫.能源—经济—环境系统协调发展水平测度[J].统计与决策,2021,37(13):88-91.

[153] 石亚男.中国区域碳排放、经济发展与环境保护耦合协调分析[D].大连:东北财经大学,2020.

[154] 罗福周,张诺楠.中国省际能源利用—经济发展—环境保护系统的时空耦合协调度分析[J].环境污染与防治,2020,42(7):884-889.

[155] 刘华军,乔列成,郭立祥.减污降碳协同推进与中国 3E 绩效[J].财经研究,2022,48(9):4-17,78.

[156] 曾珍香,顾培亮,张闽.DEA 方法在可持续发展评价中的应用[J].系统工程理论与实践,2000(8):114-118.

[157] 刘田原.环境保护税征管:现实困境、域外经验及完善进路[J].地方财政研究,2019(12):74-80.

[158] 丁丁,王云鹏.论发展低碳经济的税收优惠制度[J].北京交通大学学报(社会科学版),2020,19(4):127-137.

[159] 李新,路路,穆献中,等.基于 LEAP 模型的京津冀地区钢铁行业中长期减排潜力分

析[J].环境科学研究,2019,32(3):365 - 371.

[160] 吴晓珍,景晓玮,赵庆建.基于 LEAP 模型的林浆纸产业碳排放情景模拟[J].中国林业经济,2019(5):1 - 5,17.

[161] 吴唯,张庭婷,谢晓敏,等.基于 LEAP 模型的区域低碳发展路径研究:以浙江省为例[J].生态经济,2019,35(12):19 - 24.

[162] 许绩辉,王克.中国民航业中长期碳排放预测与技术减排潜力分析[J].中国环境科学,2022,42(7):3412 - 3424.

[163] 陈少强,李默洁.财政政策支持能源绿色低碳转型:挑战和应对[J].财政科学,2023(1):110 - 117.